Bilhar carambola: Alguns enigmas e quebra-cabeças

Problemas e situações que melhorarão sua análise tática e habilidades de jogo.

Allan P. Sand
PBIA Instrutor de Bilhar Certificado

ISBN 978-1-62505-337-4
PRINT 7x10

ISBN 978-1-62505-501-9
PRINT 7.5x9.25

First edition

Copyright © 2019 Allan P. Sand

All rights reserved under International and Pan-American Copyright Conventions.

Published by Billiard Gods Productions.
Santa Clara, CA 95051
U.S.A.

For the latest information about books and videos, go to:
http://www.billiardgods.com

Acknowledgements

Wei Chao created the software that was used to create these graphics.

I want to specifically thank the following for help in making this book work:
Raye Raskin
Bob Beaulieu
Darrell Paul Martineau

Índice

INTRODUÇÃO **1**
Configuração de Tabela 1
Explicação de bolas de bilhar 2
Opções da Tabela 2
Como estudar 2
Desafios para diversão e lucro 2
EXEMPLOS DE OPÇÕES **3**
   Grupo 1, conjunto 1 (diagrama 1) 3
   Grupo 6, conjunto 1 (diagrama 3) 4
GRUPO 1 .... **5**
Grupo 1, conjunto 1 5
Grupo 1, conjunto 2 7
Grupo 1, conjunto 3 9
Grupo 1, conjunto 4 11
Grupo 1, conjunto 5 13
Grupo 1, conjunto 6 15
Grupo 1, conjunto 7 17
Grupo 1, conjunto 8 19
Grupo 1, conjunto 9 21
Grupo 1, conjunto 10 23
Grupo 1, conjunto 11 25
GRUPO 2 .... **27**
Grupo 2, conjunto 1 27
Grupo 2, conjunto 2 29
Grupo 2, conjunto 3 31
Grupo 2, conjunto 4 33
Grupo 2, conjunto 5 35
Grupo 2, conjunto 6 37
Grupo 2, conjunto 7 39
Grupo 2, conjunto 8 41
Grupo 2, conjunto 9 43
Grupo 2, conjunto 10 45
Grupo 2, conjunto 11 47
GRUPO 3 .... **49**
Grupo 3, conjunto 1 49
Grupo 3, conjunto 2 51
Grupo 3, conjunto 3 53
Grupo 3, conjunto 4 55
Grupo 3, conjunto 5 57
Grupo 3, conjunto 6 59
Grupo 3, conjunto 7 61
Grupo 3, conjunto 8 63
Grupo 3, conjunto 9 65
Grupo 3, conjunto 10 67
Grupo 3, conjunto 11 69

GRUPO 4 .... **71**
Grupo 4, conjunto 1 71
Grupo 4, conjunto 2 73
Grupo 4, conjunto 3 75
Grupo 4, conjunto 4 77
Grupo 4, conjunto 5 79
Grupo 4, conjunto 6 81
Grupo 4, conjunto 7 83
Grupo 4, conjunto 8 85
Grupo 4, conjunto 9 87
Grupo 4, conjunto 10 89
Grupo 4, conjunto 11 91
GRUPO 5 .... **93**
Grupo 5, conjunto 1 93
Grupo 5, conjunto 2 95
Grupo 5, conjunto 3 97
Grupo 5, conjunto 4 99
Grupo 5, conjunto 5 101
Grupo 5, conjunto 6 103
Grupo 5, conjunto 7 105
Grupo 5, conjunto 8 107
Grupo 5, conjunto 9 109
Grupo 5, conjunto 10 111
Grupo 5, conjunto 11 113
GRUPO 6 .... **115**
Grupo 6, conjunto 1 115
Grupo 6, conjunto 2 117
Grupo 6, conjunto 3 119
Grupo 6, conjunto 4 121
Grupo 6, conjunto 5 123
Grupo 6, conjunto 6 125
Grupo 6, conjunto 7 127
Grupo 6, conjunto 8 129
Grupo 6, conjunto 9 131
Grupo 6, conjunto 10 133
Grupo 6, conjunto 11 135
TABELAS EM BRANCO **137**

Introdução

Você tem mais oportunidades para ampliar suas habilidades. Aprenda a lidar com uma grande variedade de posições de bola que aparecem em jogo após jogo. Esses layouts oferecem a você uma chance de fazer uma extensa experimentação. Essas situações de testes pessoais fornecem benefícios competitivos pessoais significativos:

- Treinamento intelectual - Avalie os layouts e considere quantas opções estão disponíveis. Faça esboços de caminhos e (CB) velocidades e giros para a tabela de prática. Isso aumenta suas habilidades analíticas e táticas.
- Confirmação de habilidades - à medida que você testa cada conceito, sua experimentação ajuda a determinar se ele é viável (dentro de suas habilidades) ou inútil (muito difícil ou fantástico). Essa comparação entre imagens mentais e tentativas físicas ajuda a determinar a largura e a amplitude de suas habilidades.
- Avanço de habilidades - Se um caminho parece promissor, mas a execução falha, trabalhe com várias velocidades / rodadas para descobrir o que funciona. Vários sucessos consecutivos adicionarão isso à sua biblioteca pessoal de competências.

Pratique isso com qualquer jogo de bilhar de carambola.

Configuração de Tabela

Os anéis de reforço de papel mostram os locais de cada bola. Coloque-os de acordo com o exercício de treinamento que você deseja praticar.

Explicação de bolas de bilhar

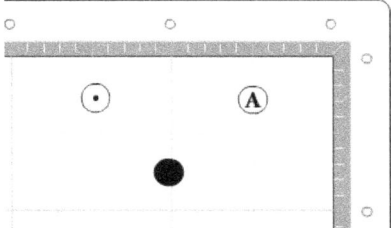

Ⓐ (CB1) (primeira bola de bilhar)

⊙ (CB2) (segunda bola de bilhar)

● (RB) (bola de bilhar vermelha)

Opções da Tabela

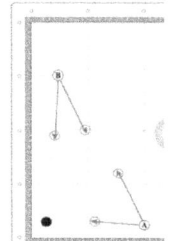

Cada layout de tabela fornece quatro (4) maneiras diferentes de marcar pontos.

- CB1 > RB > CB2
- CB1 > CB2 > RB
- CB2 > RB > CB1
- CB2 > CB1 > RB

Como estudar

Comece com a análise da poltrona. Olhe para cada layout de tabela e considere as possíveis opções de jogo. Imagine tentar suas idéias. Avalie a velocidade e giro apropriados. Faça esboços e anotações, conforme necessário.

Como alternativa, leve este livro à sua mesa de bilhar. Coloque os anéis de reforço de papel na posição. Mentalmente determine quantas maneiras diferentes você pode reproduzir o layout. Em seguida, tente suas idéias e veja se sua imaginação é igual à sua habilidade. Faça anotações de suas ideias.

Na mesa de bilhar, aplique suas ideias. Em um tiro perdido, faça ajustes em suas velocidades / giros e ângulos. É assim que você se torna um jogador de bilhar mais duro e perigoso.

Desafios para diversão e lucro

Considere montar uma competição amigável entre seus amigos. Selecione vários desses layouts e aproveite o desafio.

Use um formato round-robin. Todos tentam (1, 2 ou 3) tentativas. O vencedor recebe o dinheiro e outra rodada começa.

Exemplos de opções

Grupo 1, conjunto 1 (diagrama 1)

Sua fantasia pode combinar com sua realidade?

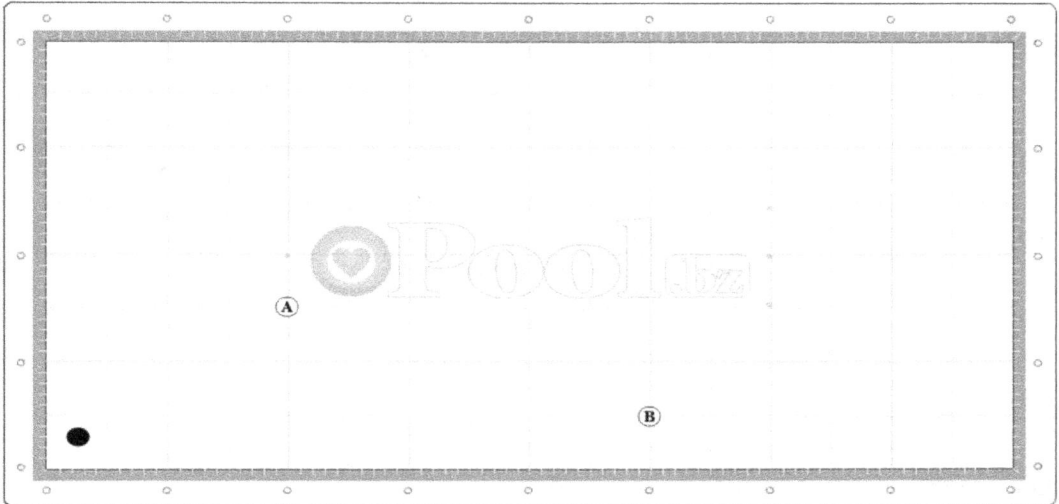

Dado o layout, você tem 4 escolhas práticas possíveis que você pode experimentar e tentar várias soluções.

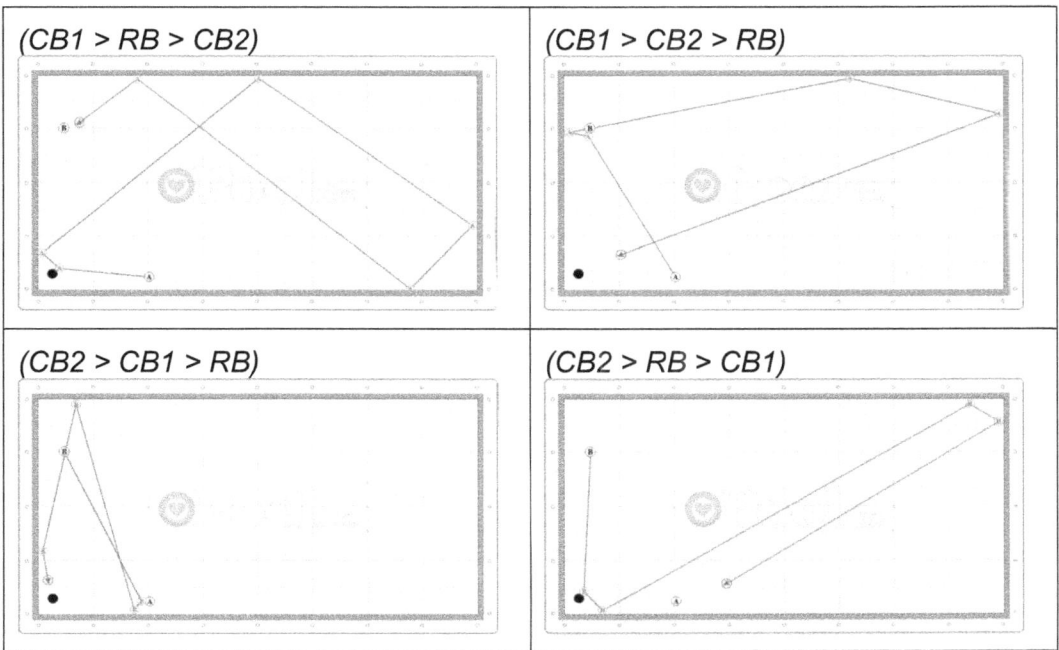

Grupo 6, conjunto 1 (diagrama 3)

Cada diagrama é uma oportunidade para experimentar e testar sua imaginação e suas habilidades de tiro.

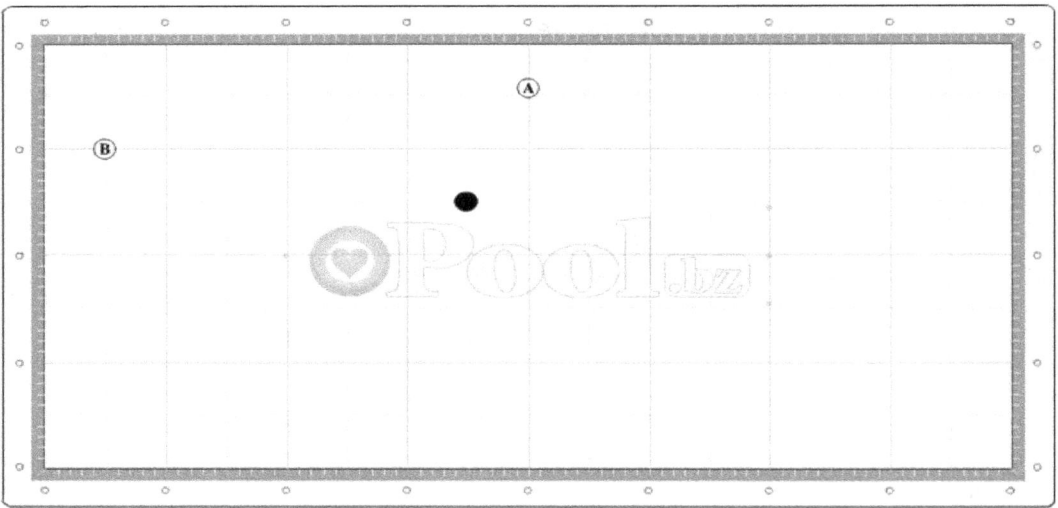

Dado o layout, você tem 4 escolhas práticas possíveis que você pode experimentar e tentar várias soluções.

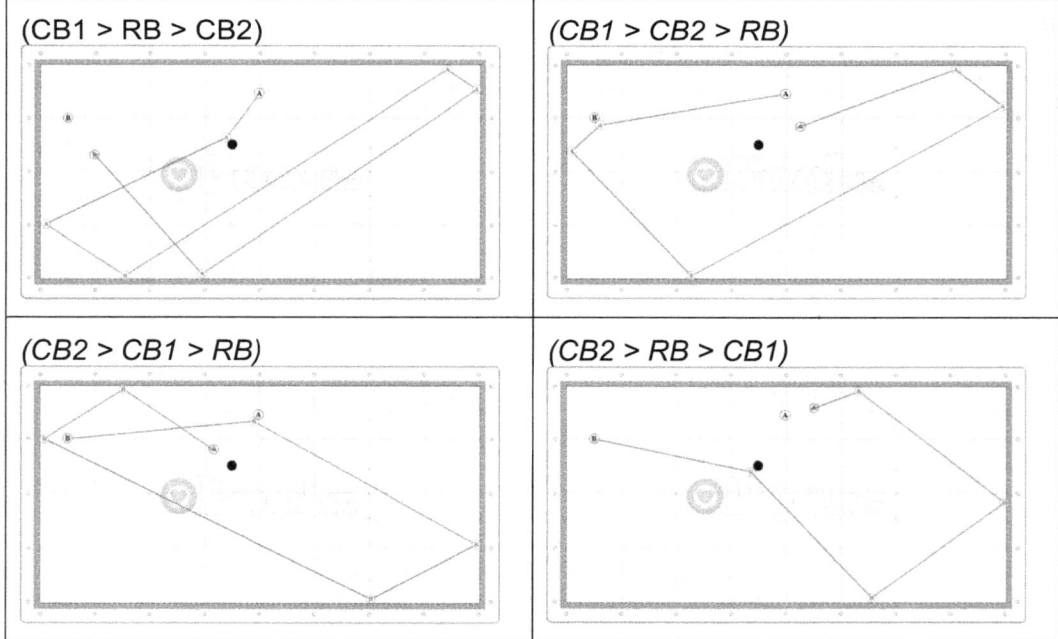

GRUPO 1
Grupo 1, conjunto 1

(Na frente deste livro, há 4 soluções de amostra desse layout.)

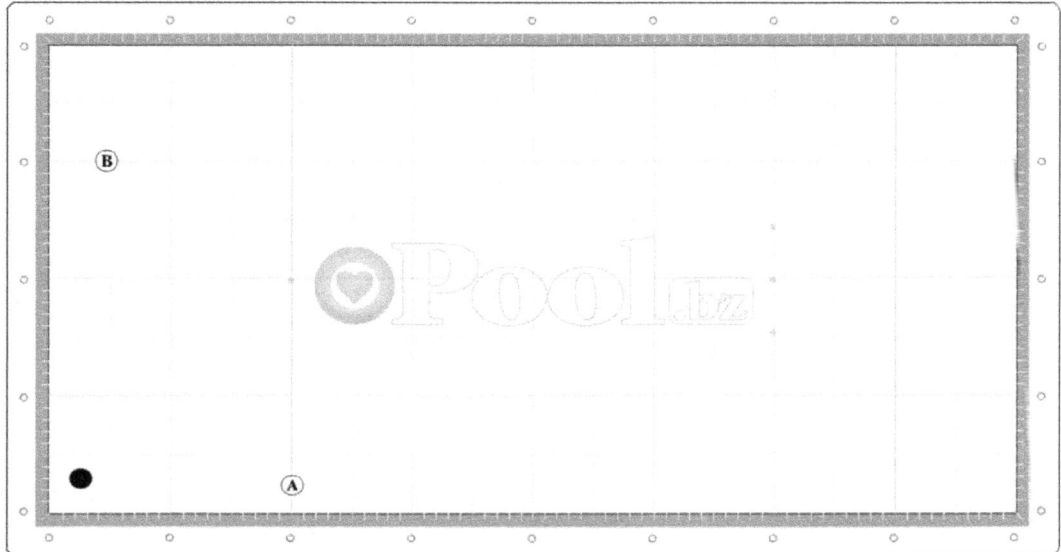

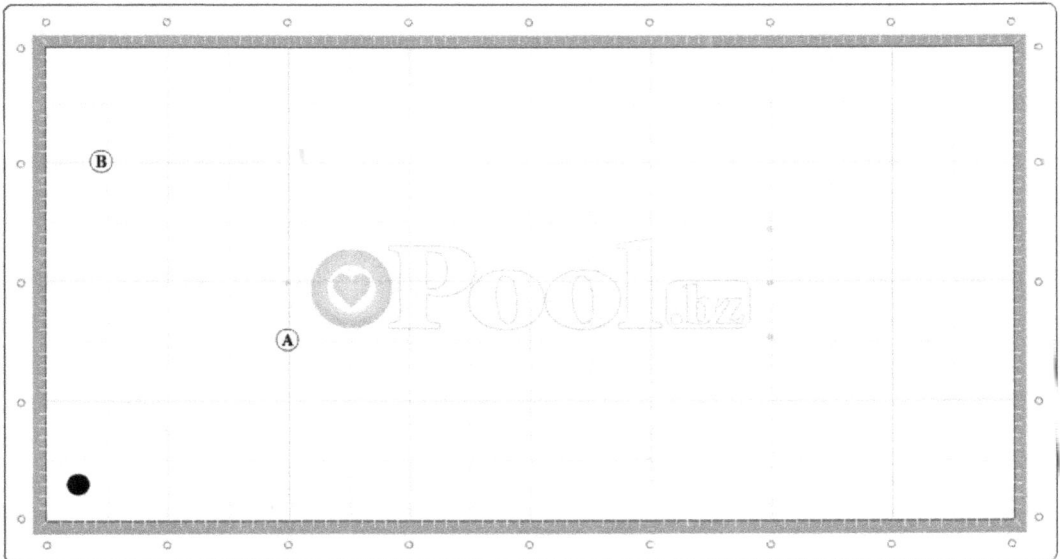

NOTASS:

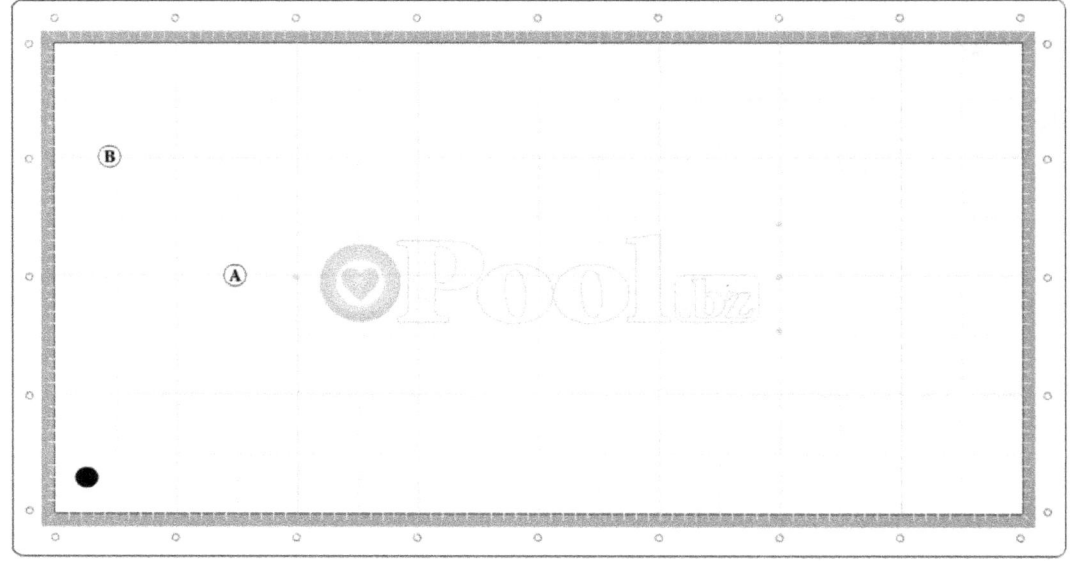

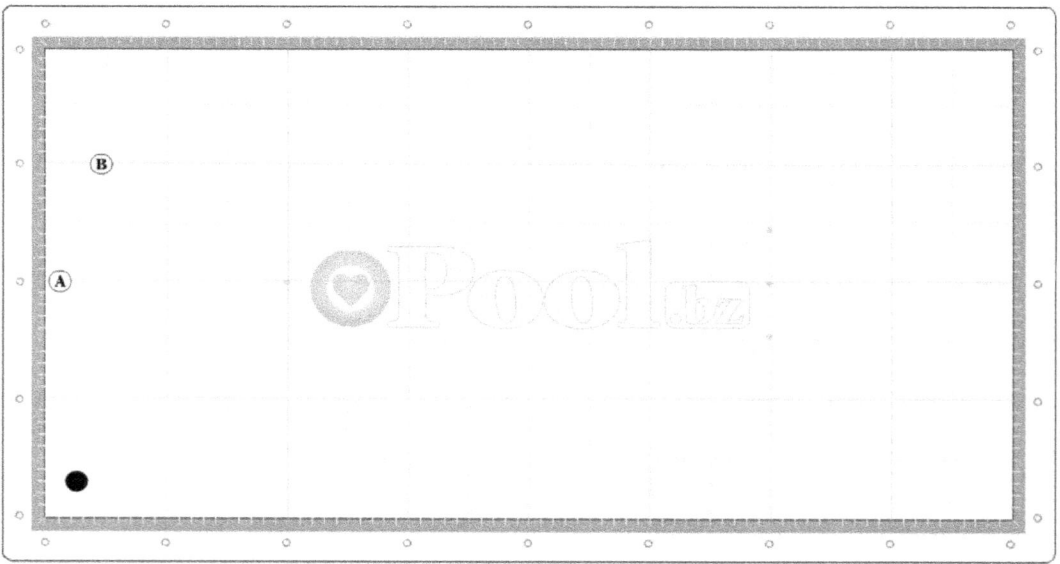

NOTASS:

Grupo 1, conjunto 2

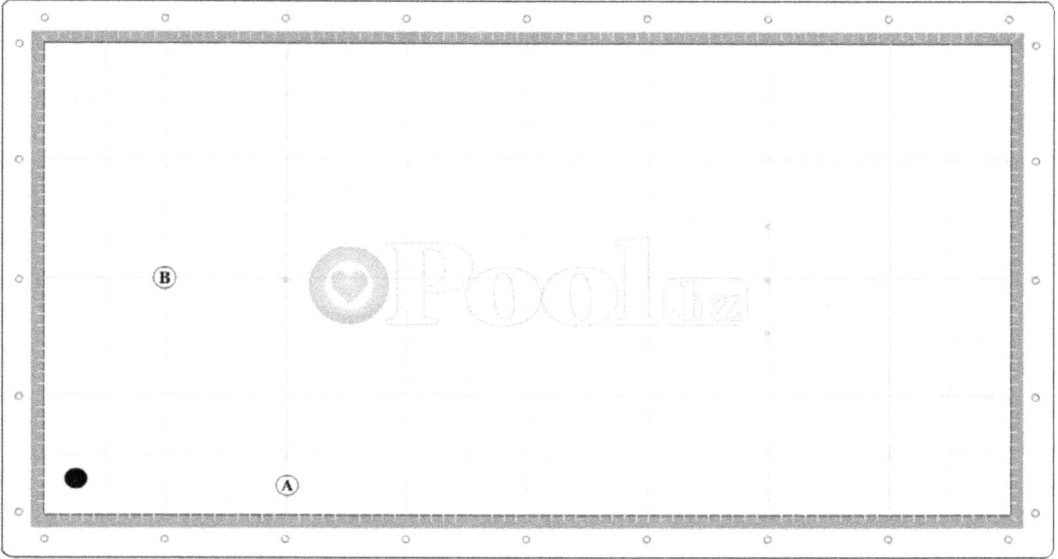

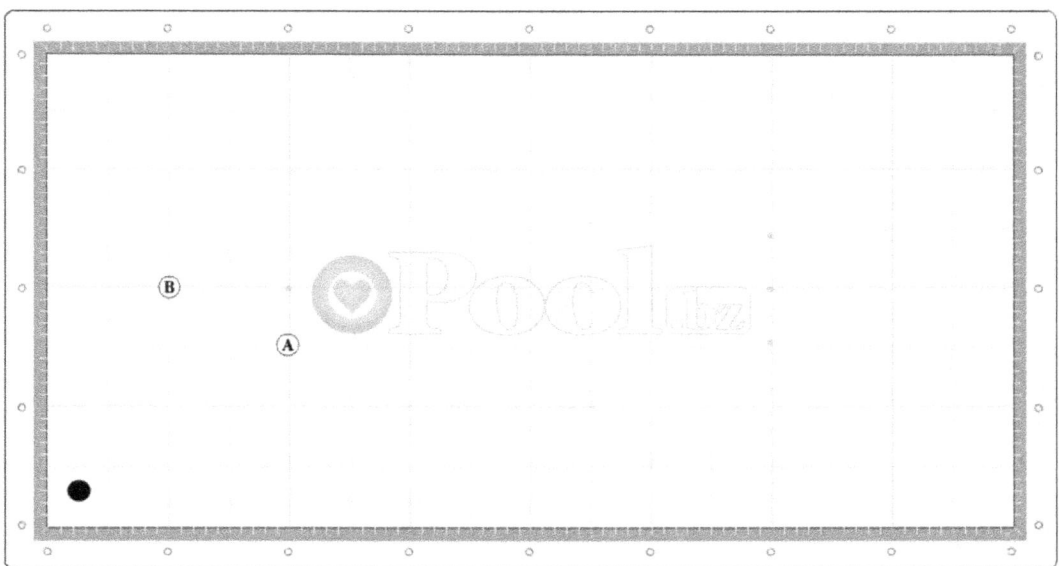

NOTASS:

Bilhar carambola: Alguns enigmas e quebra-cabeças

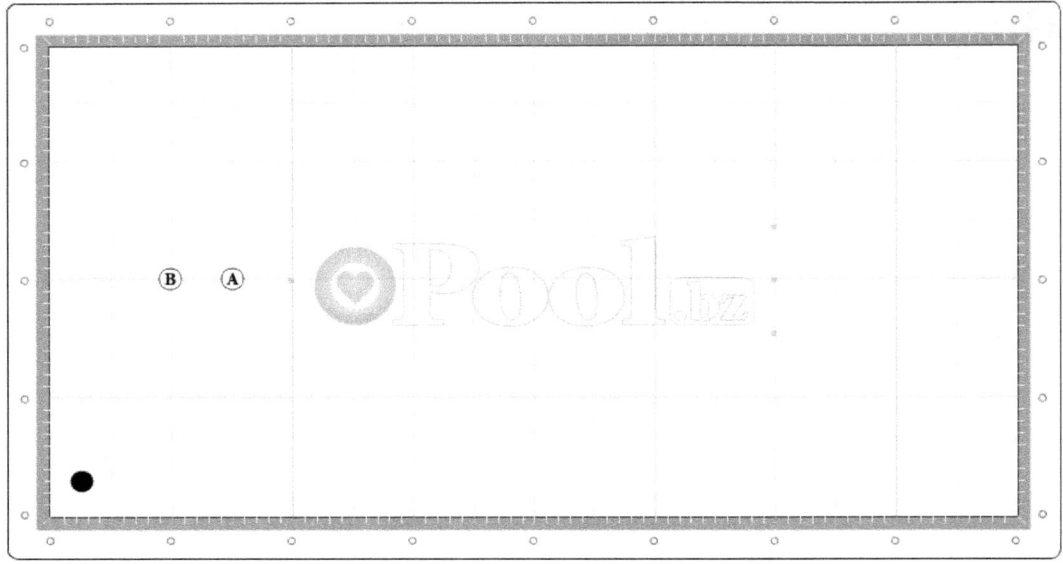

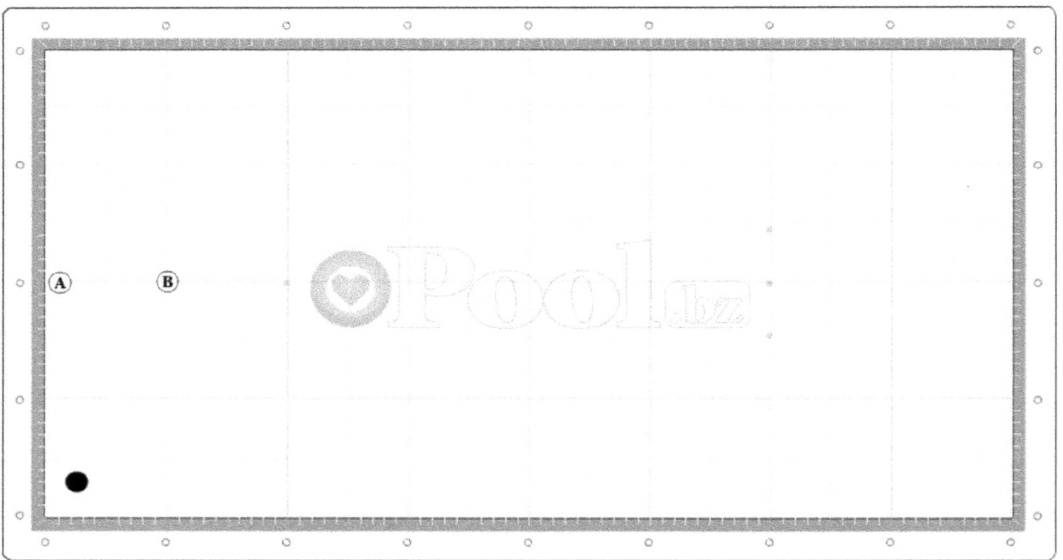

NOTASS:

Grupo 1, conjunto 3

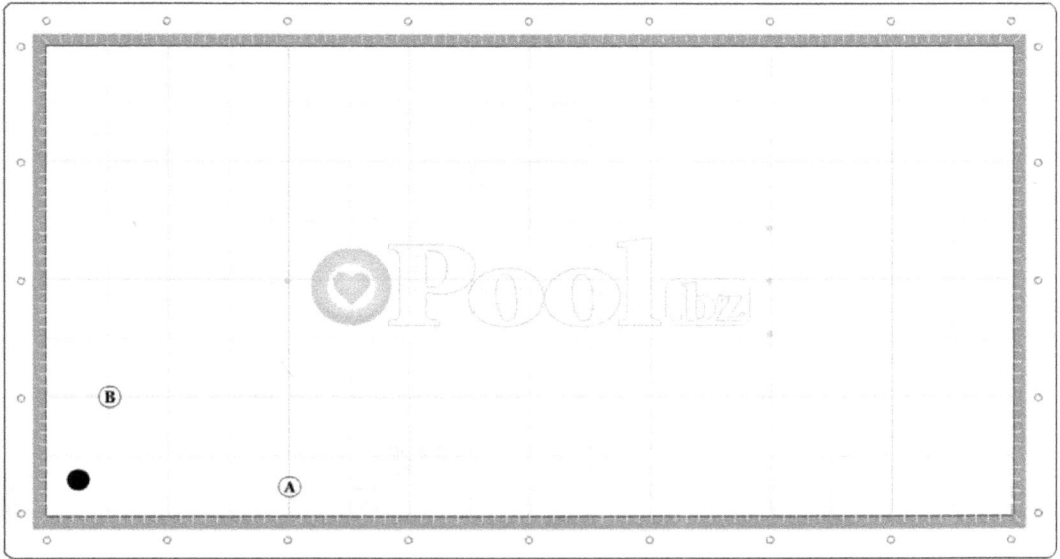

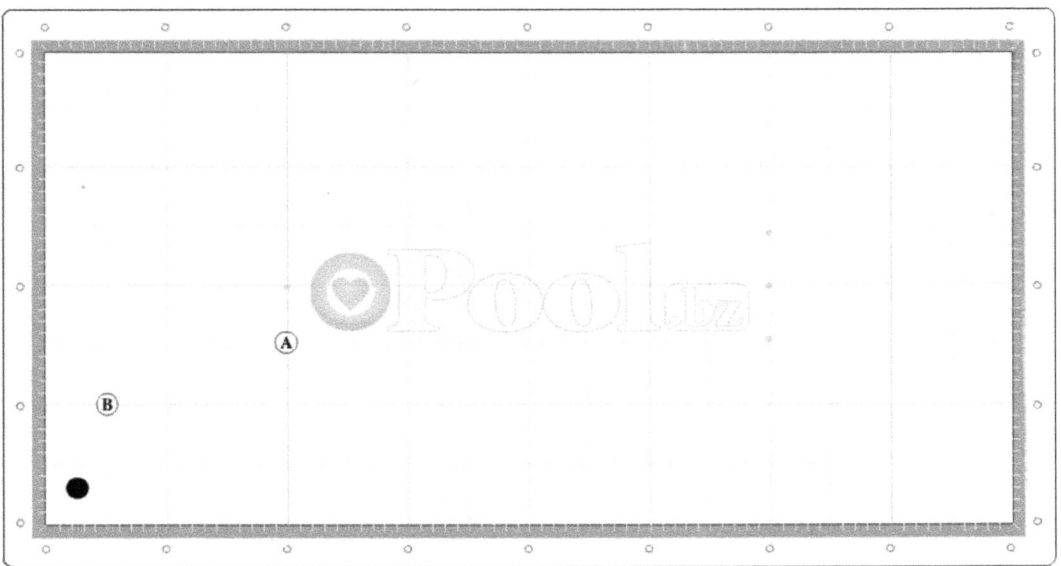

NOTASS:

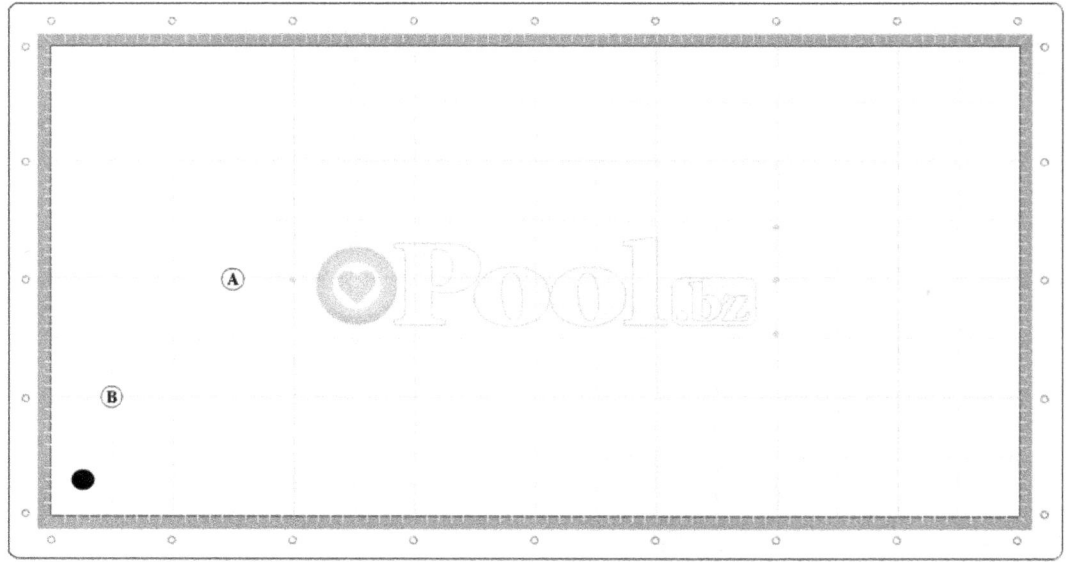

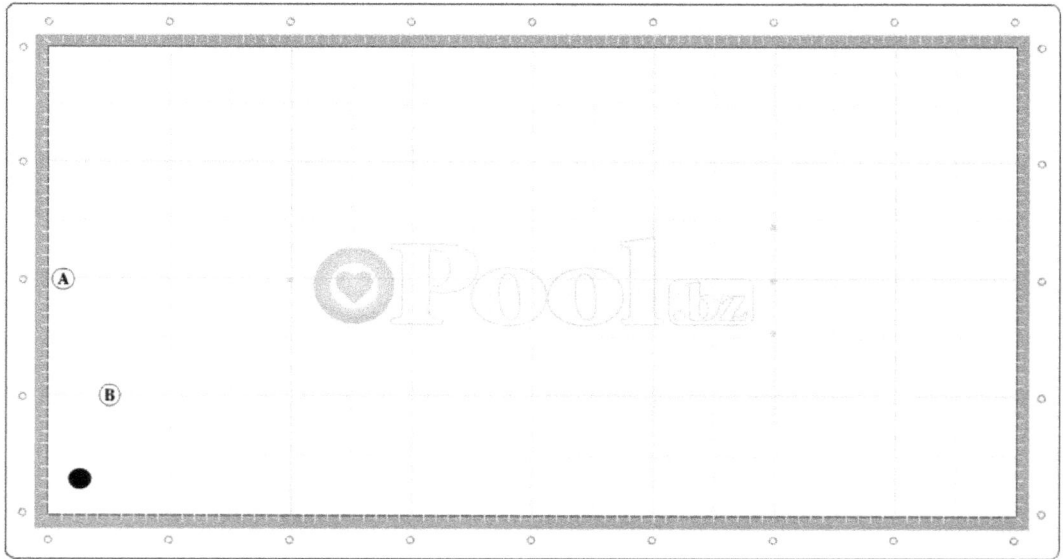

NOTASS:

Grupo 1, conjunto 4

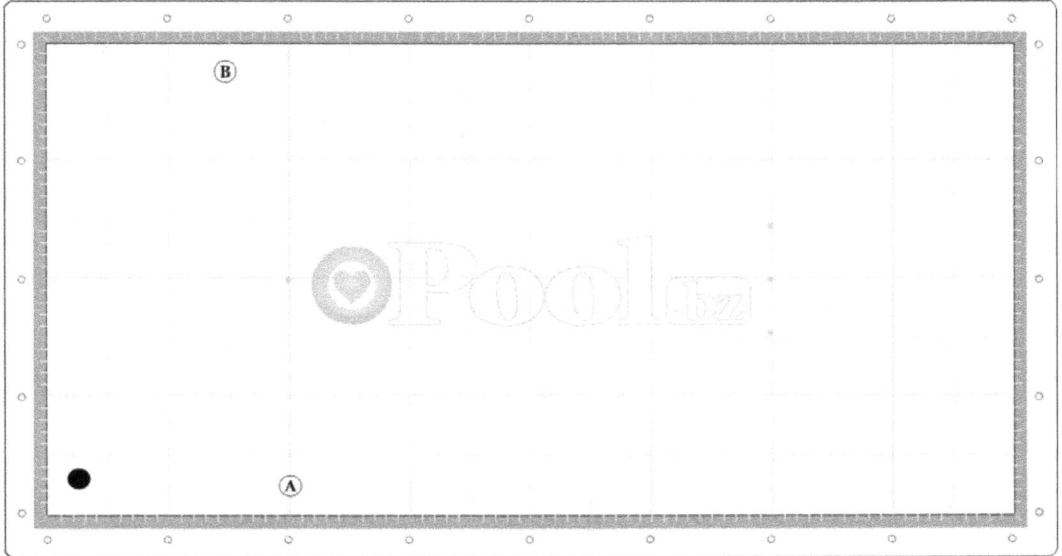

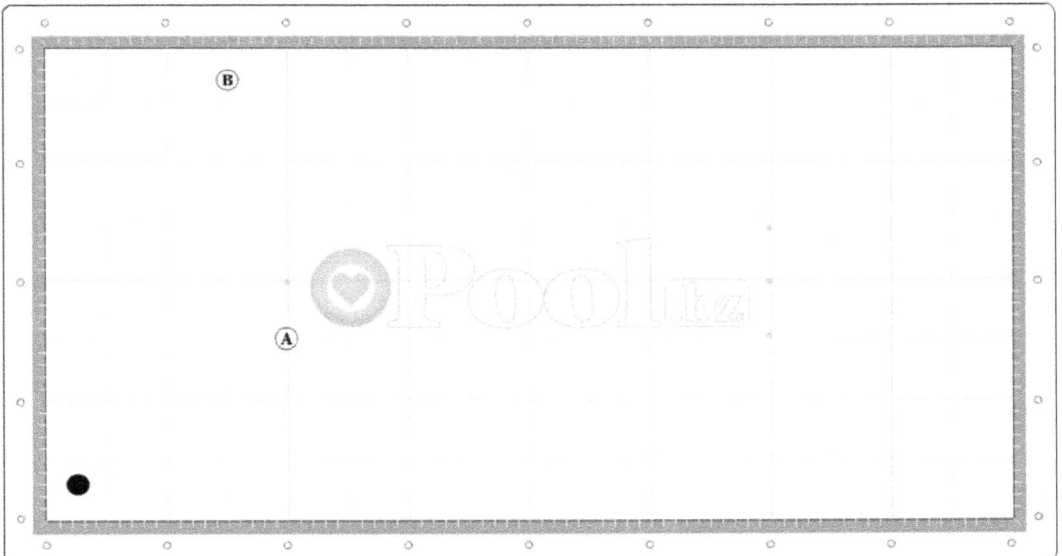

NOTASS:

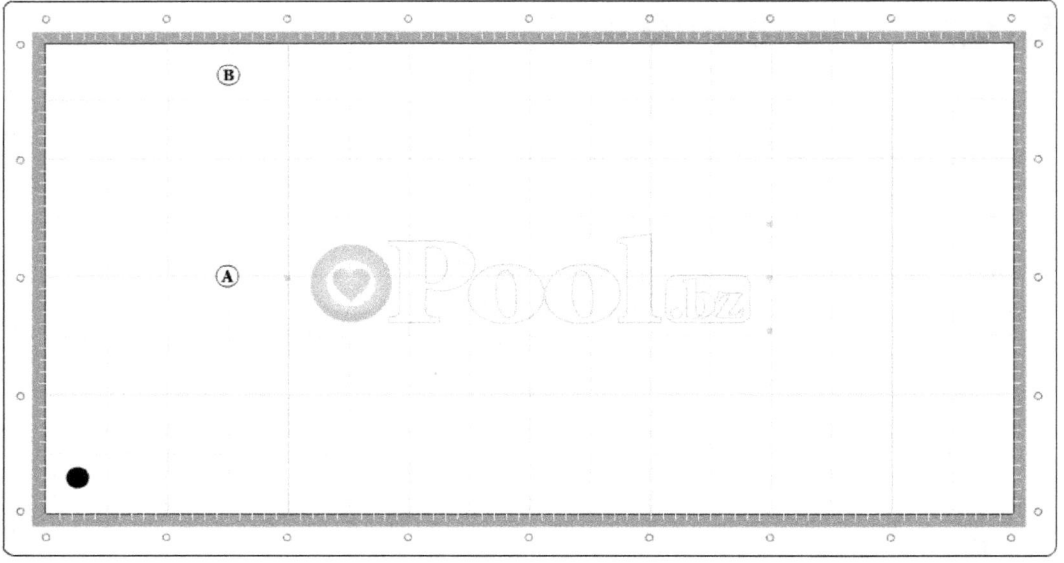

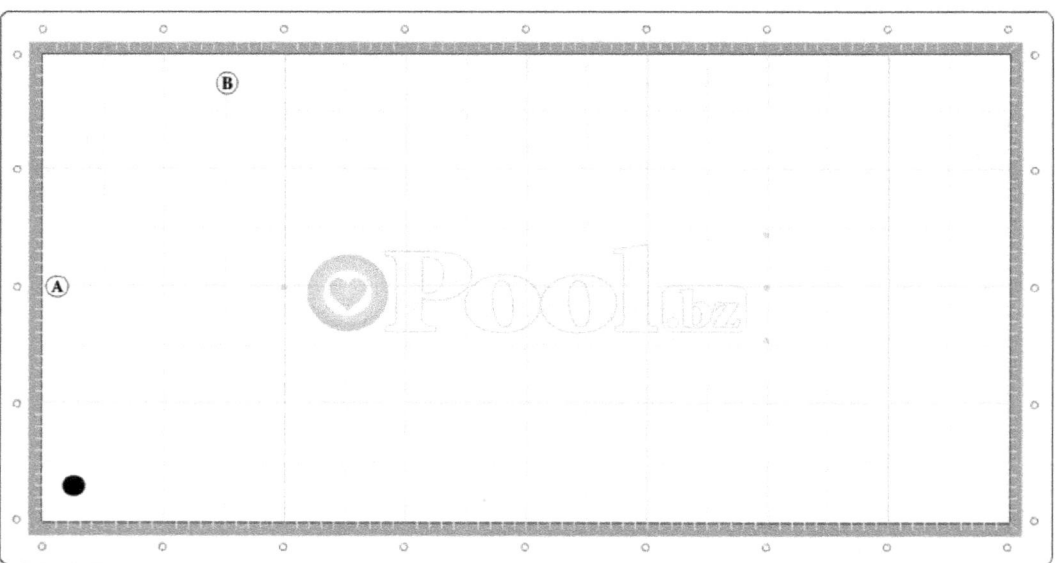

NOTASS:

Grupo 1, conjunto 5

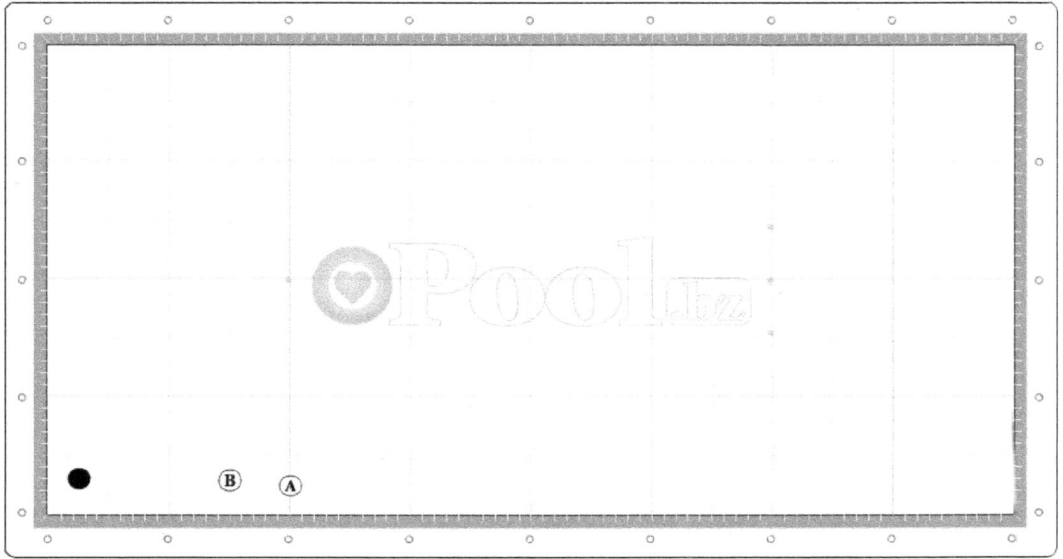

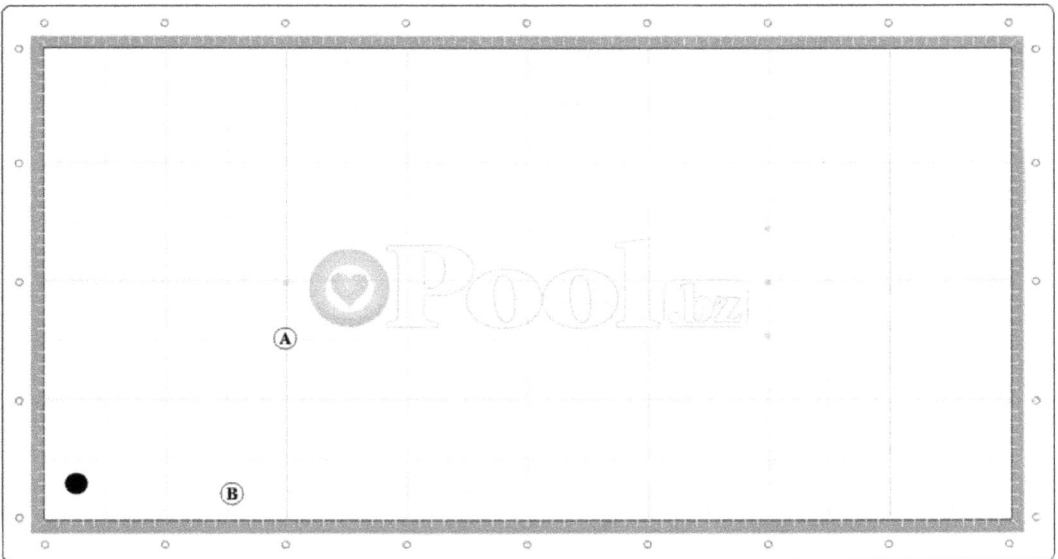

NOTASS:

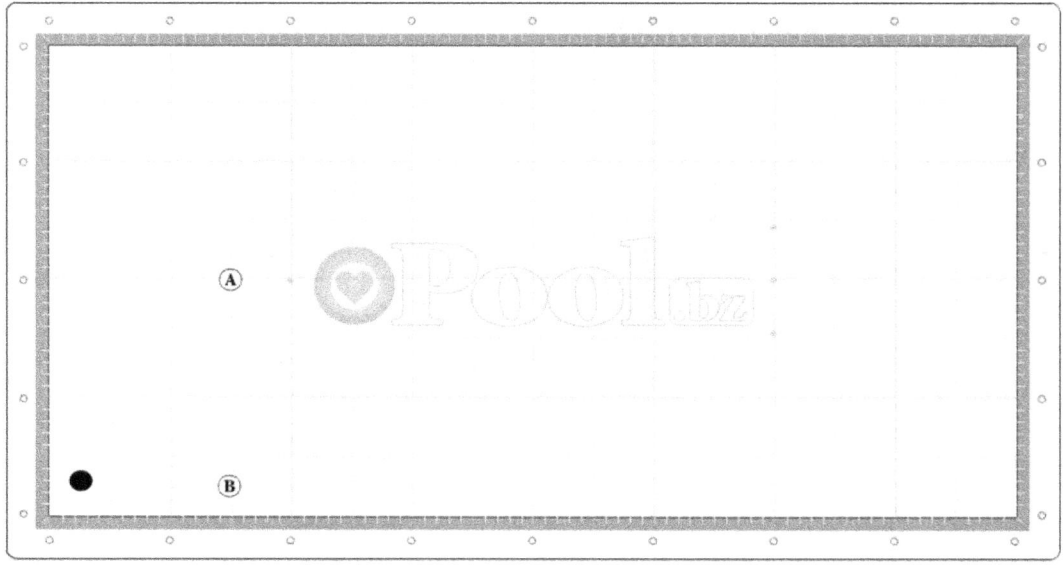

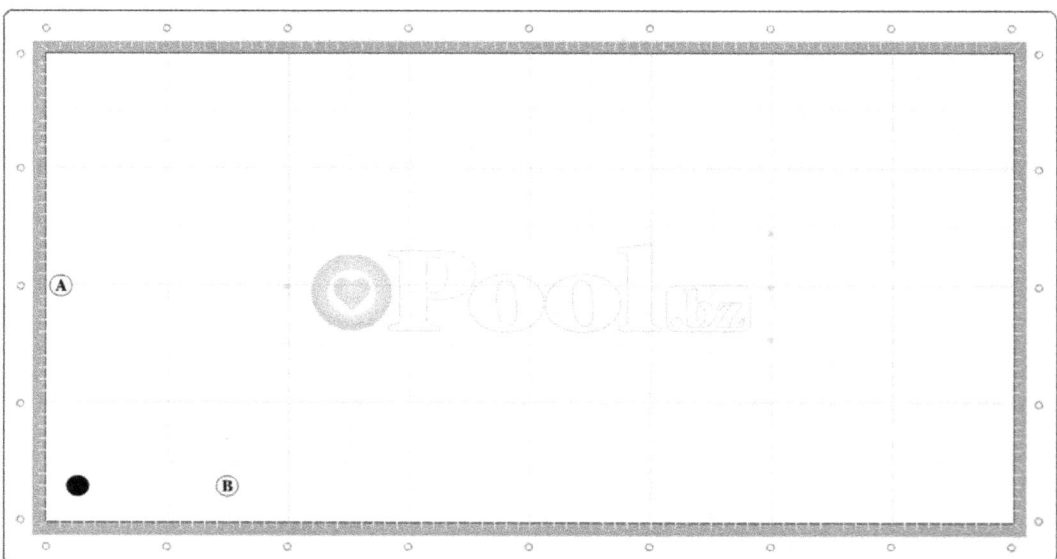

NOTASS:

Grupo 1, conjunto 6

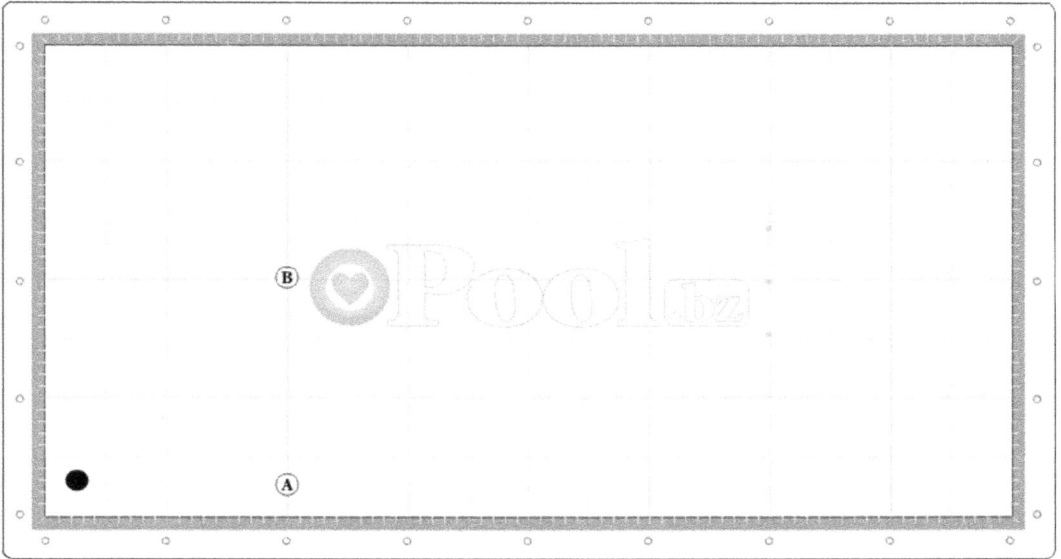

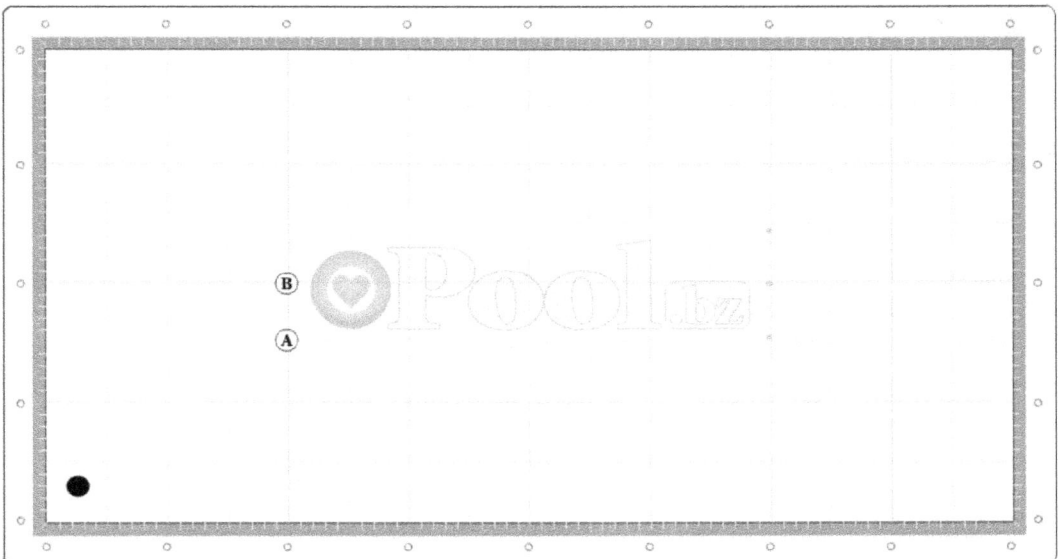

NOTASS:

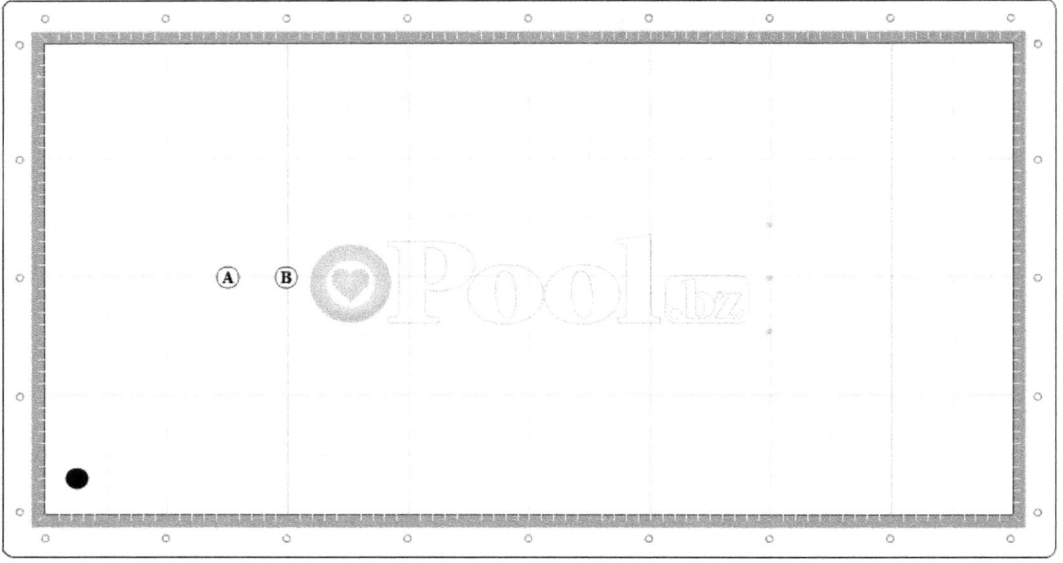

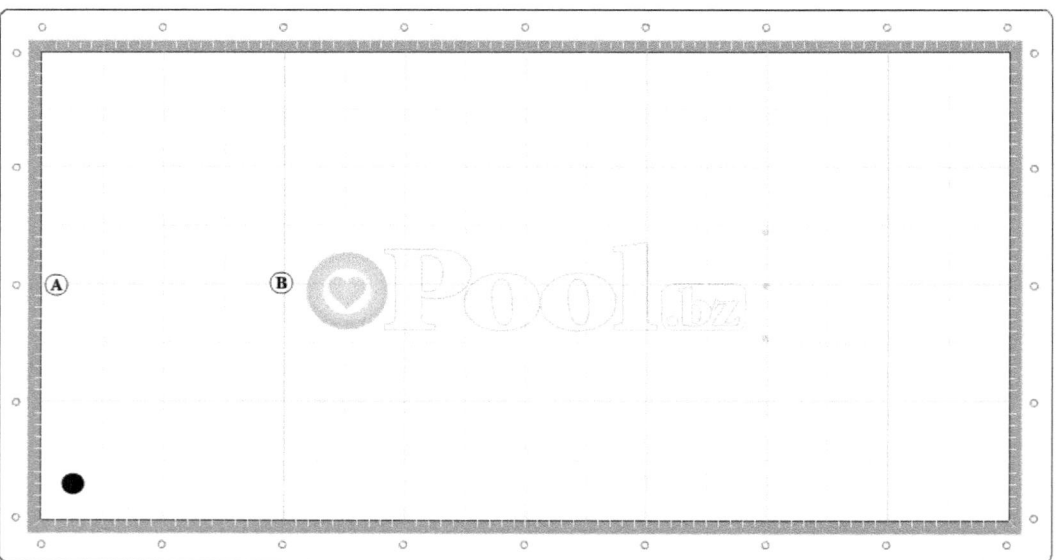

NOTASS:

Grupo 1, conjunto 7

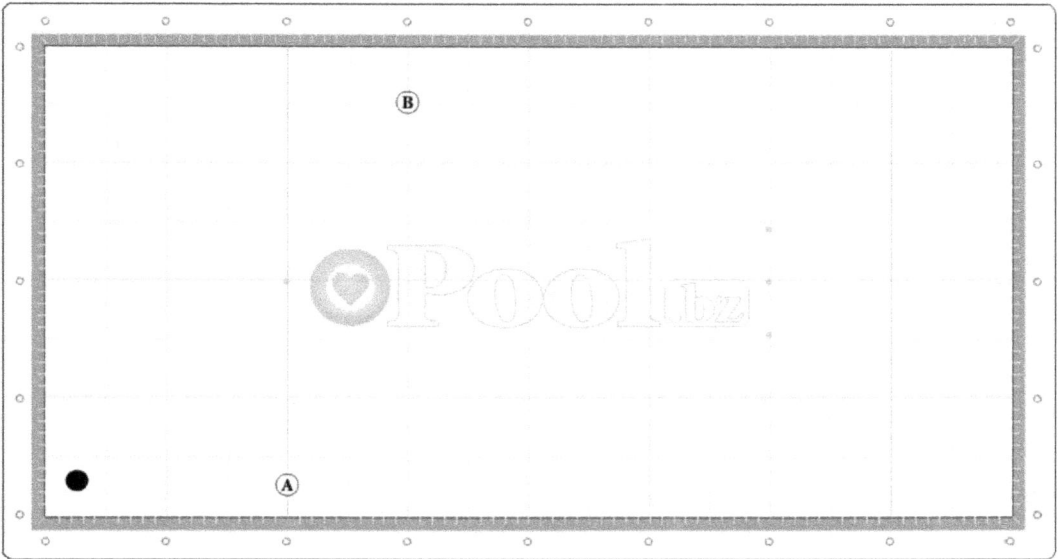

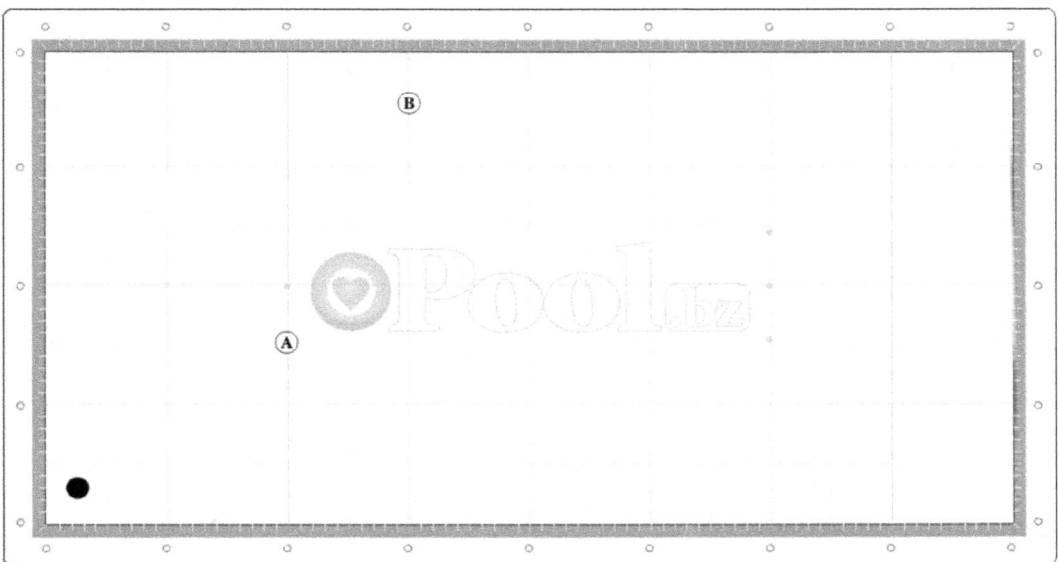

NOTASS:

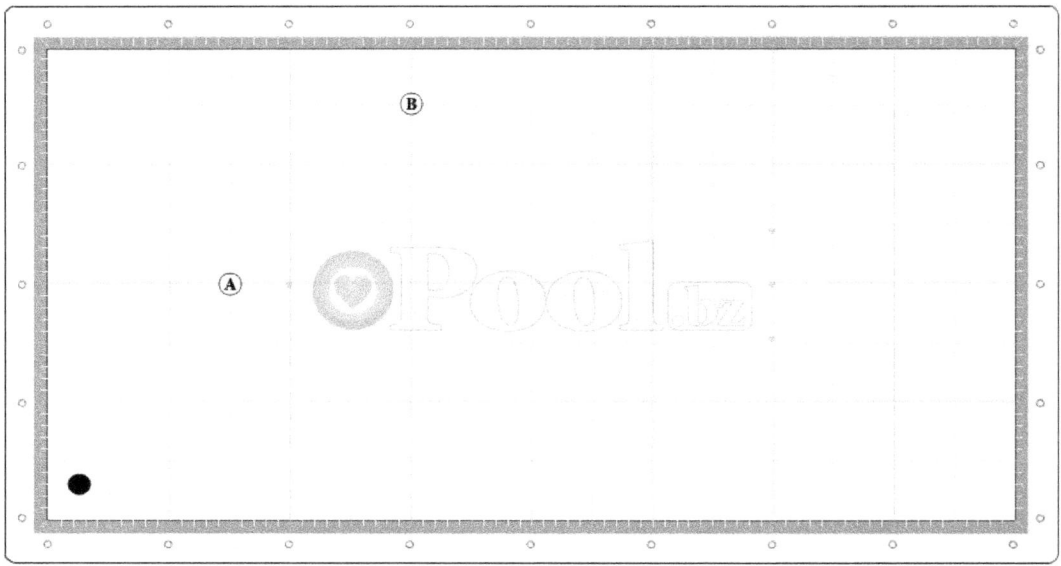

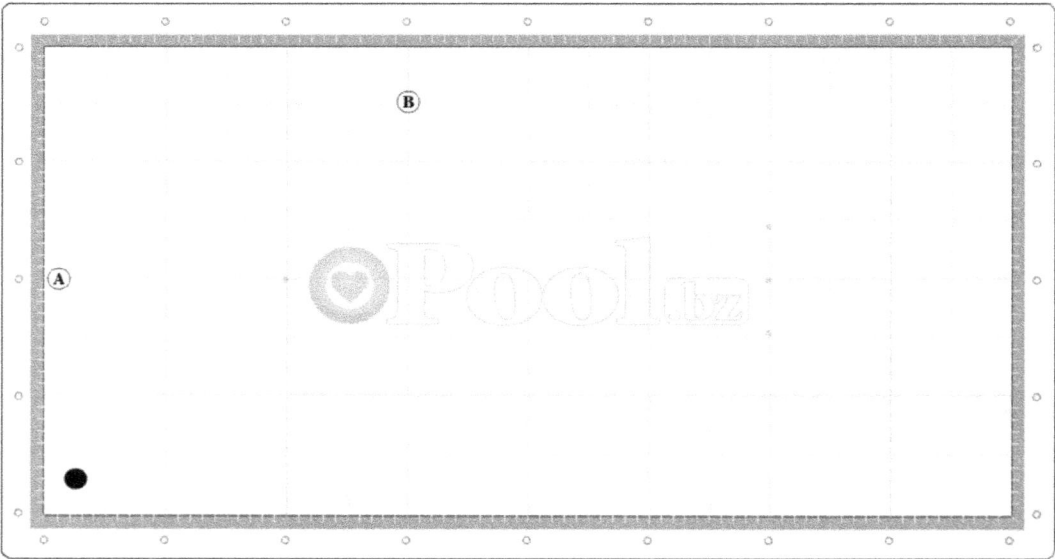

NOTASS:

Grupo 1, conjunto 8

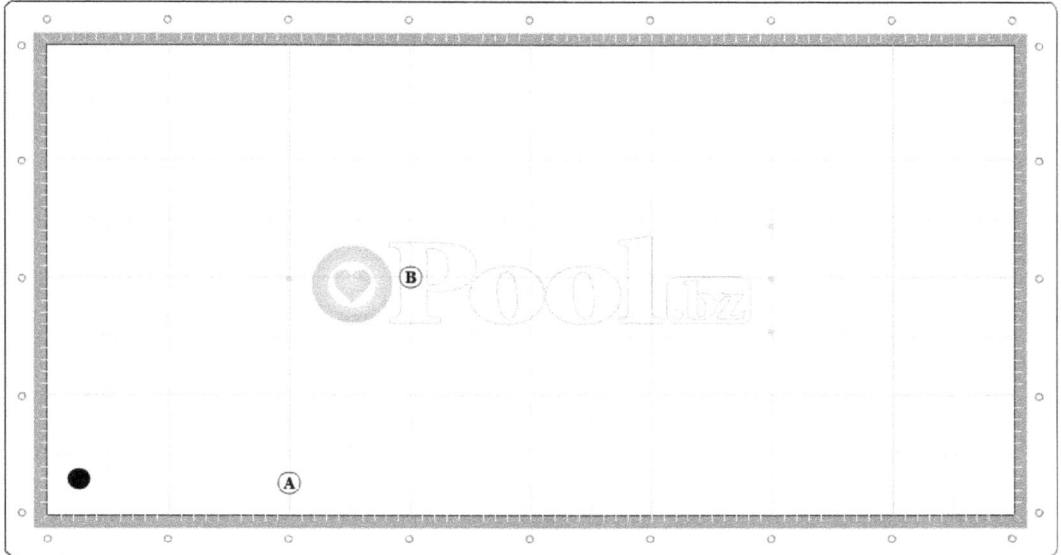

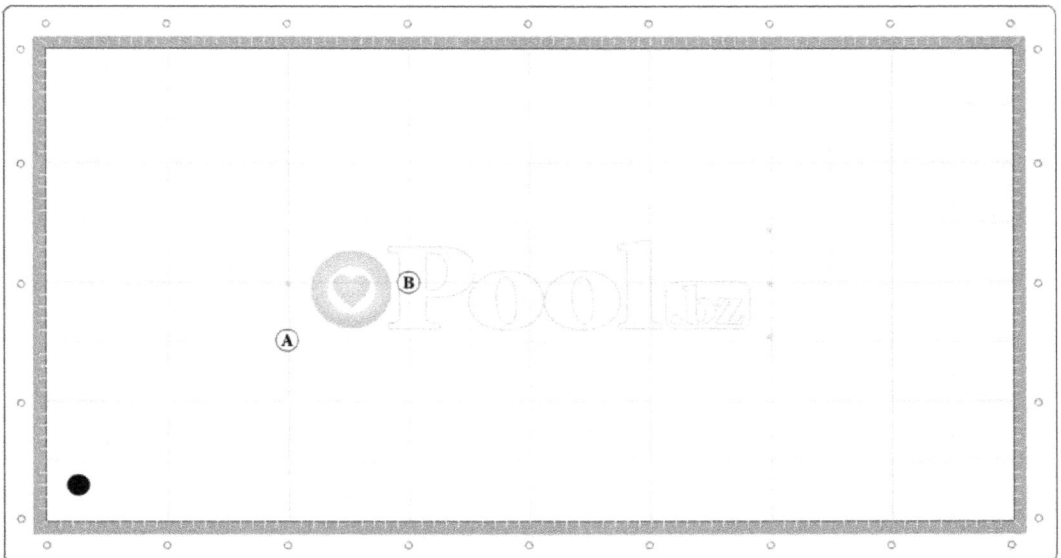

NOTASS:

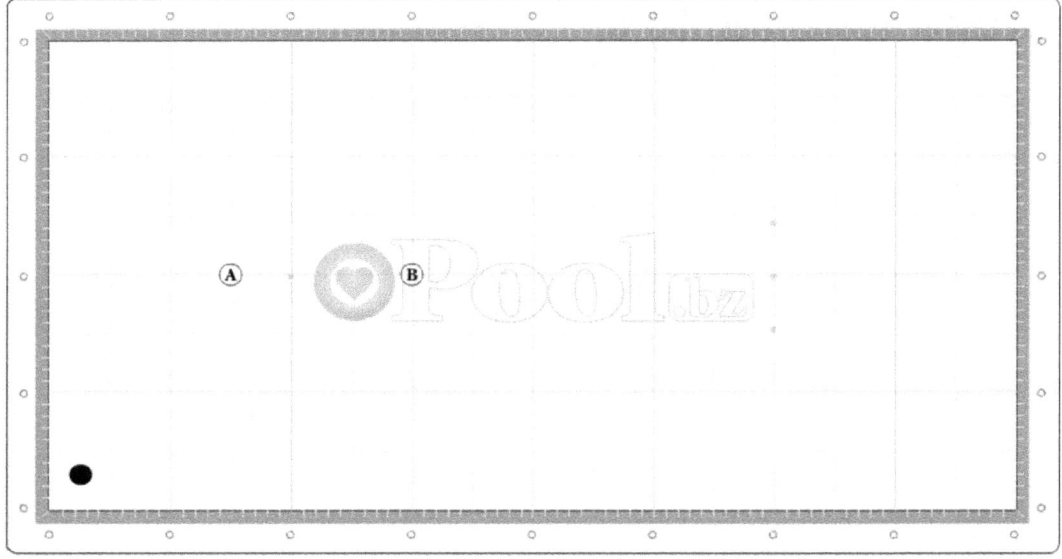

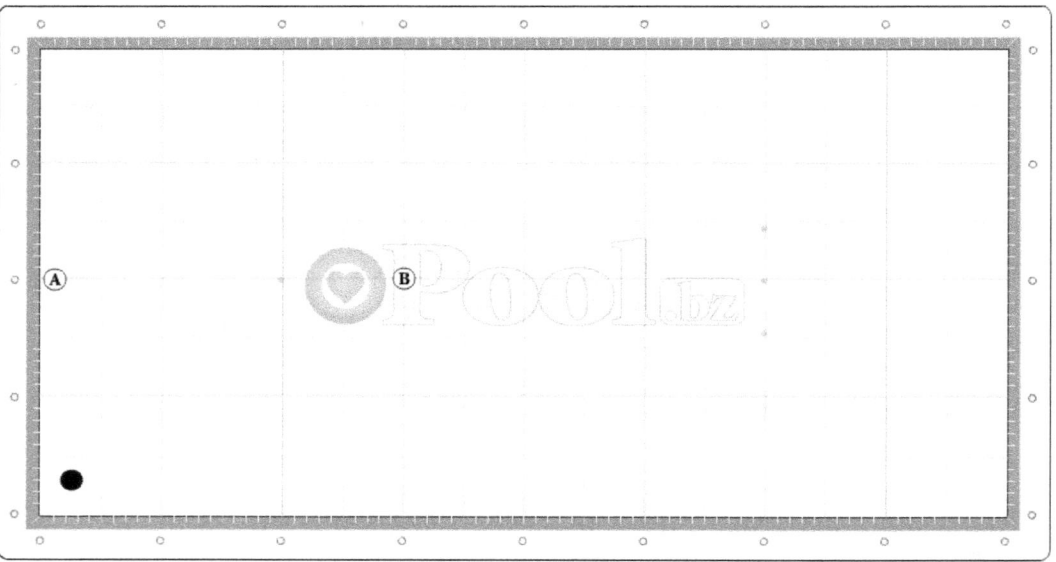

NOTASS:

Grupo 1, conjunto 9

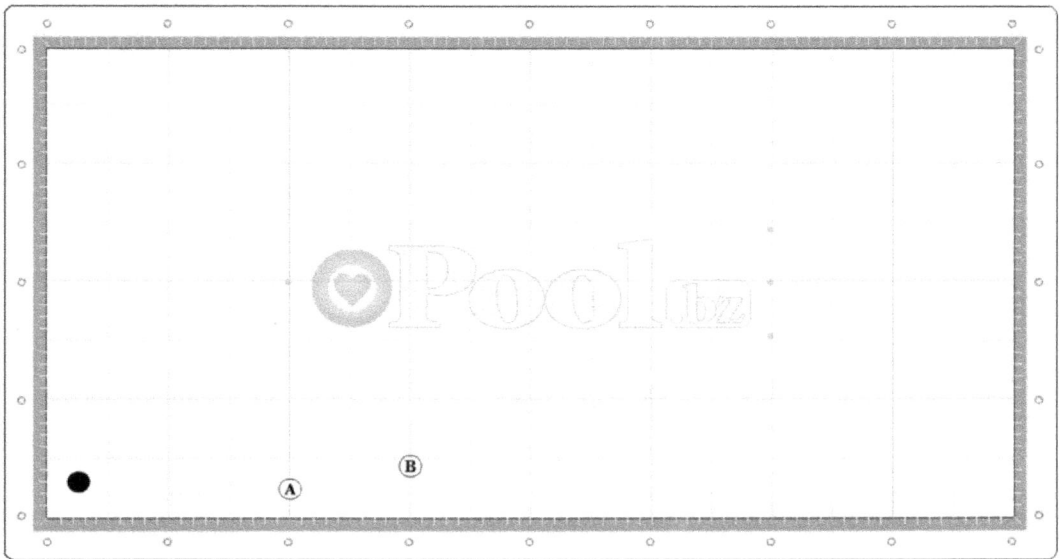

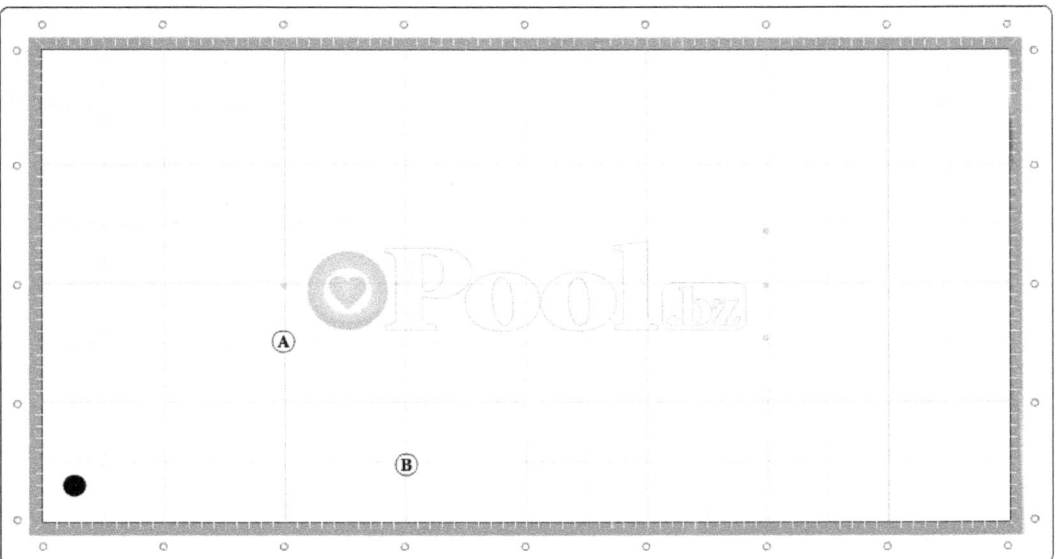

NOTASS:

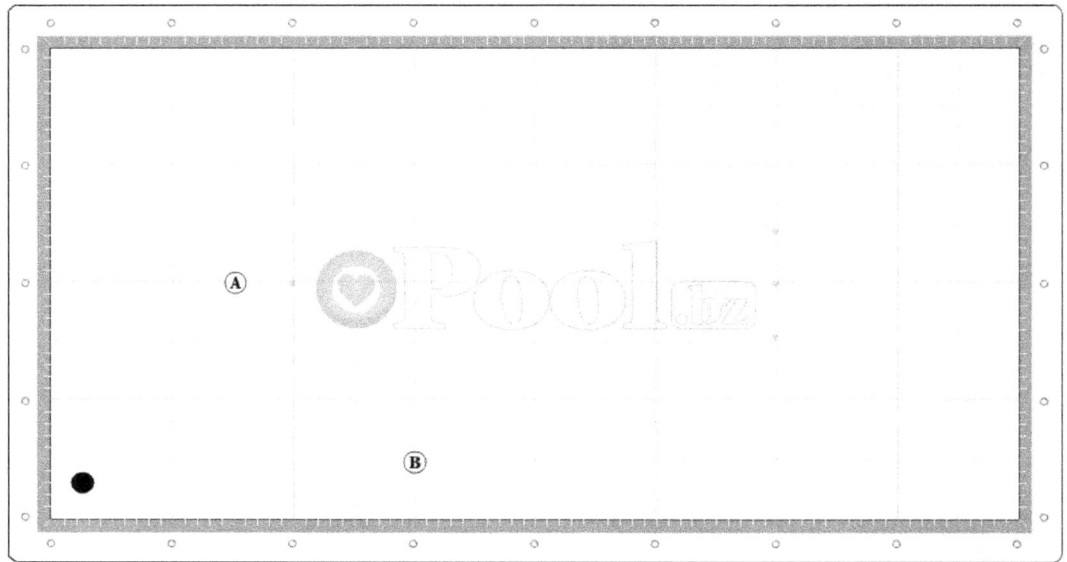

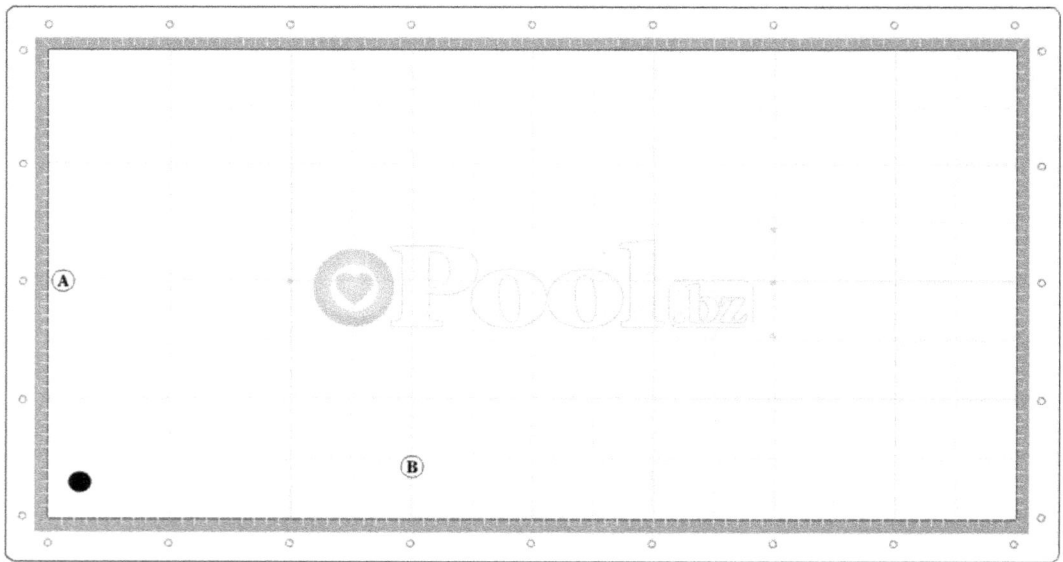

NOTASS:

Grupo 1, conjunto 10

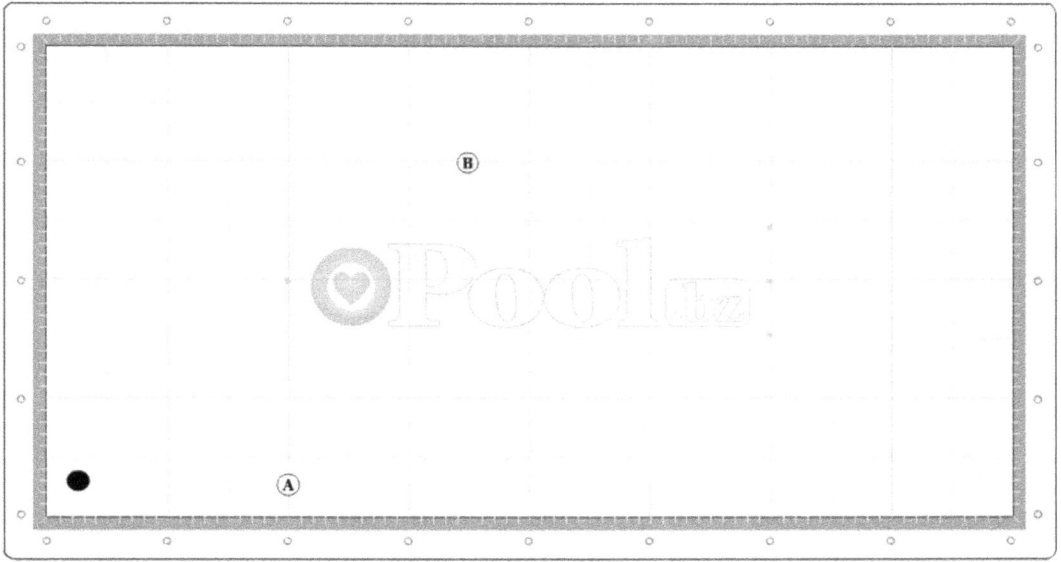

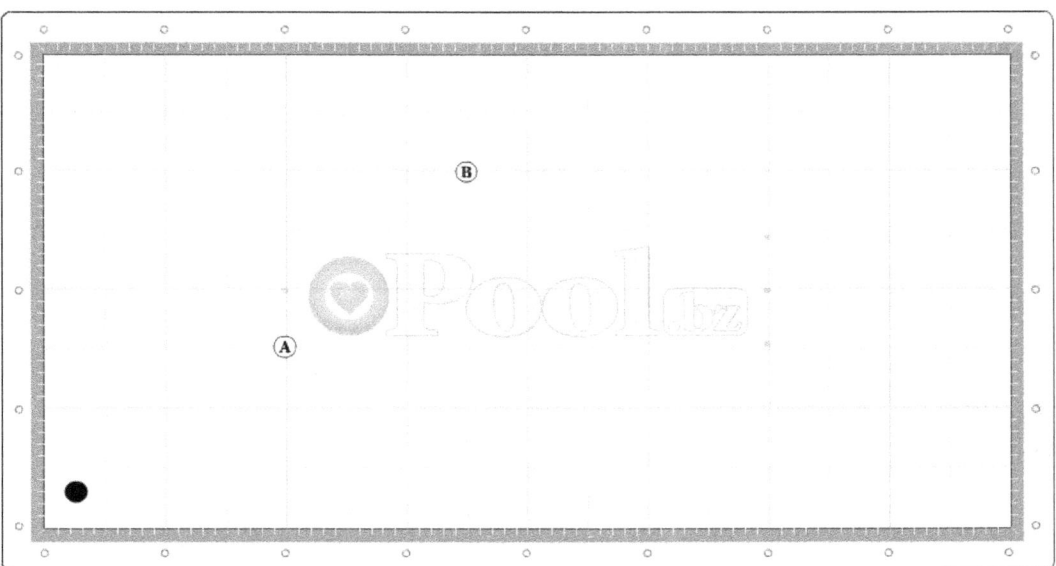

NOTASS:

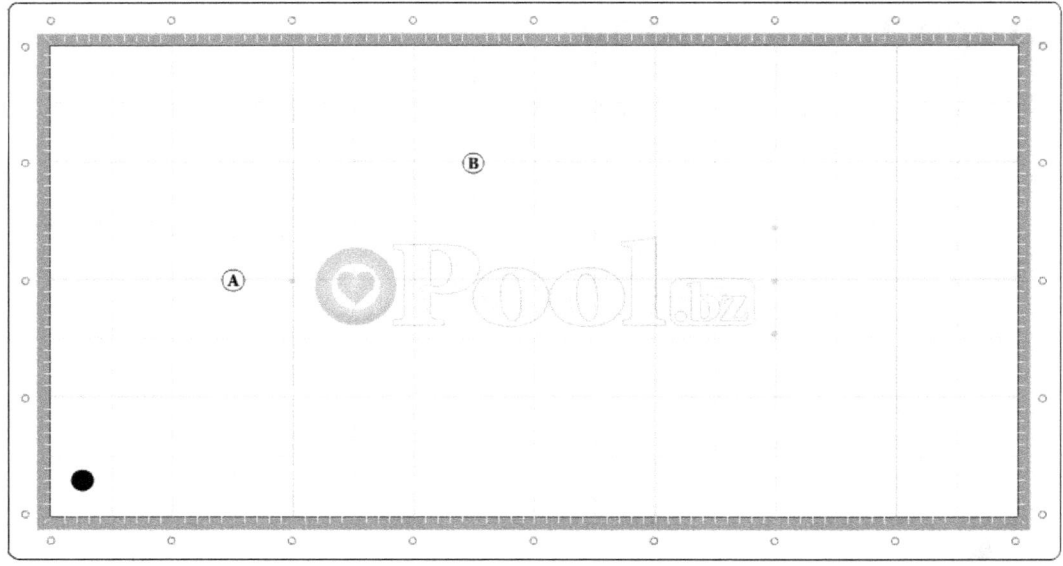

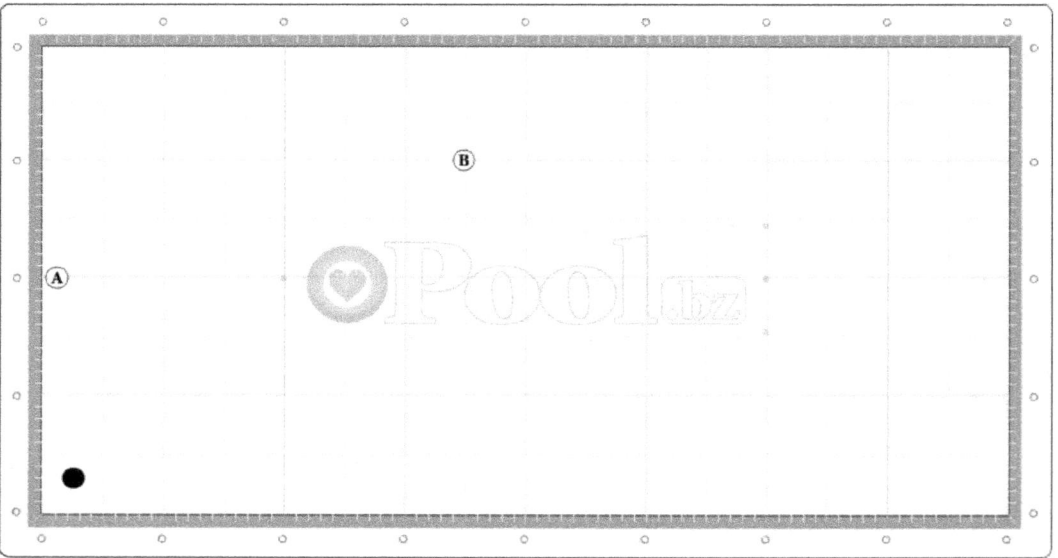

NOTASS:

Grupo 1, conjunto 11

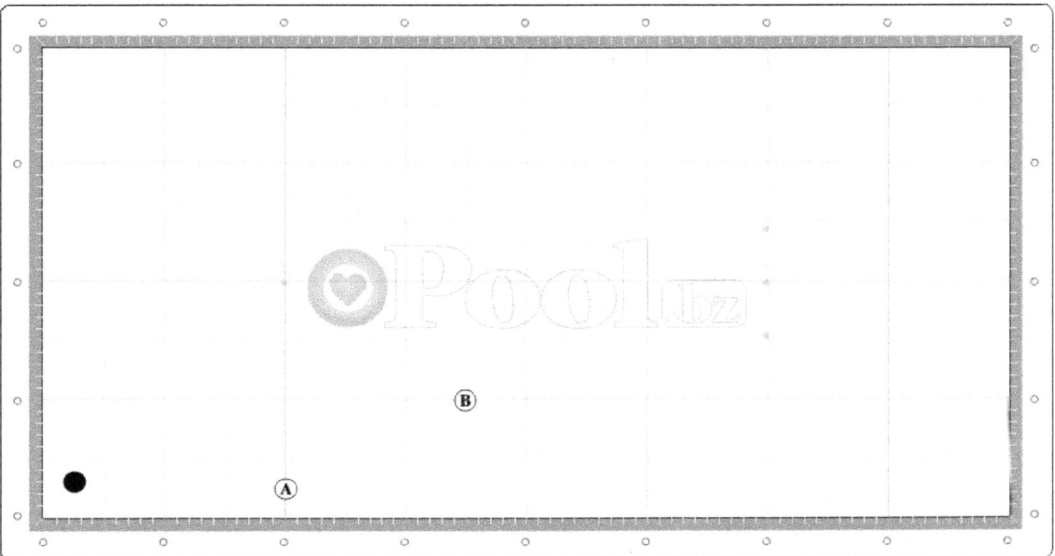

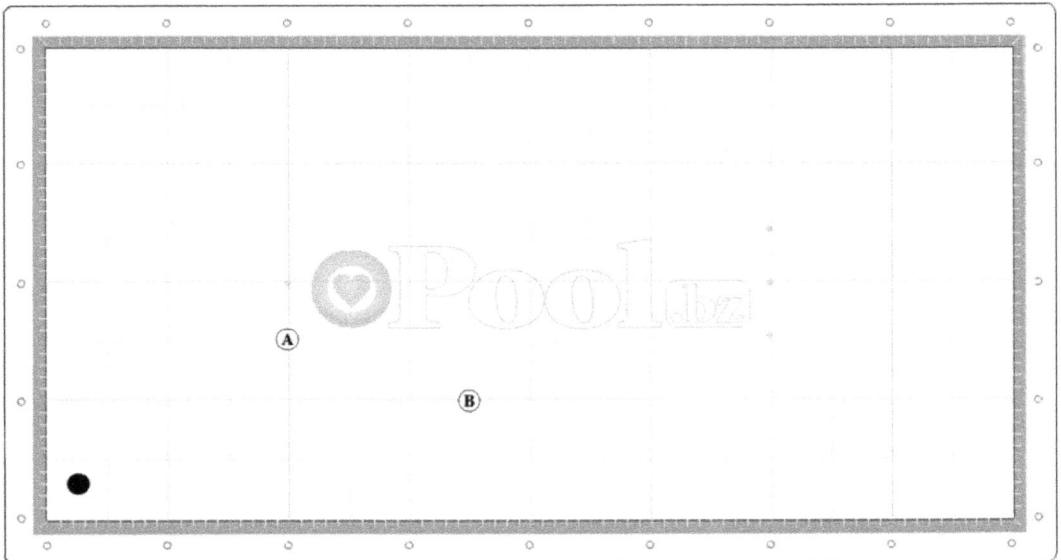

NOTASS:

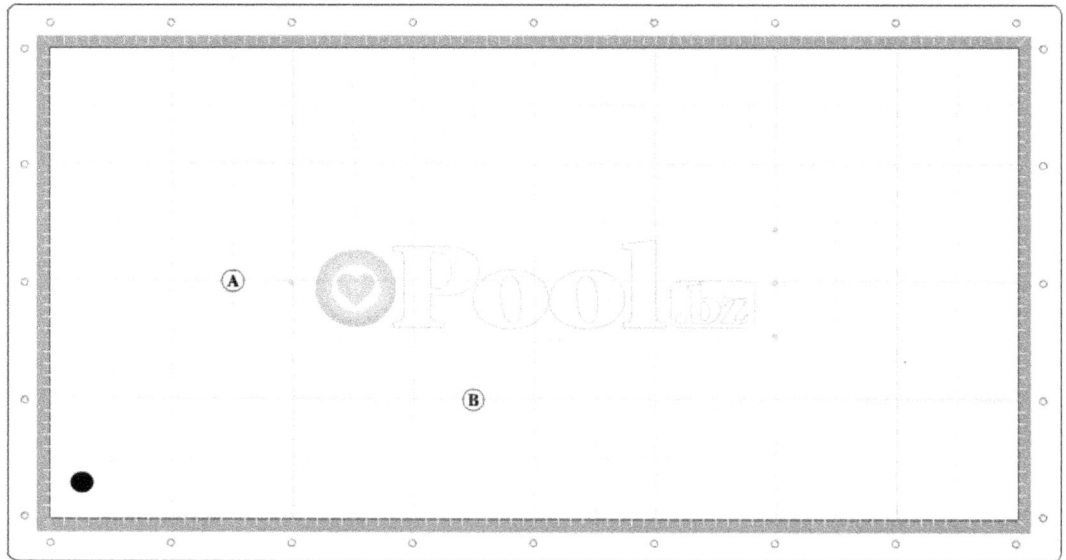

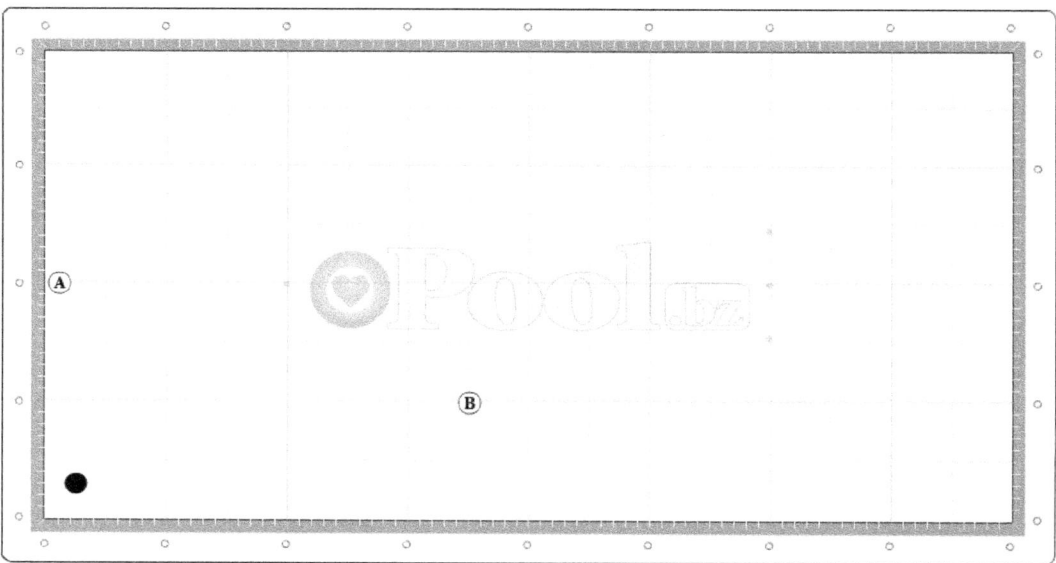

NOTASS:

GRUPO 2
Grupo 2, conjunto 1

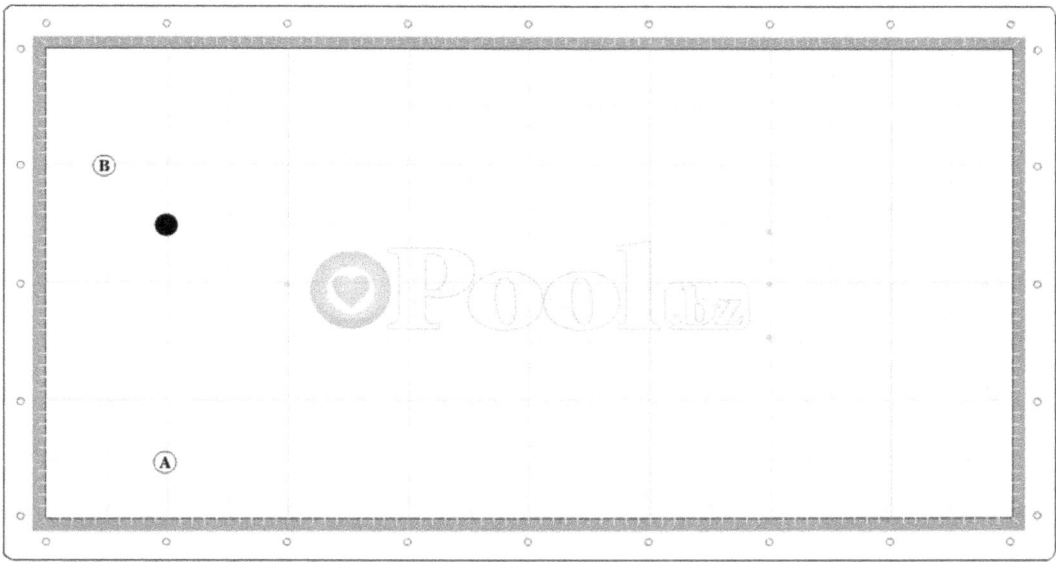

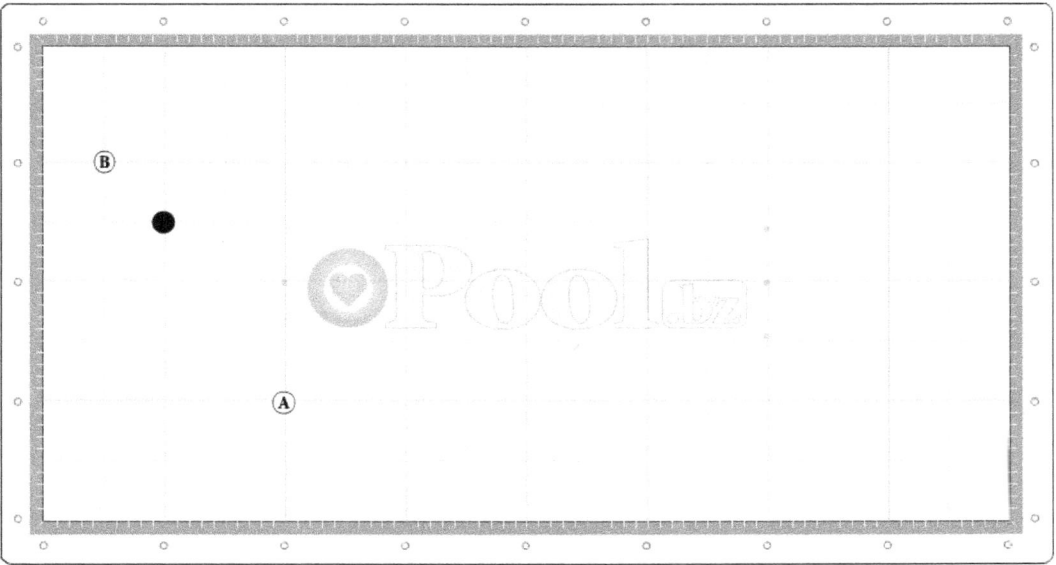

NOTASS:

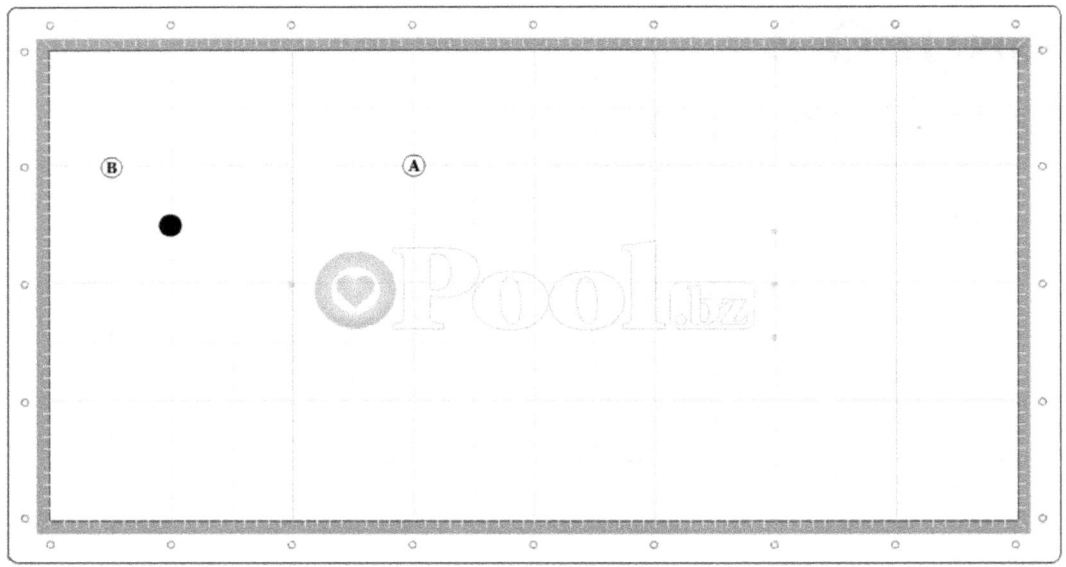

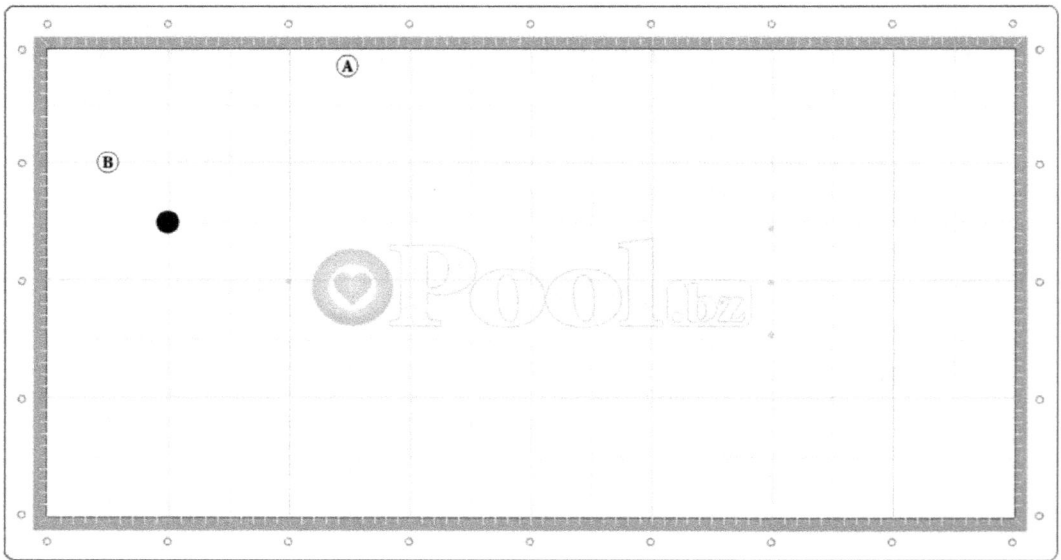

NOTASS:

Grupo 2, conjunto 2

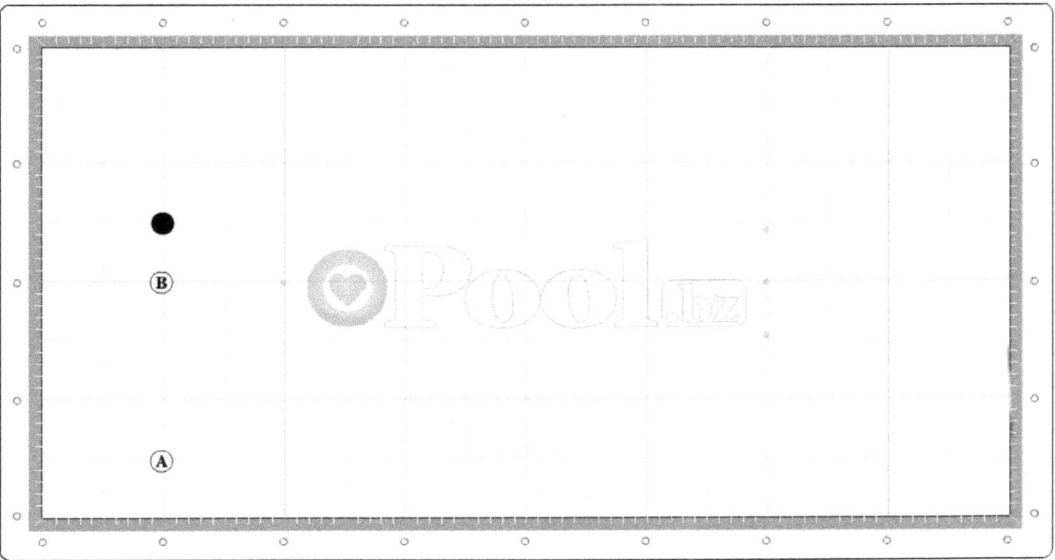

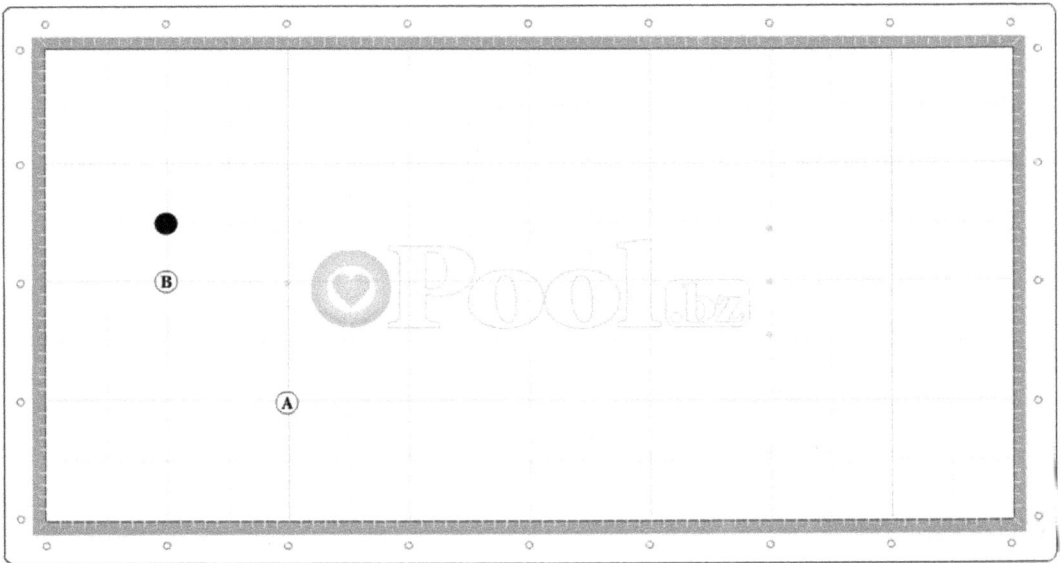

NOTASS:

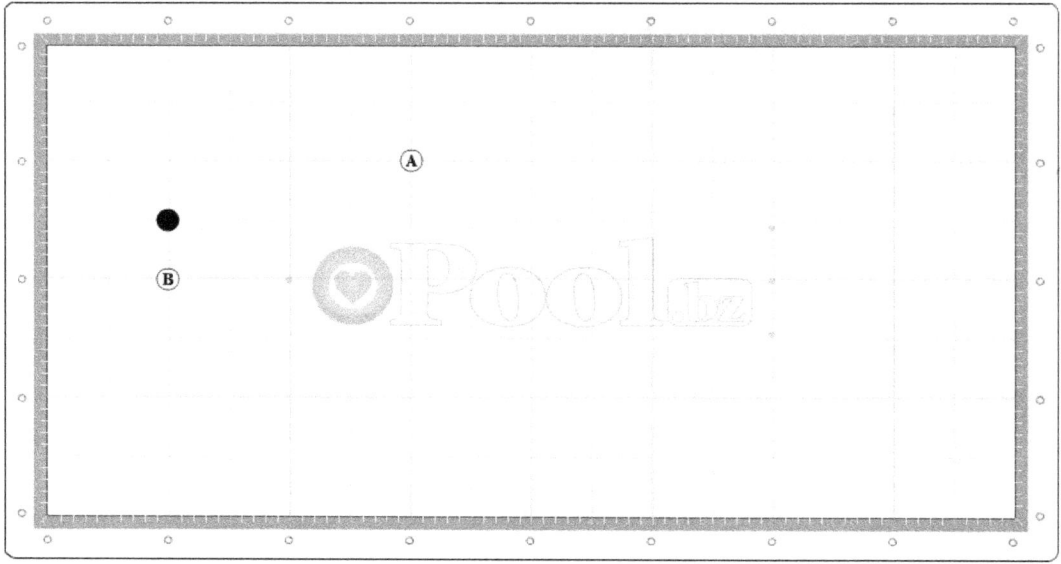

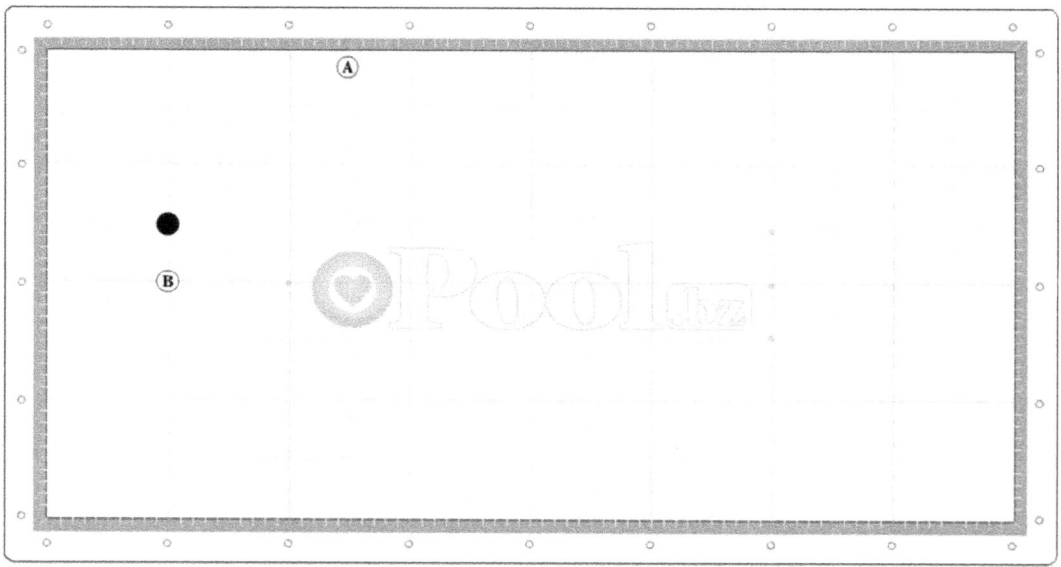

NOTASS:

Grupo 2, conjunto 3

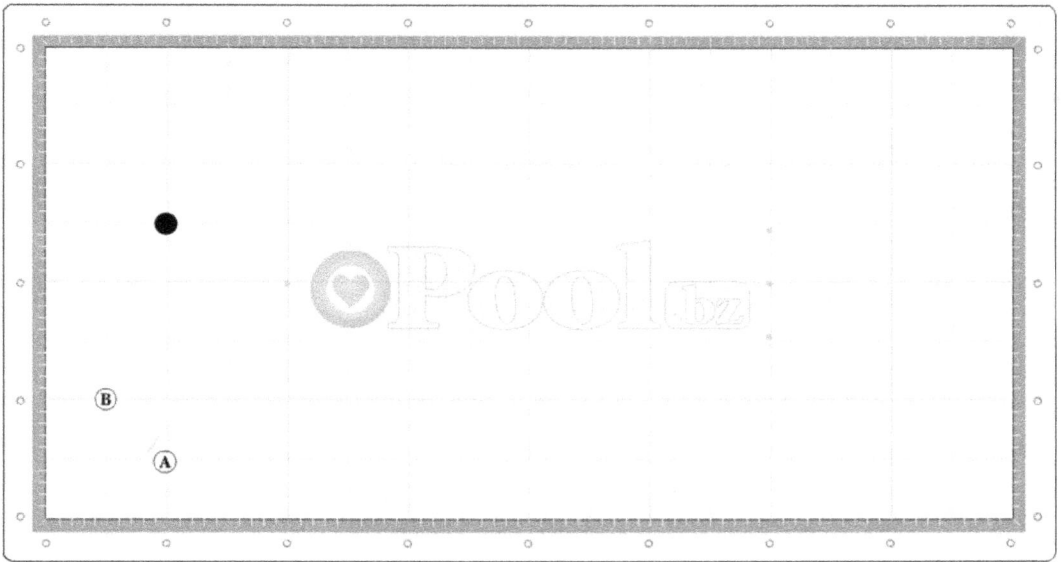

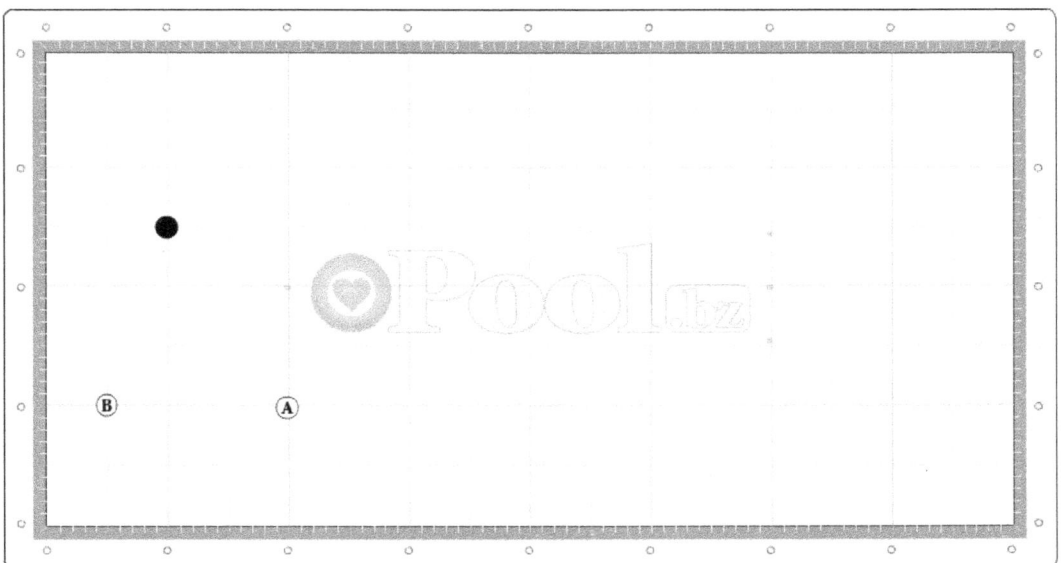

NOTASS:

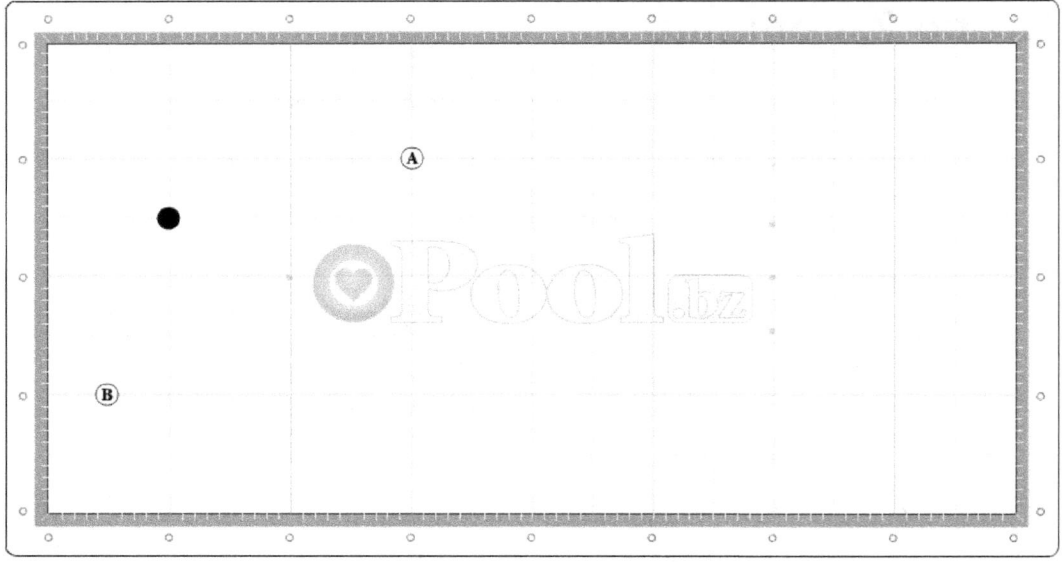

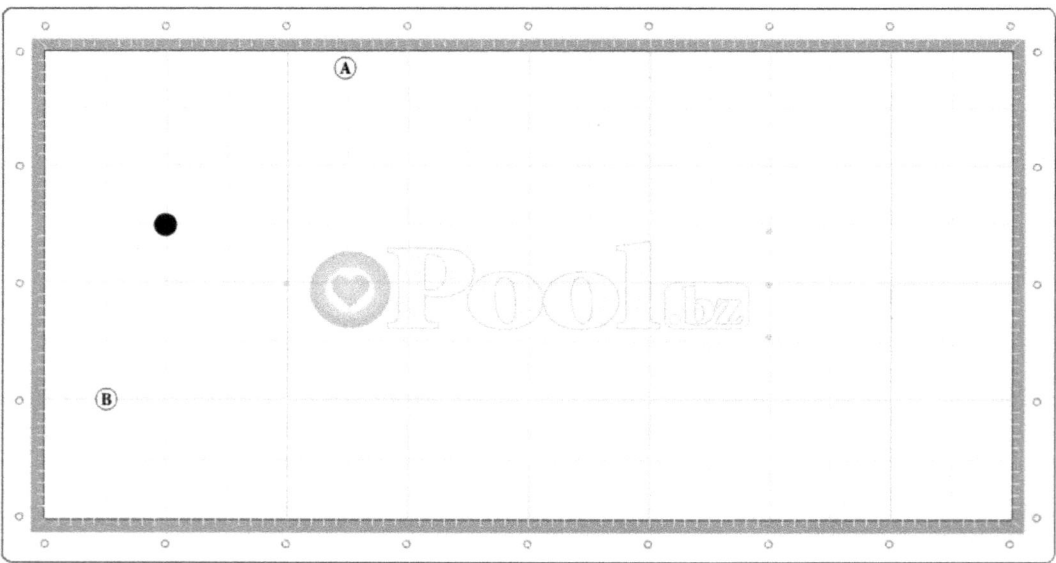

NOTASS:

Grupo 2, conjunto 4

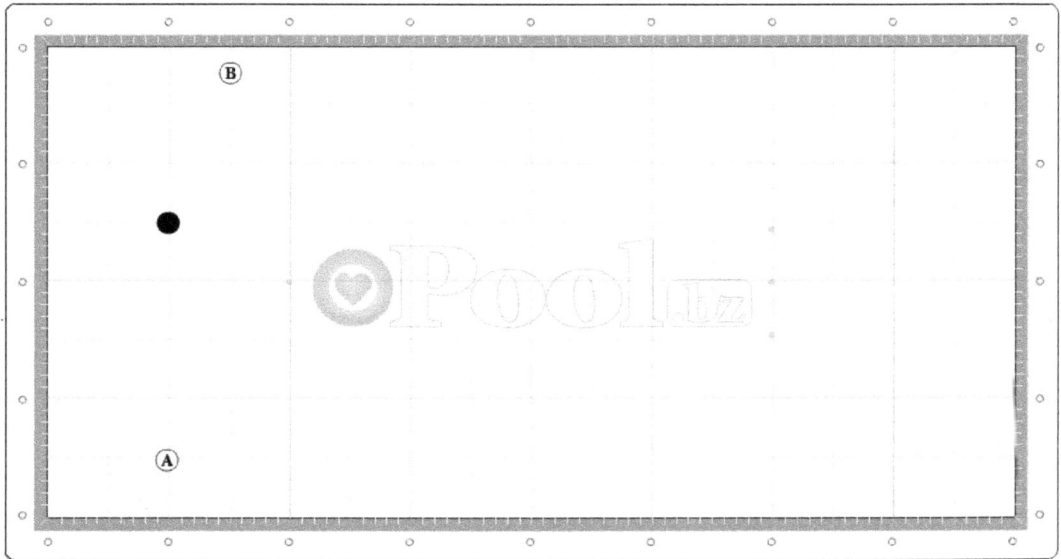

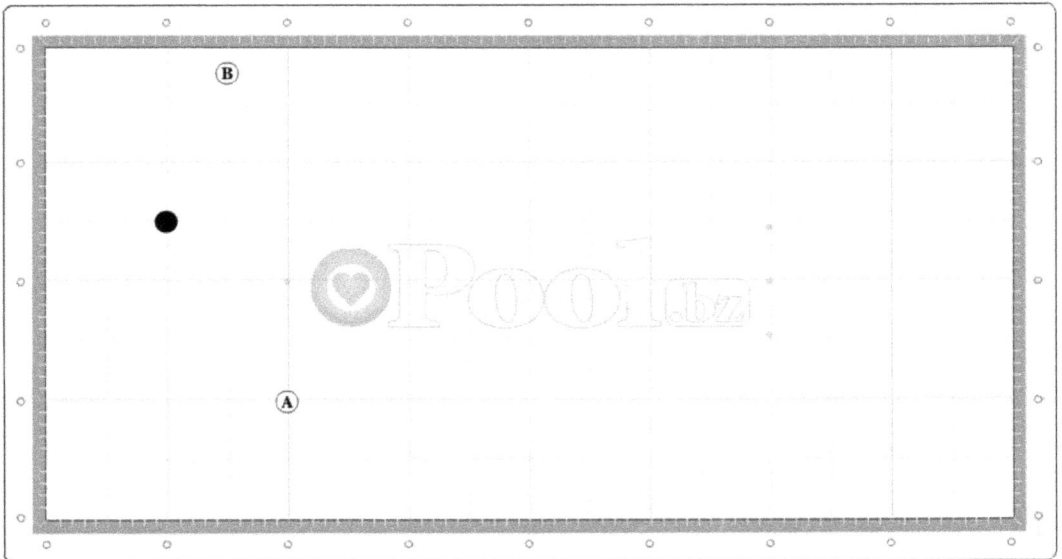

NOTASS:

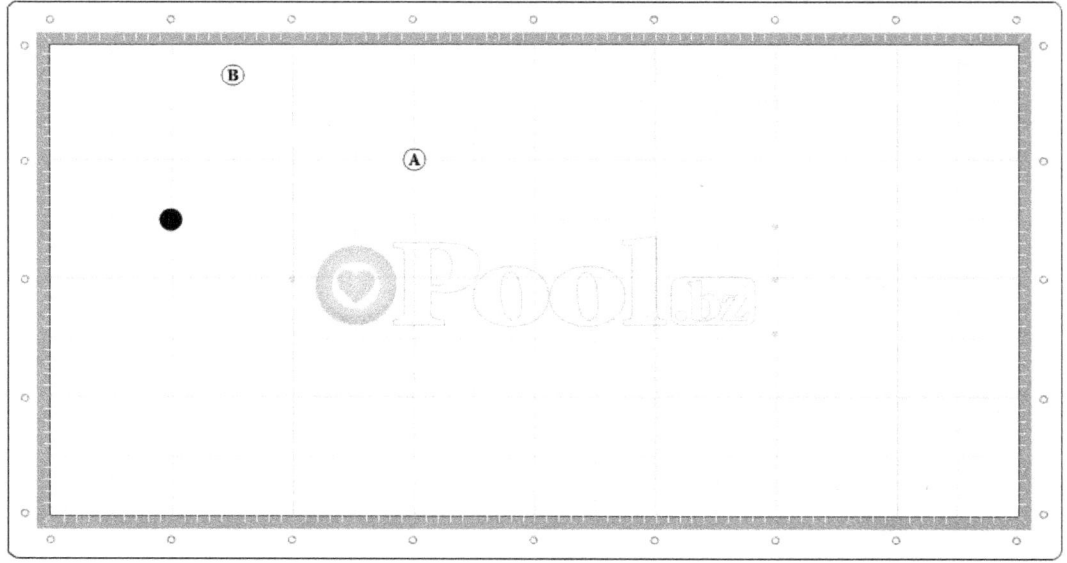

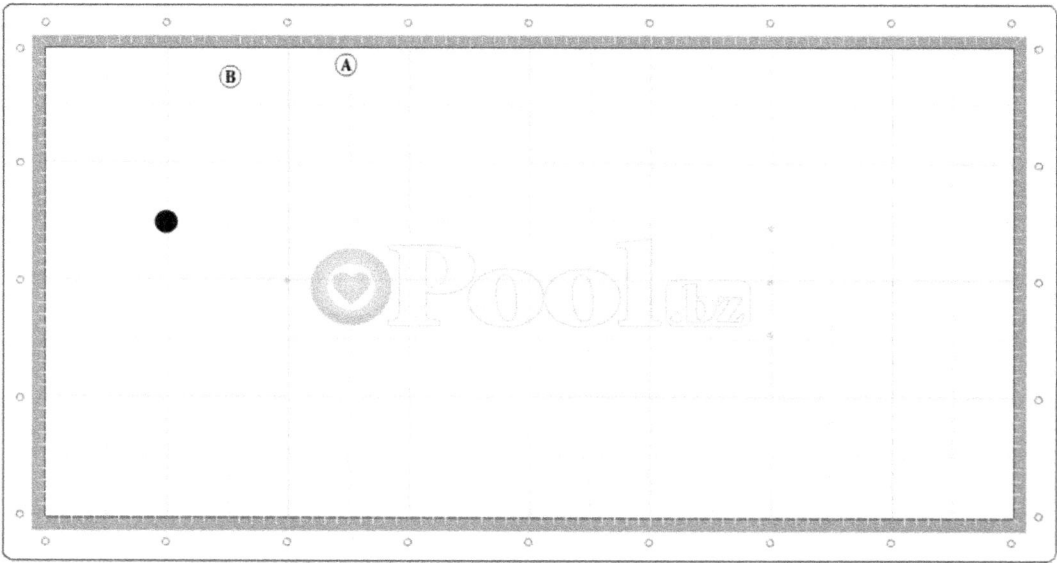

NOTASS:

Grupo 2, conjunto 5

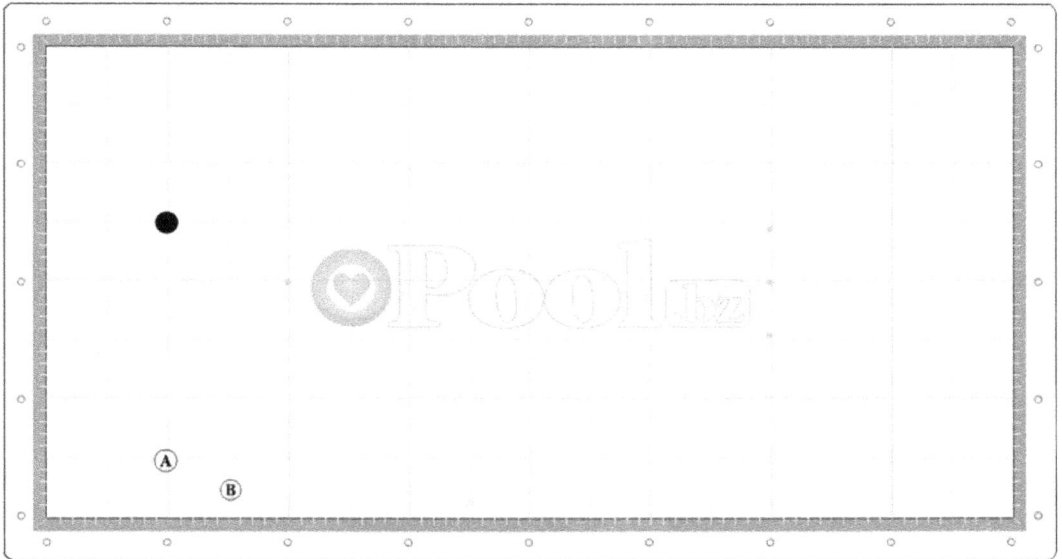

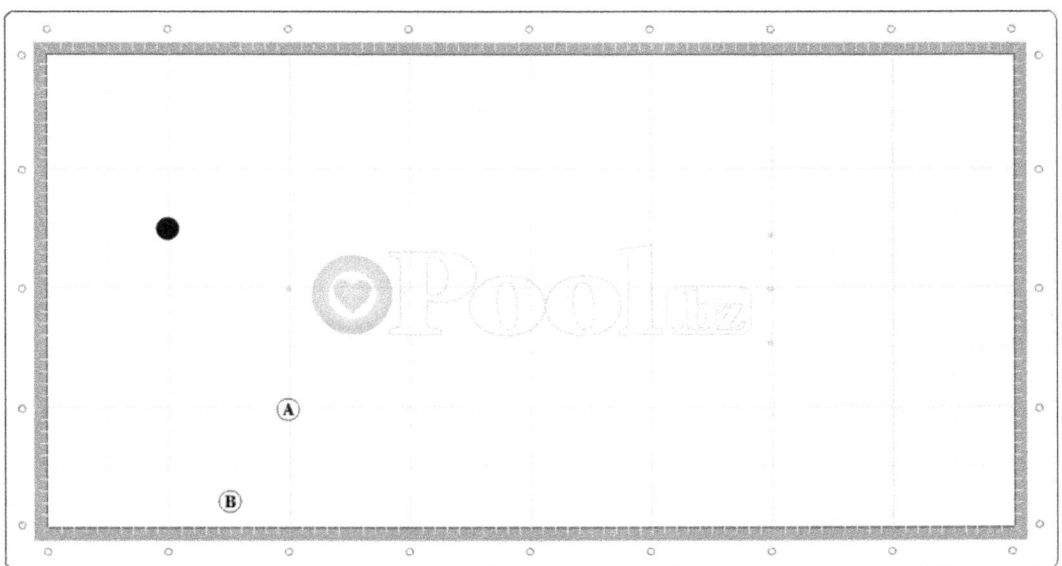

NOTASS:

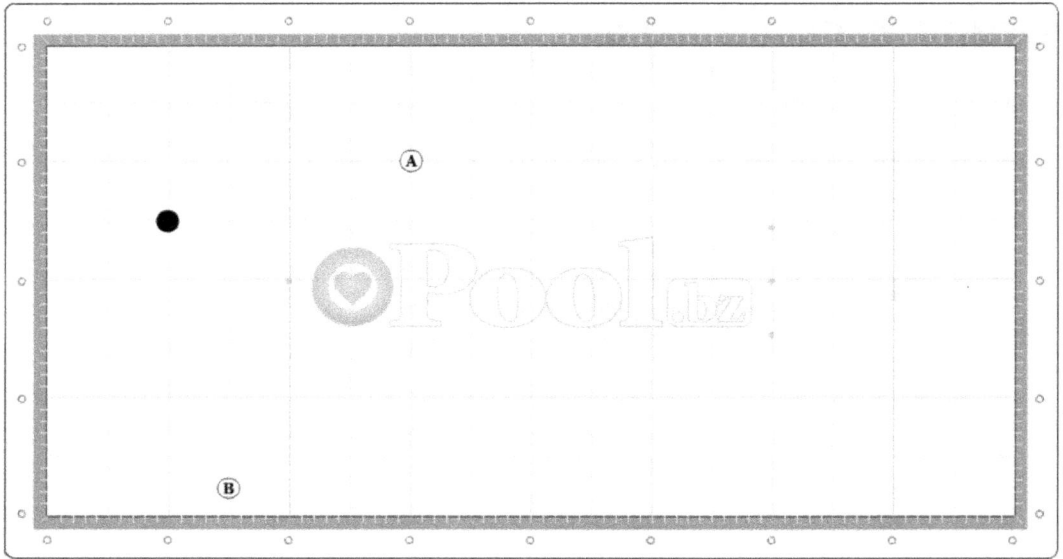

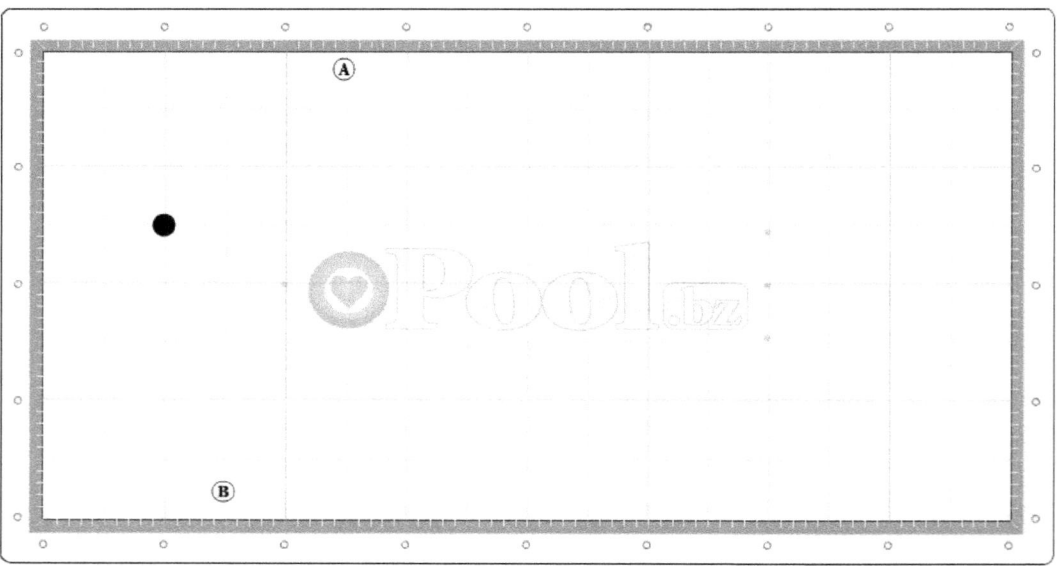

NOTASS:

Grupo 2, conjunto 6

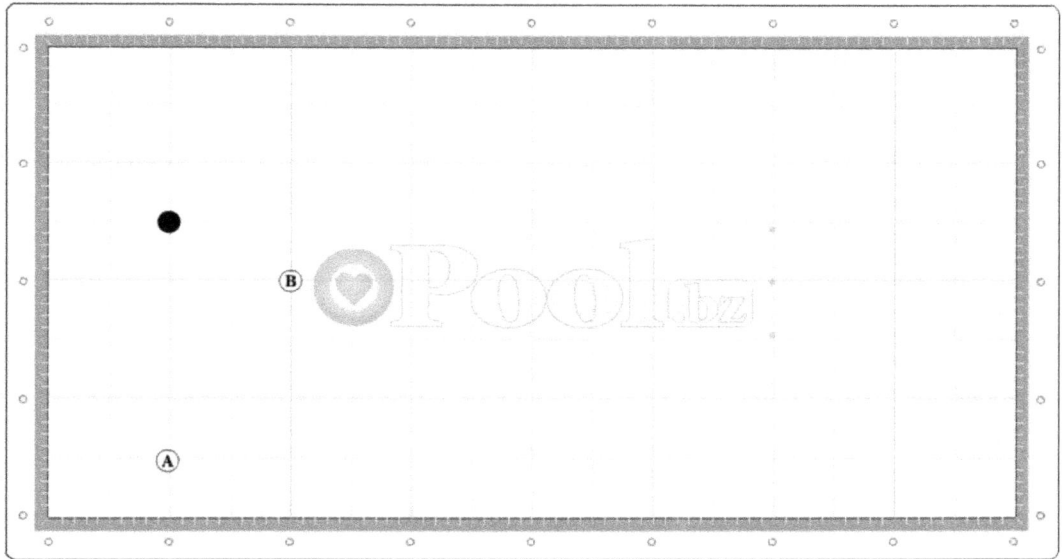

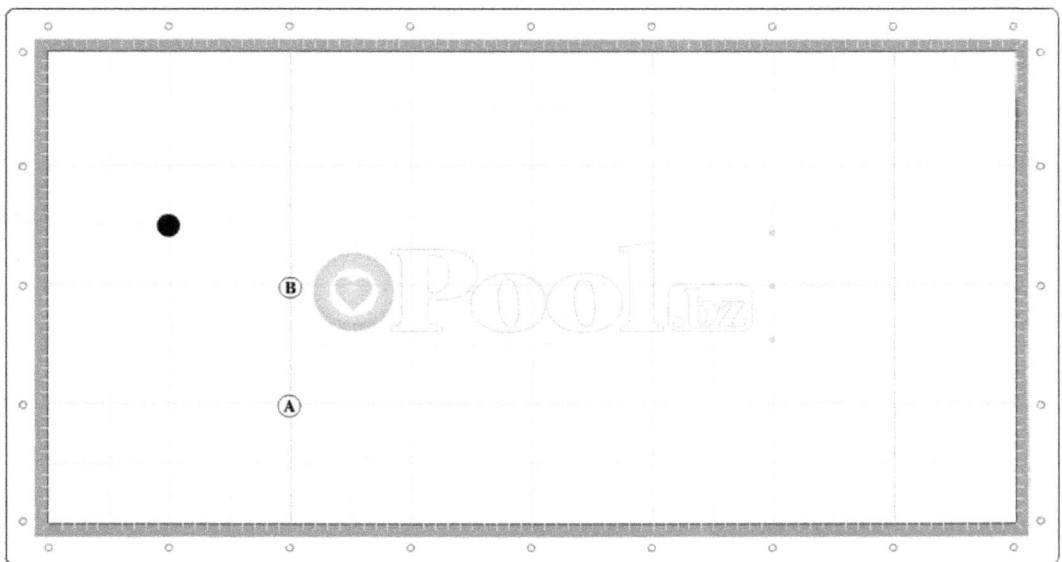

NOTASS:

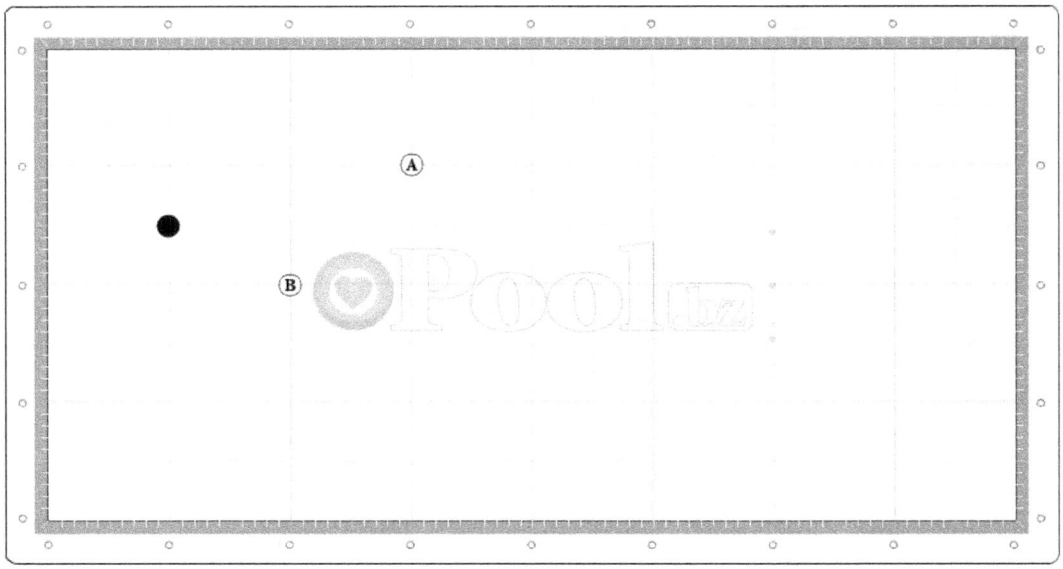

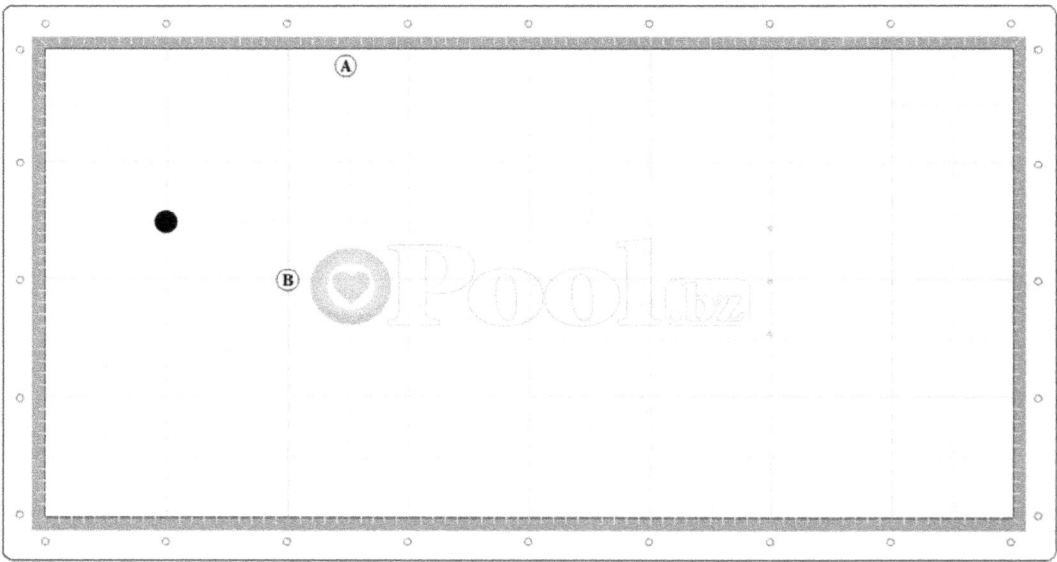

NOTASS:

Grupo 2, conjunto 7

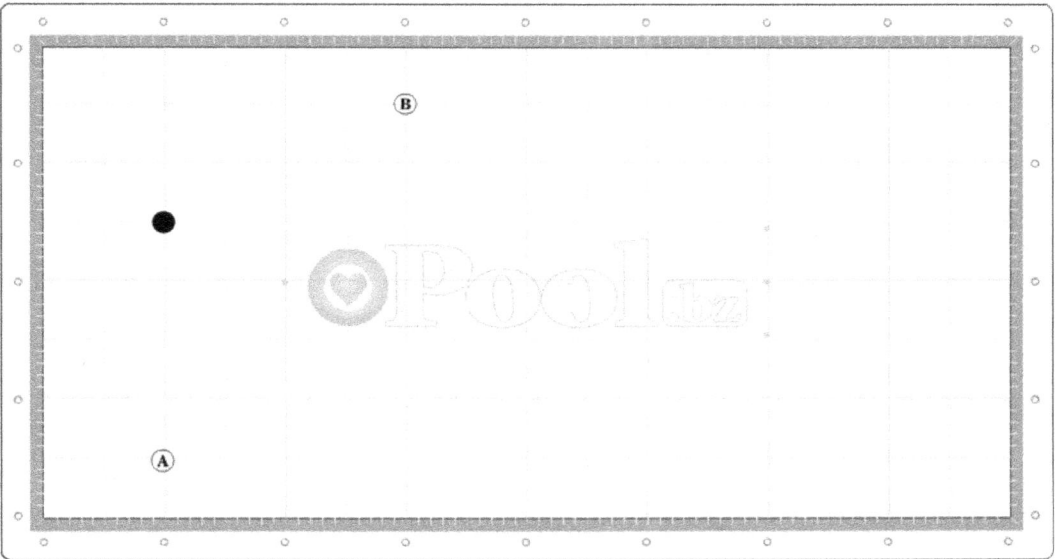

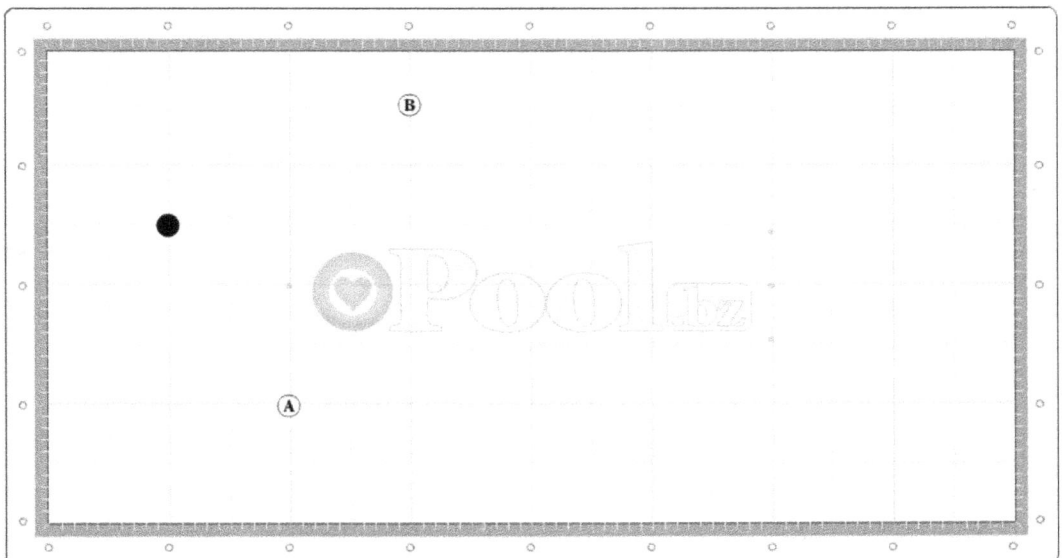

NOTASS:

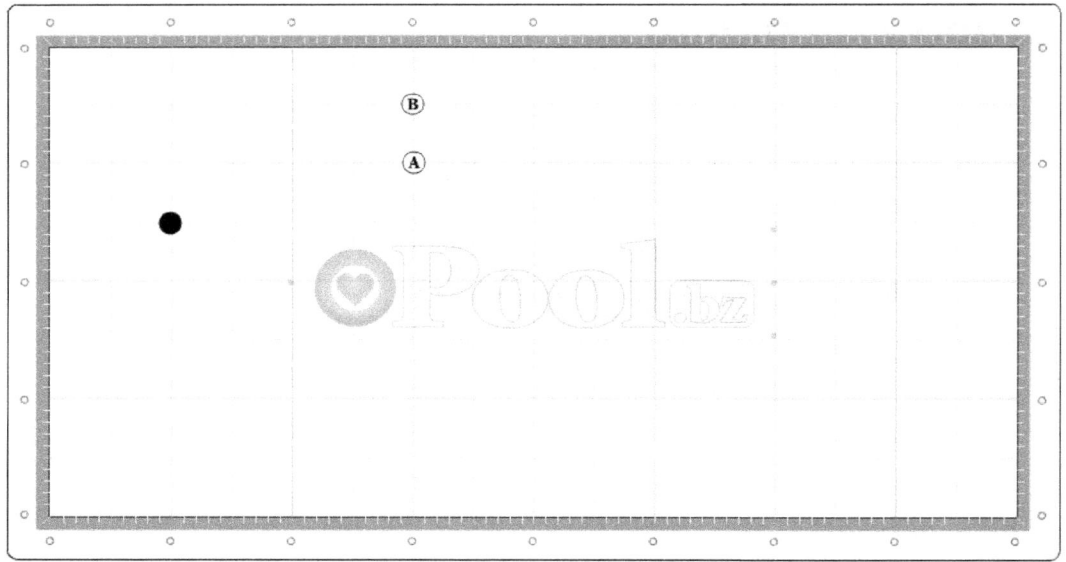

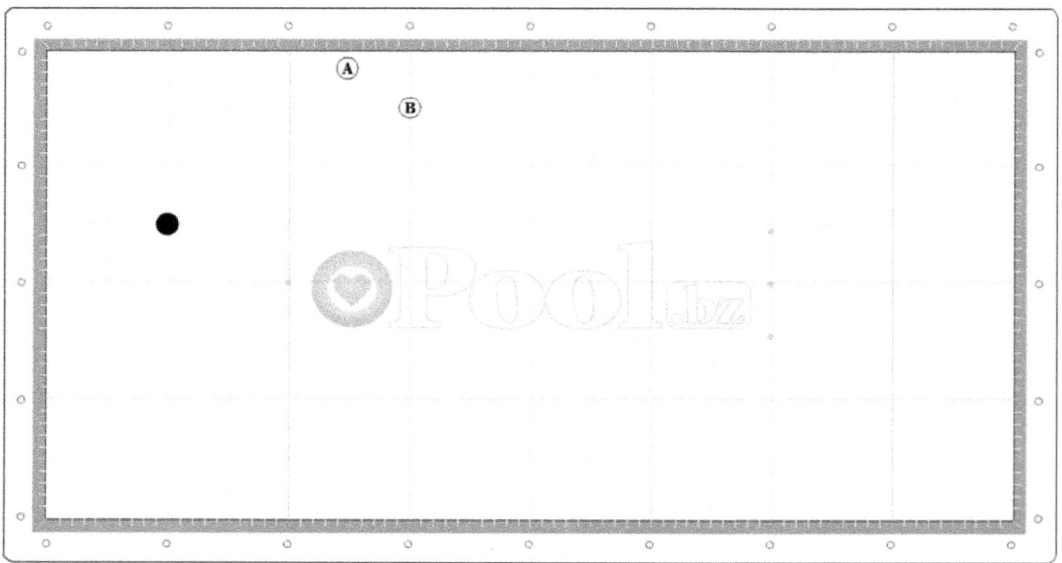

NOTASS:

Grupo 2, conjunto 8

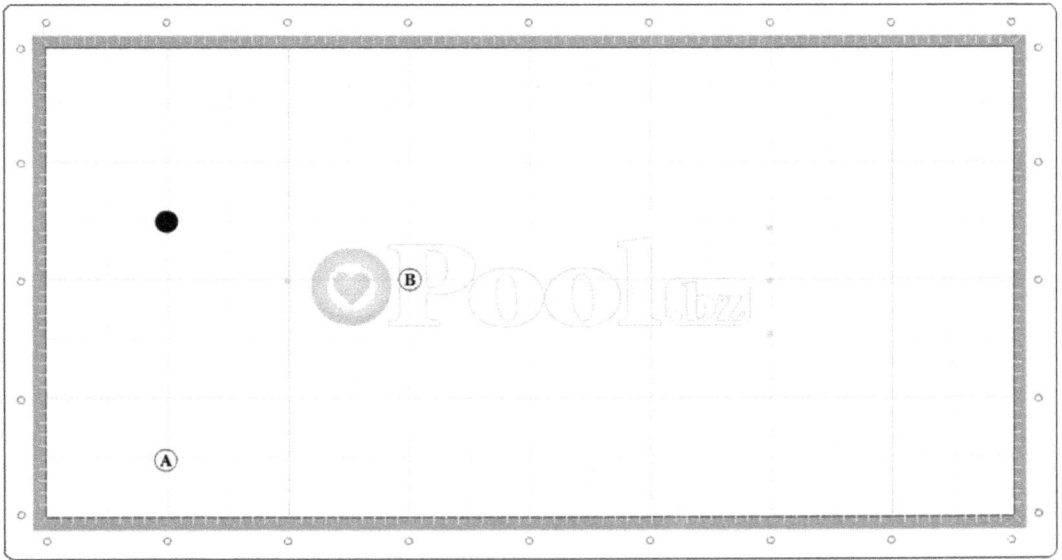

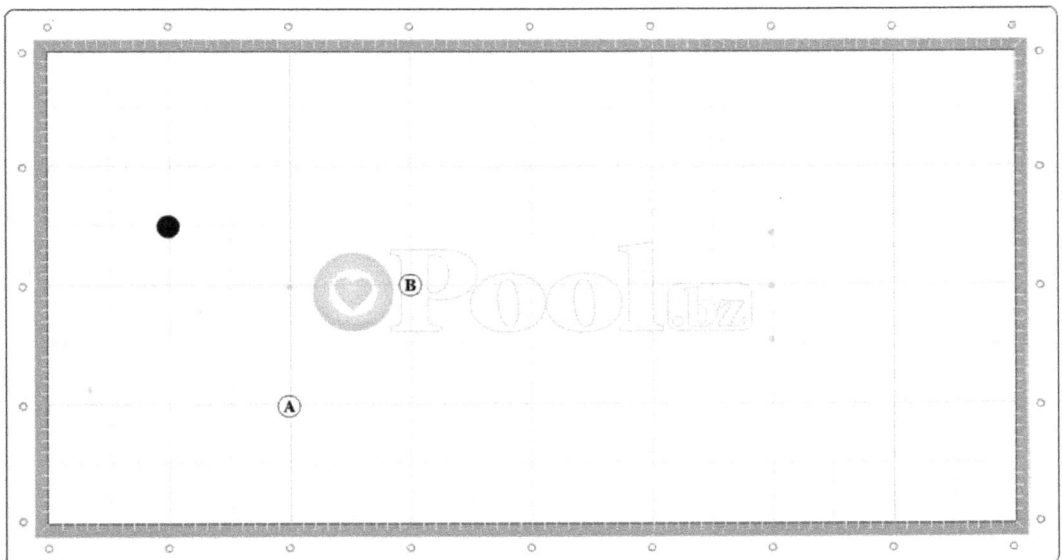

NOTASS:

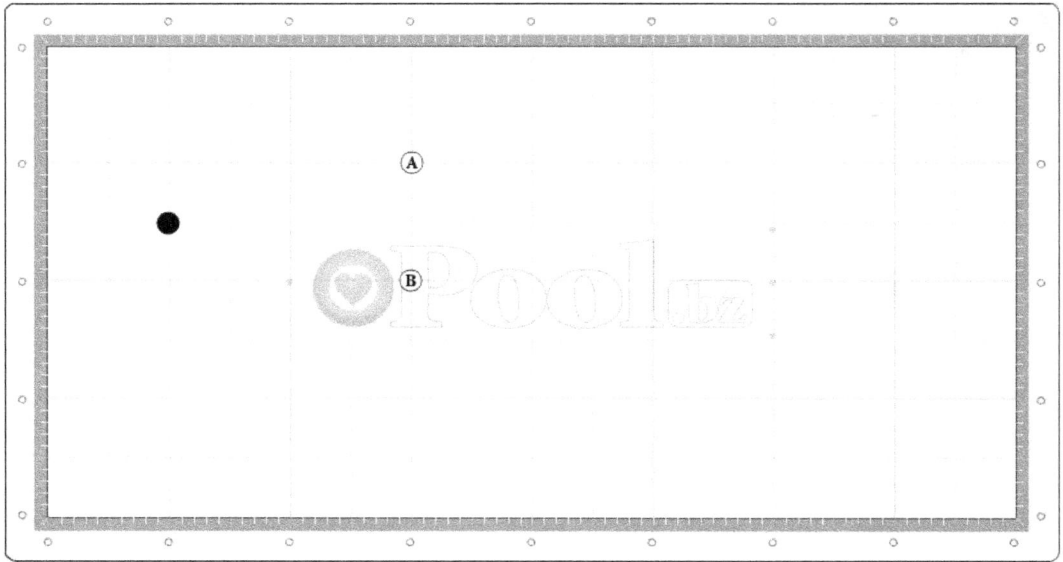

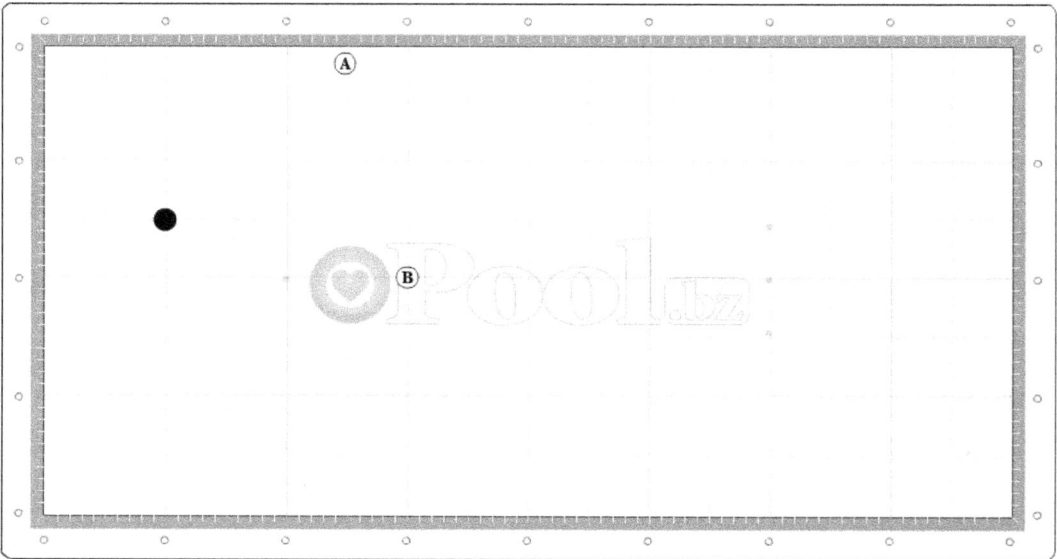

NOTASS:

Grupo 2, conjunto 9

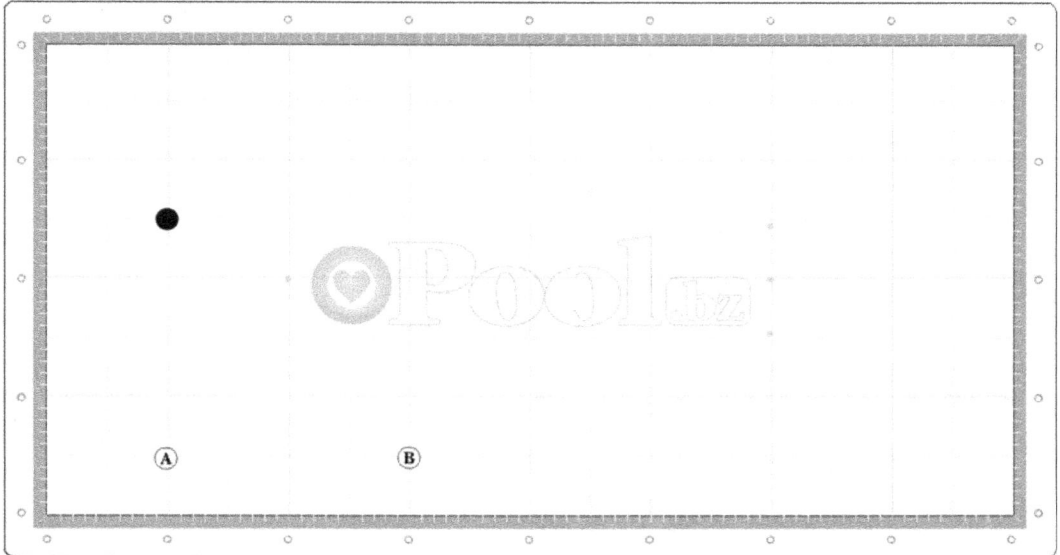

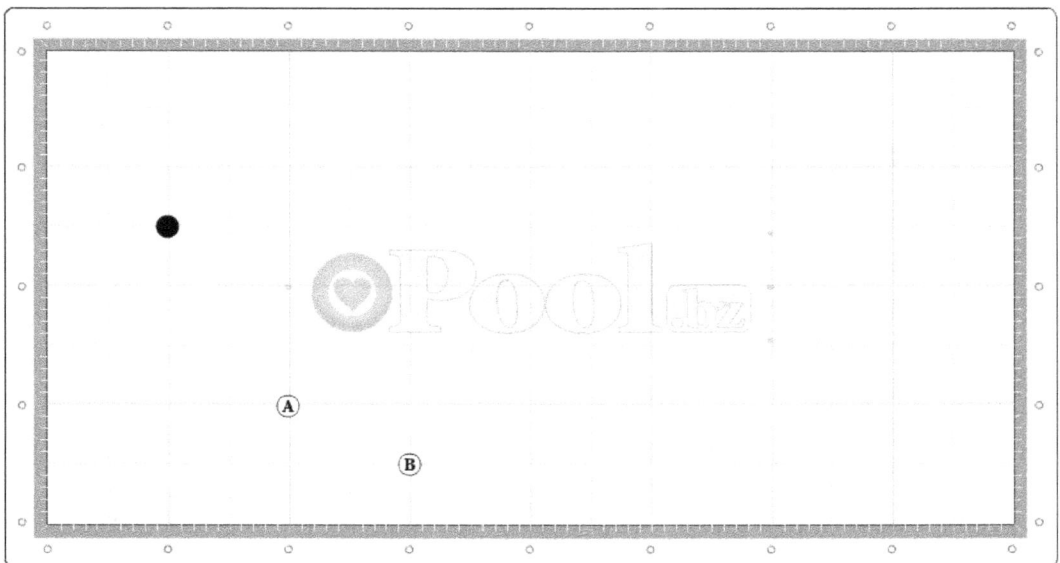

NOTASS:

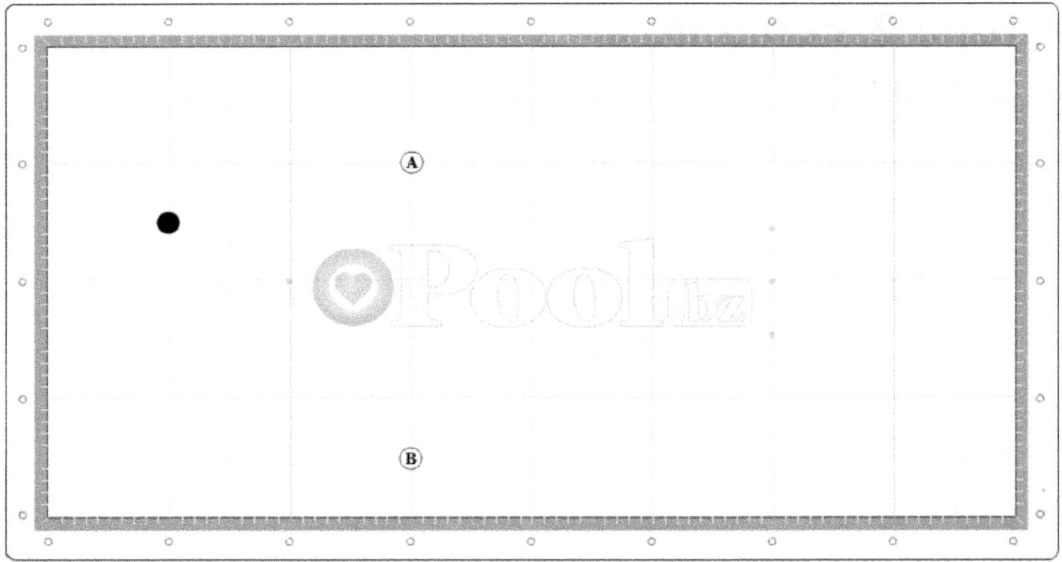

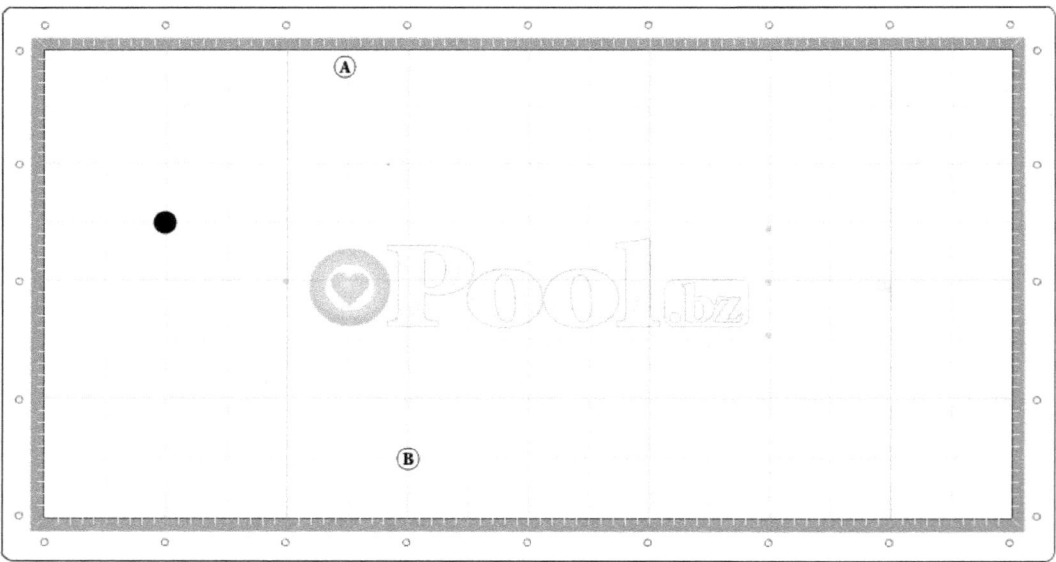

NOTASS:

Grupo 2, conjunto 10

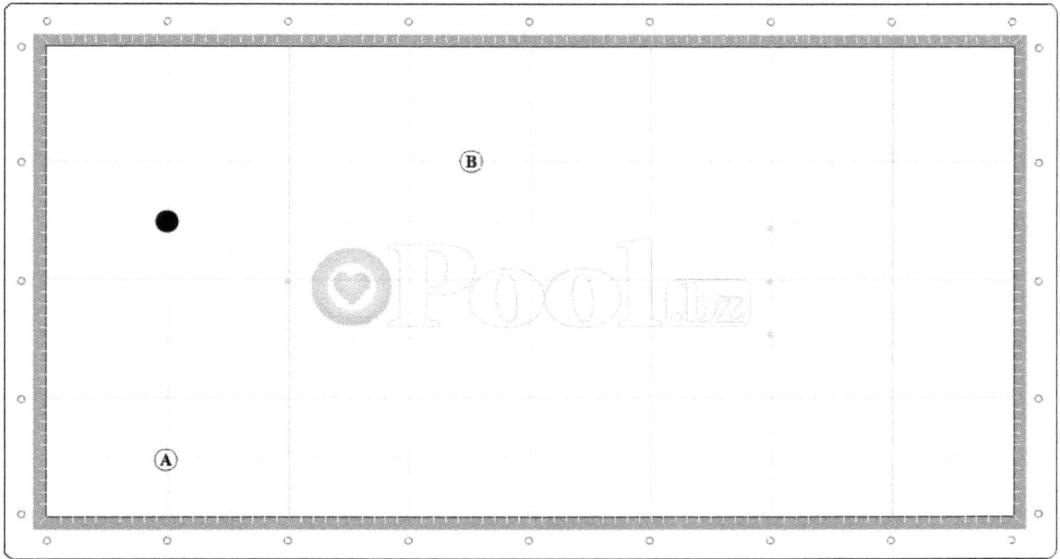

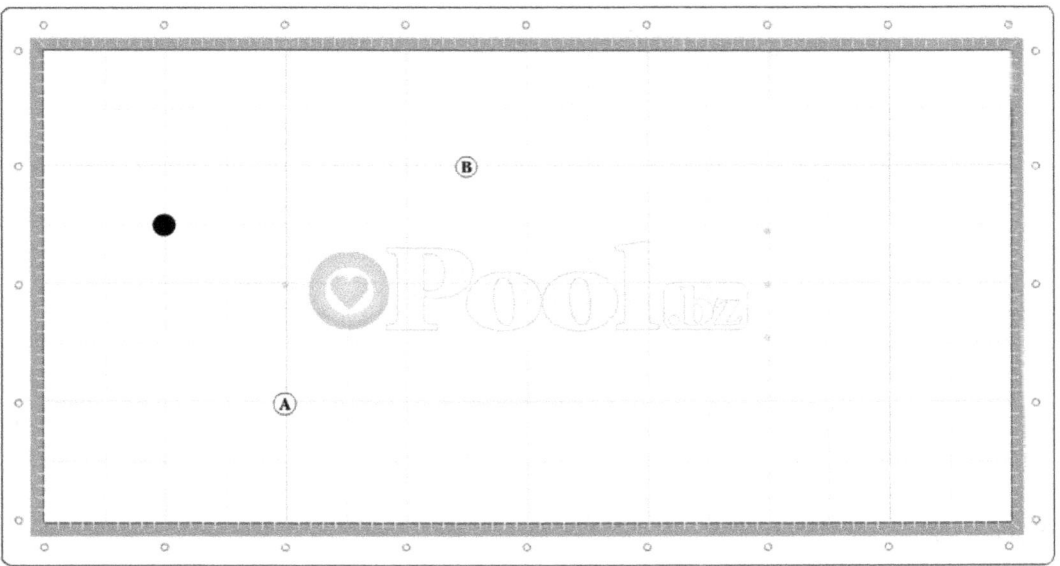

NOTASS:

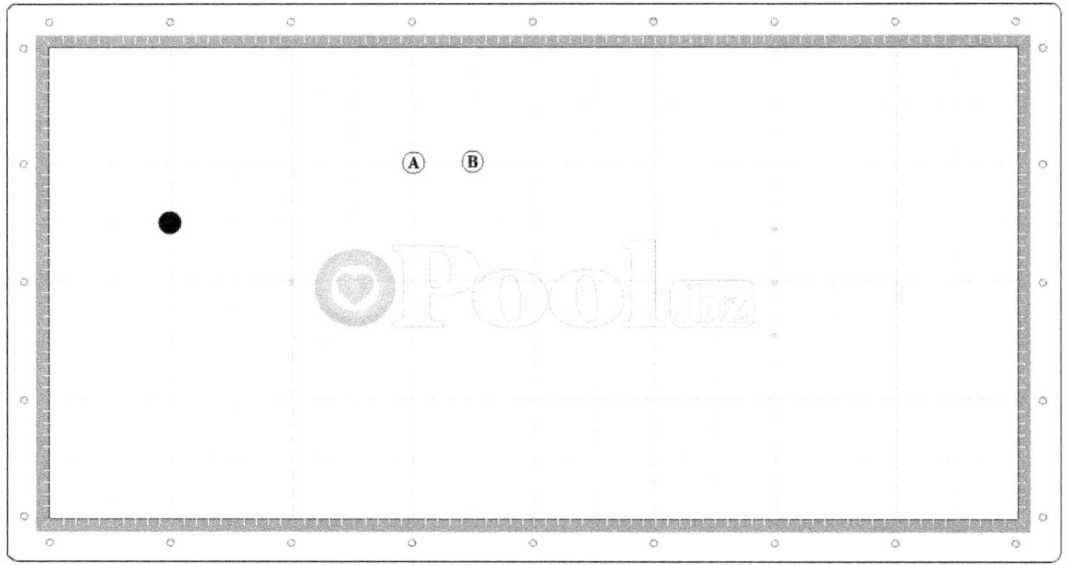

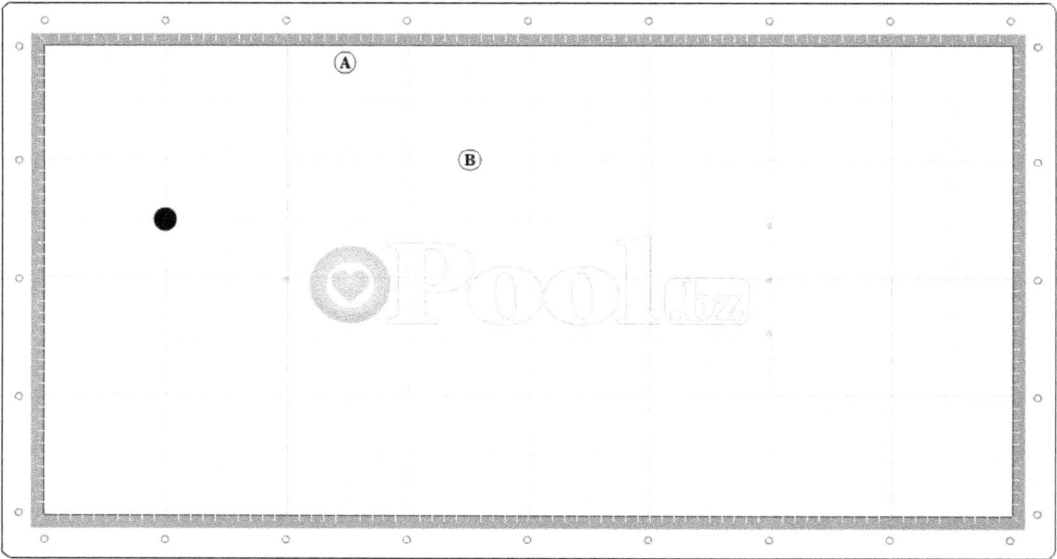

NOTASS:

Grupo 2, conjunto 11

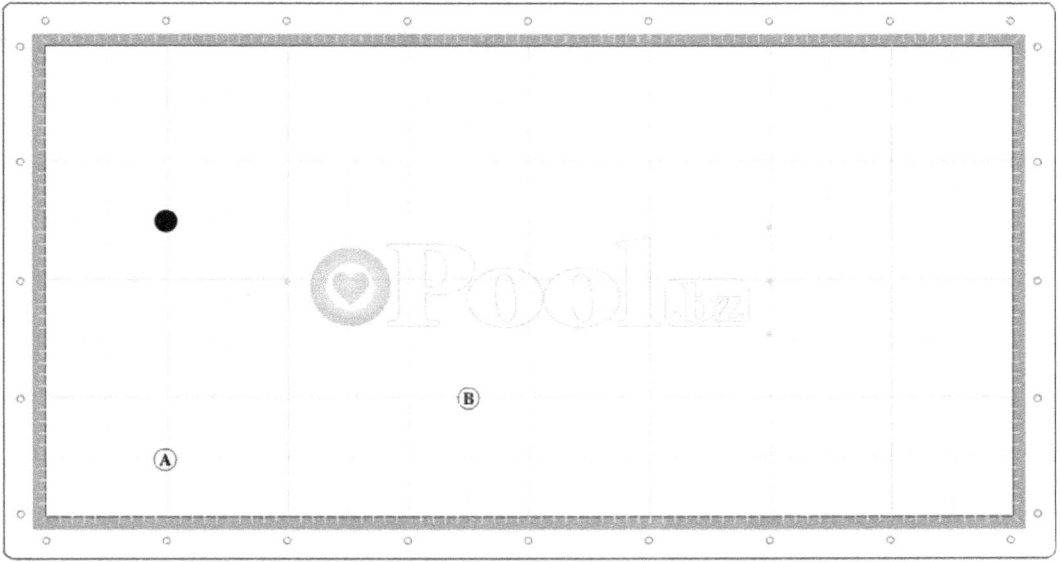

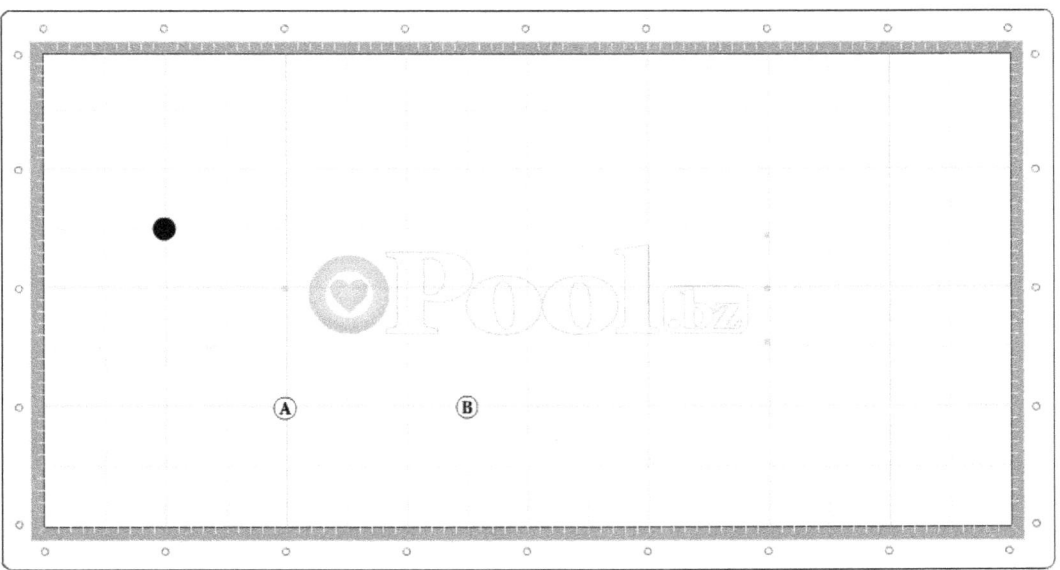

NOTASS:

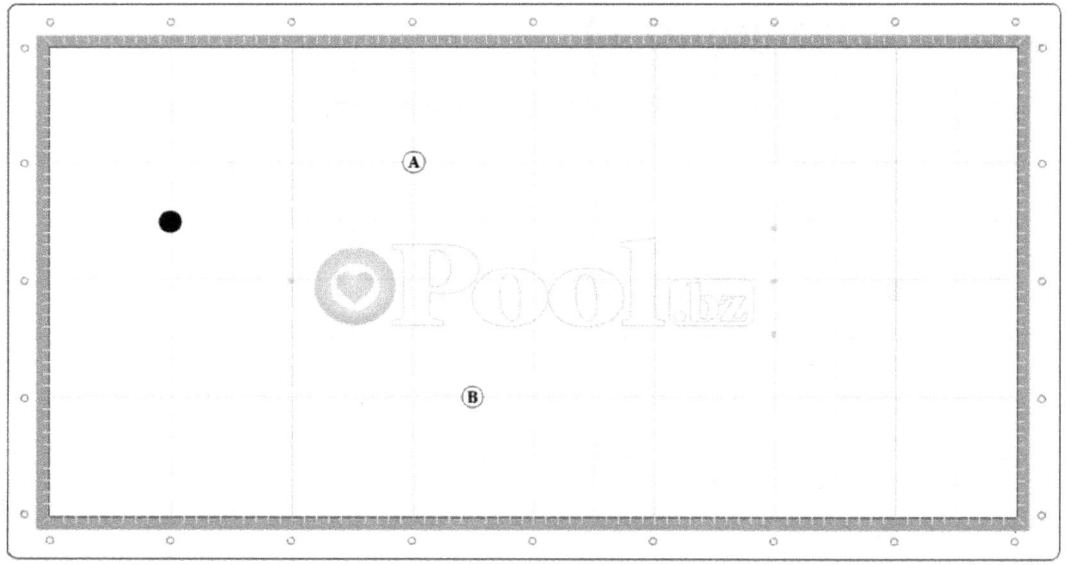

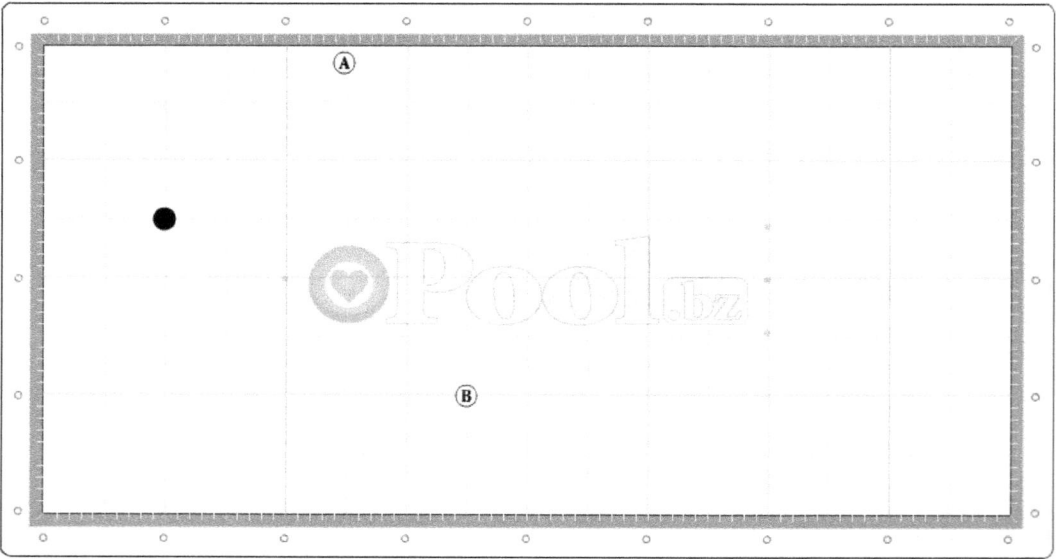

NOTASS:

GRUPO 3
Grupo 3, conjunto 1

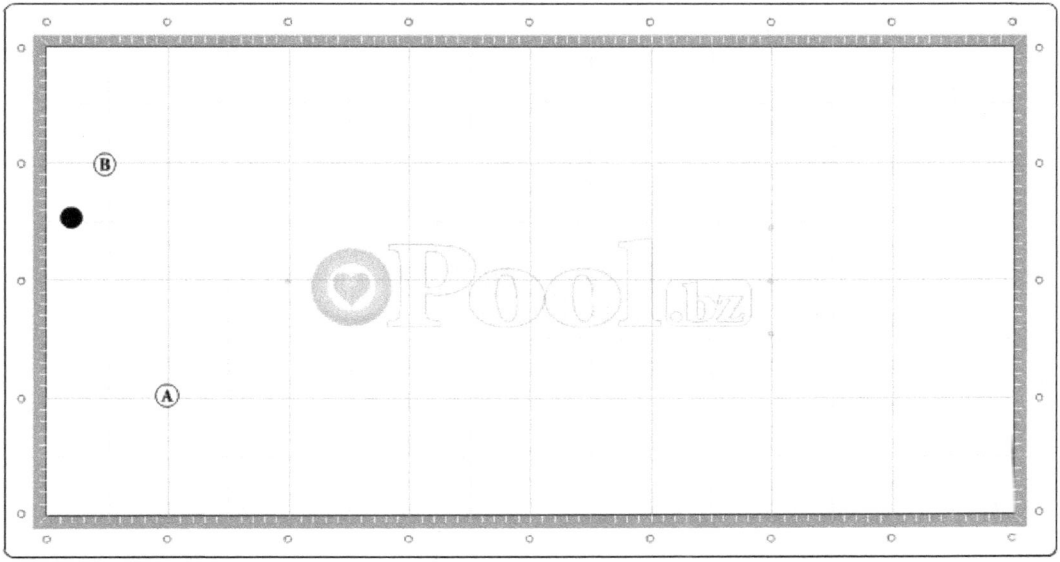

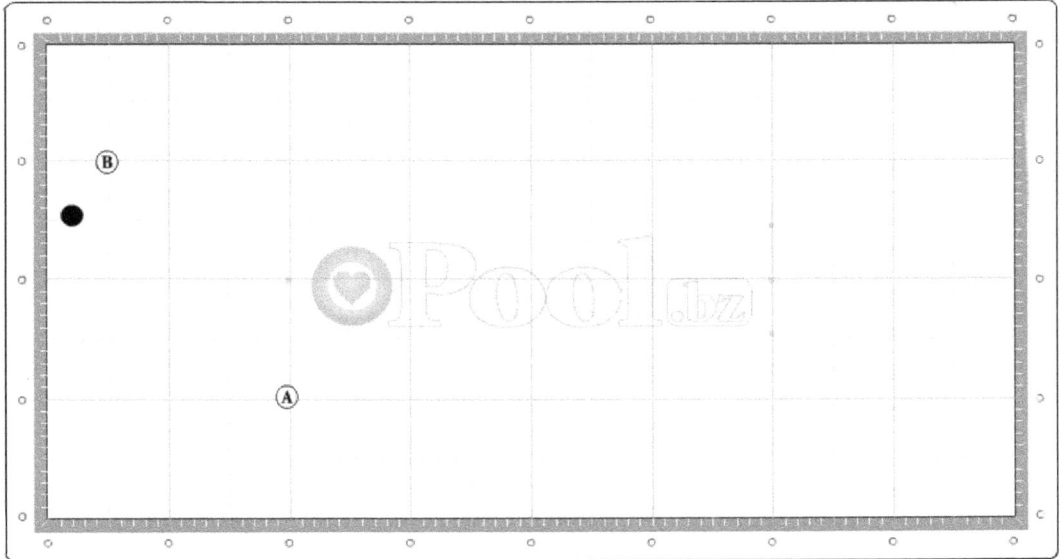

NOTASS:

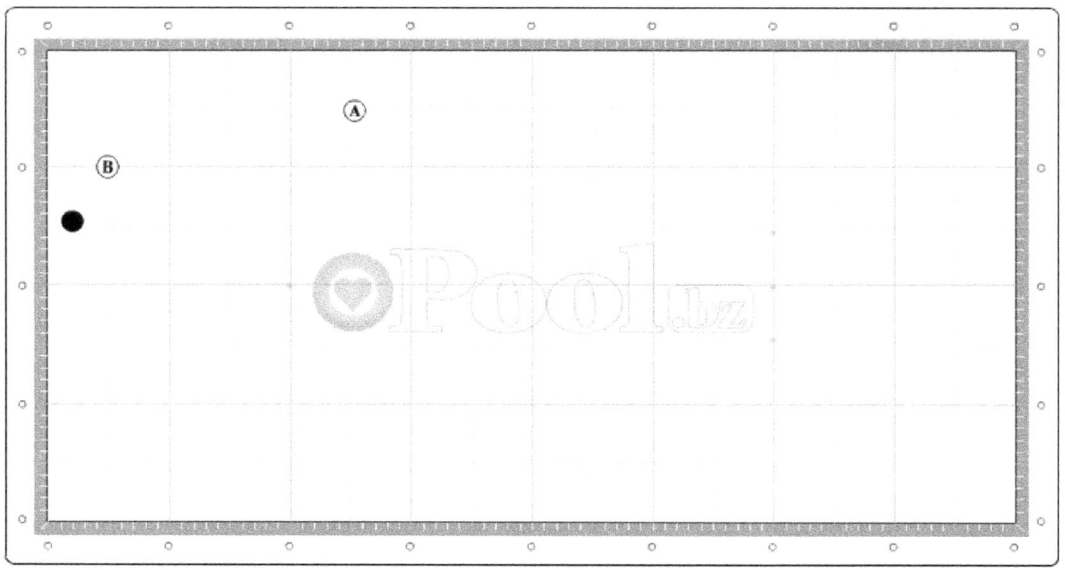

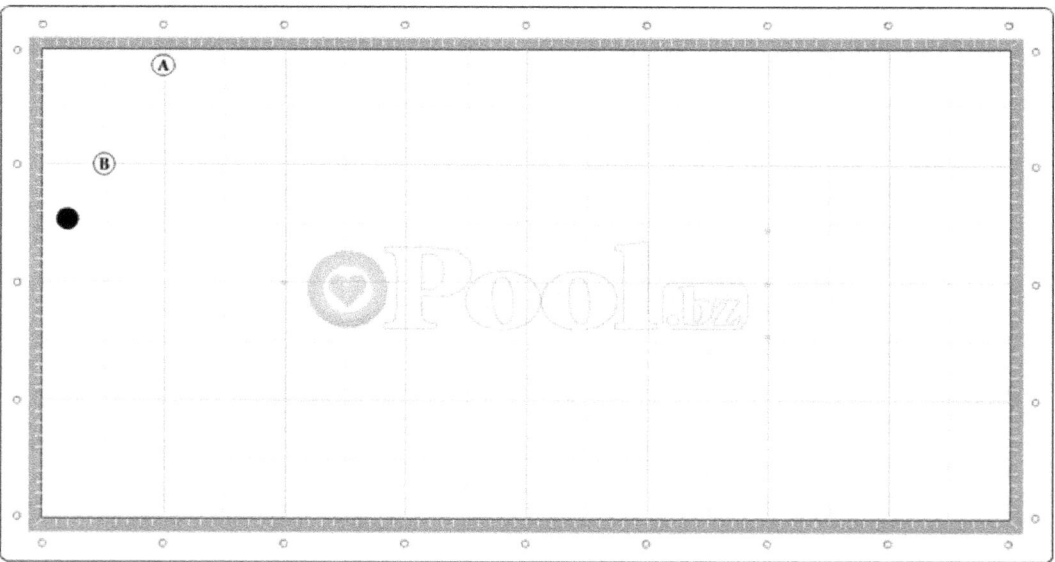

NOTASS:

Grupo 3, conjunto 2

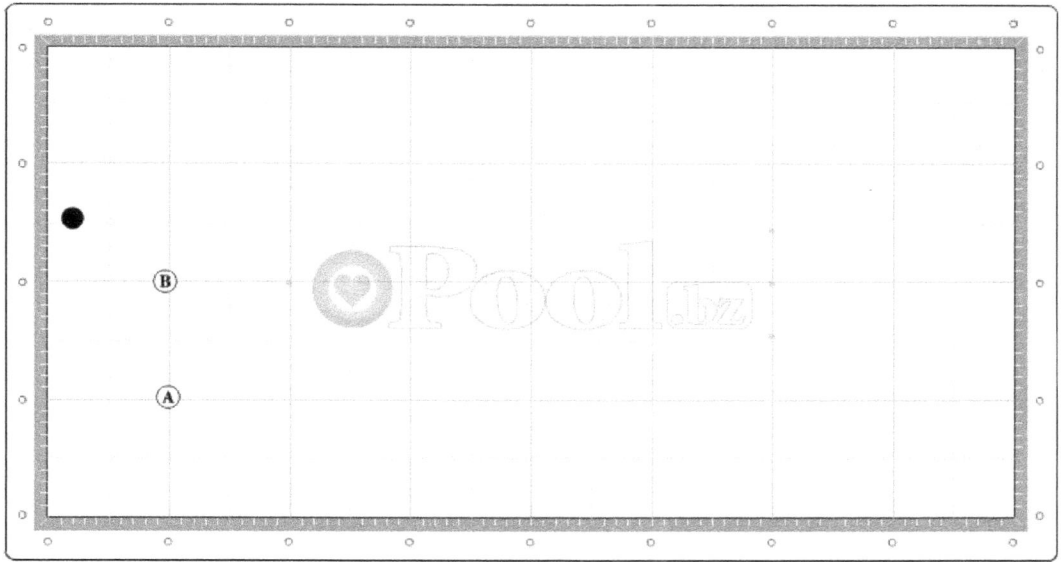

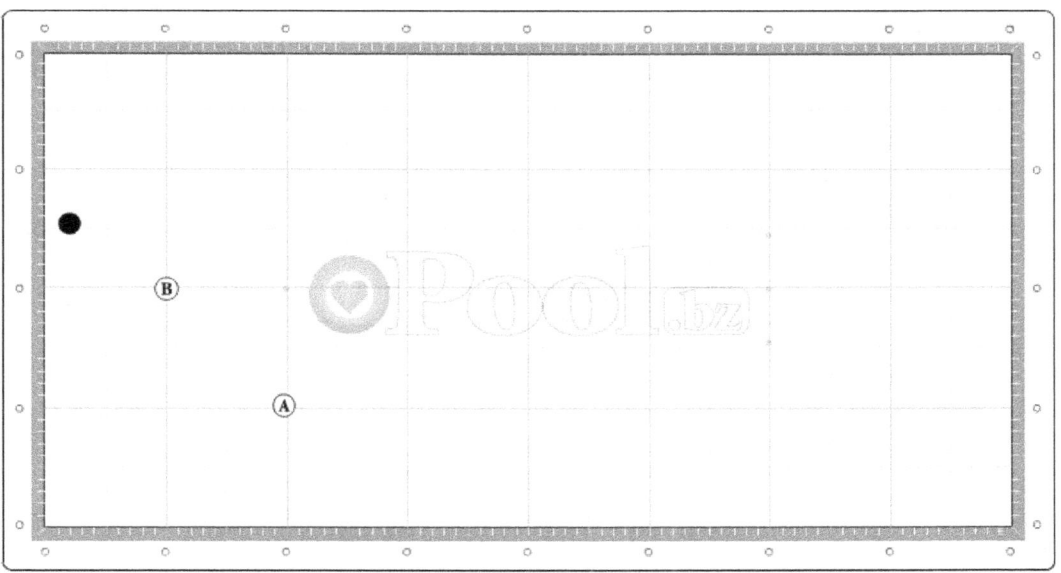

NOTASS:

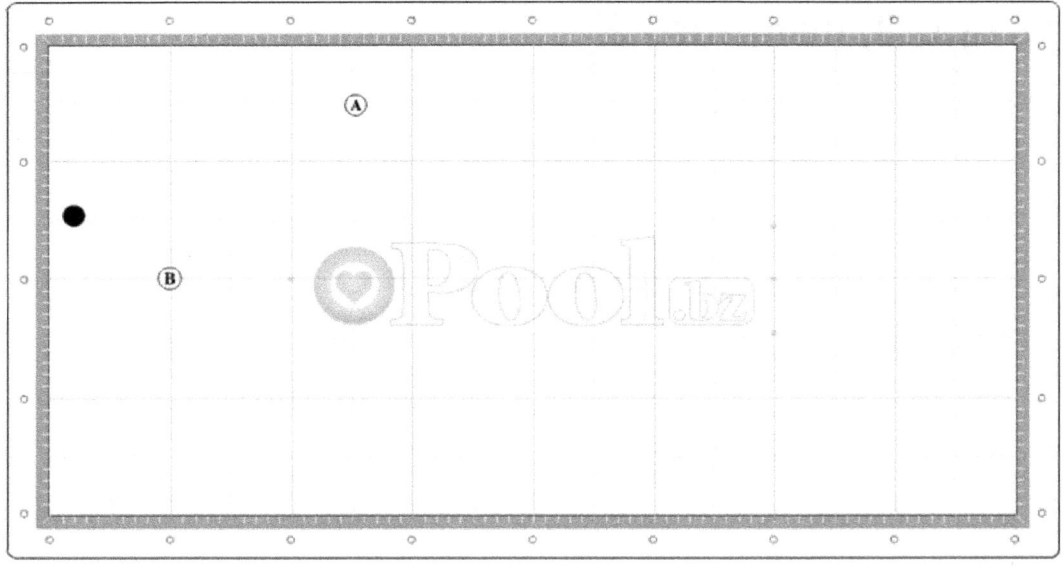

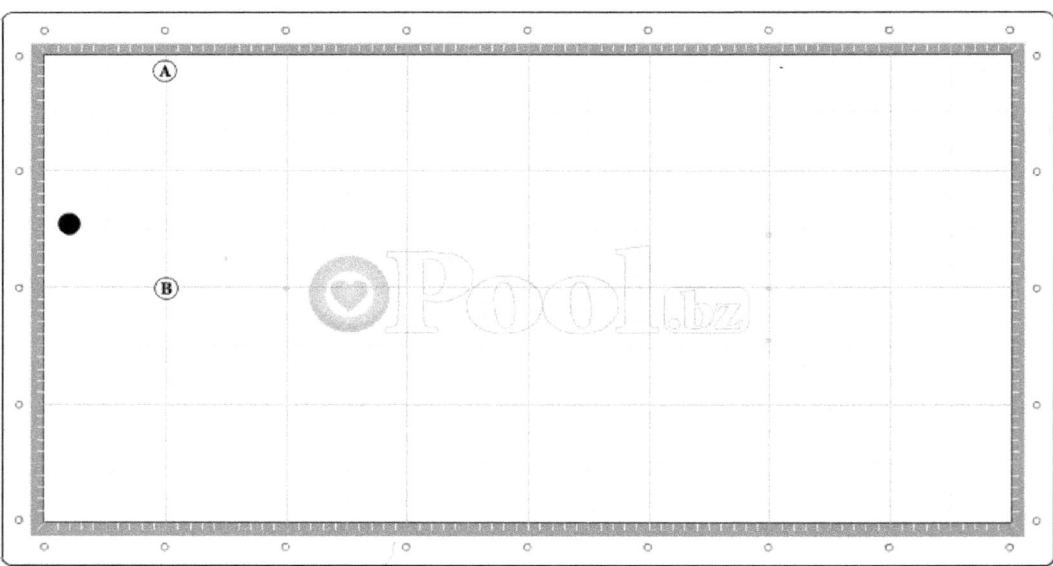

NOTASS:

Grupo 3, conjunto 3

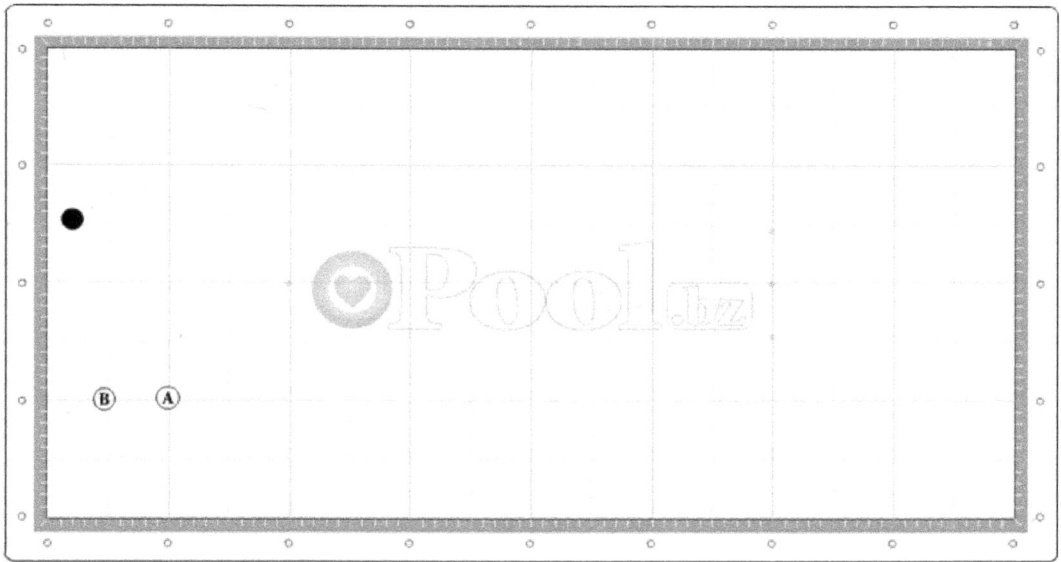

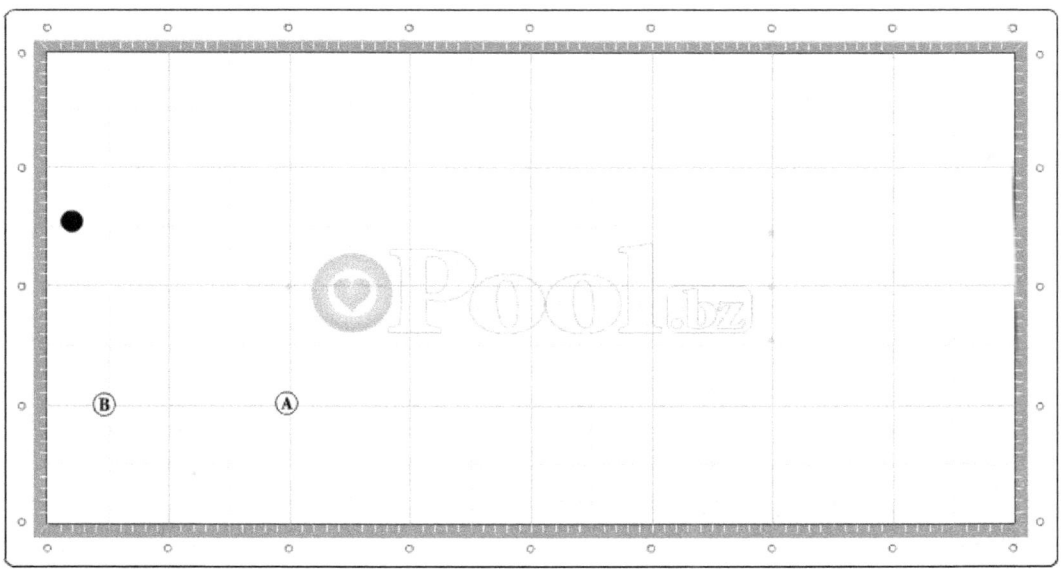

NOTASS:

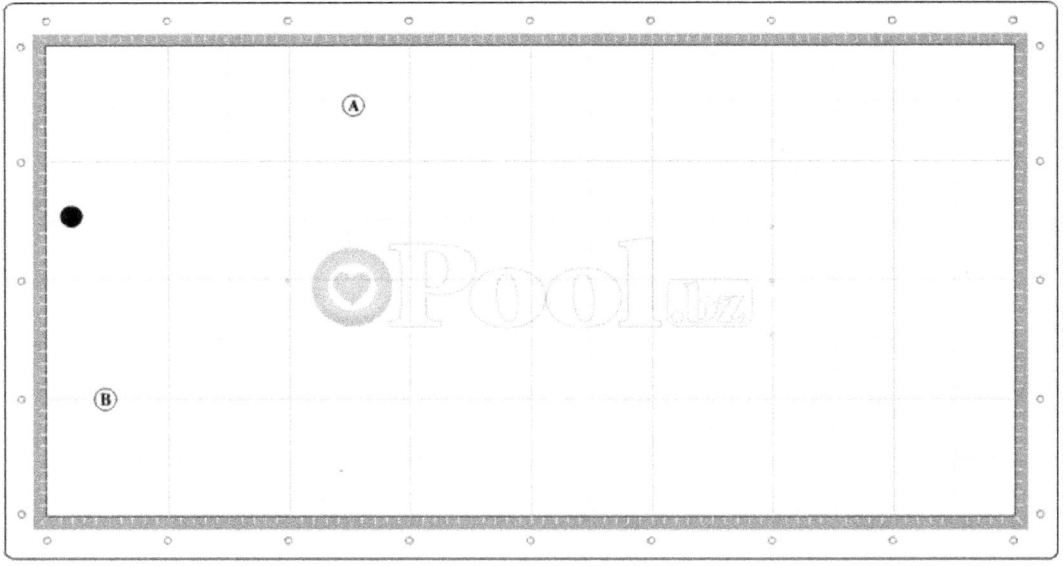

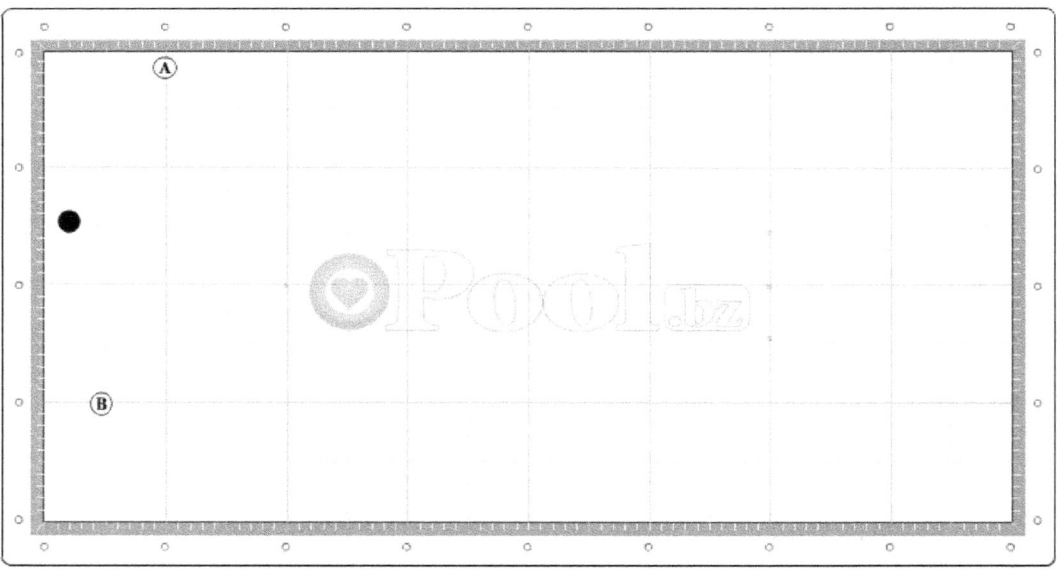

NOTASS:

Grupo 3, conjunto 4

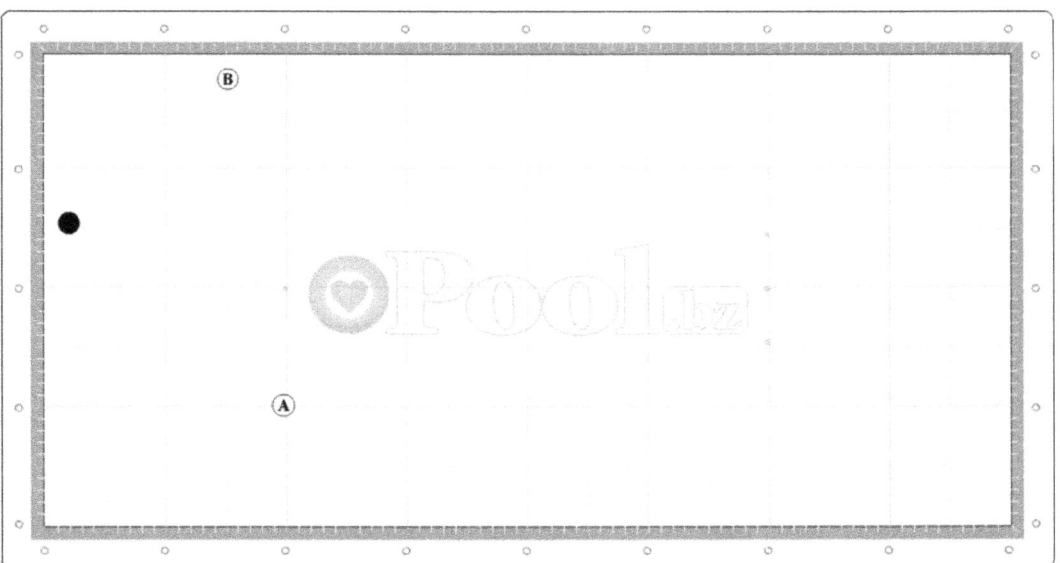

NOTASS:

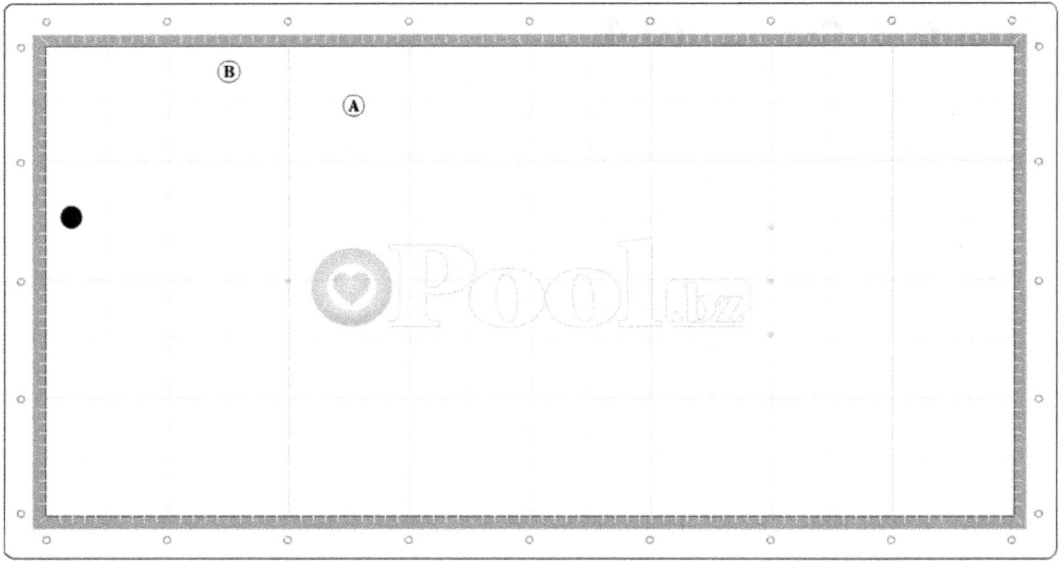

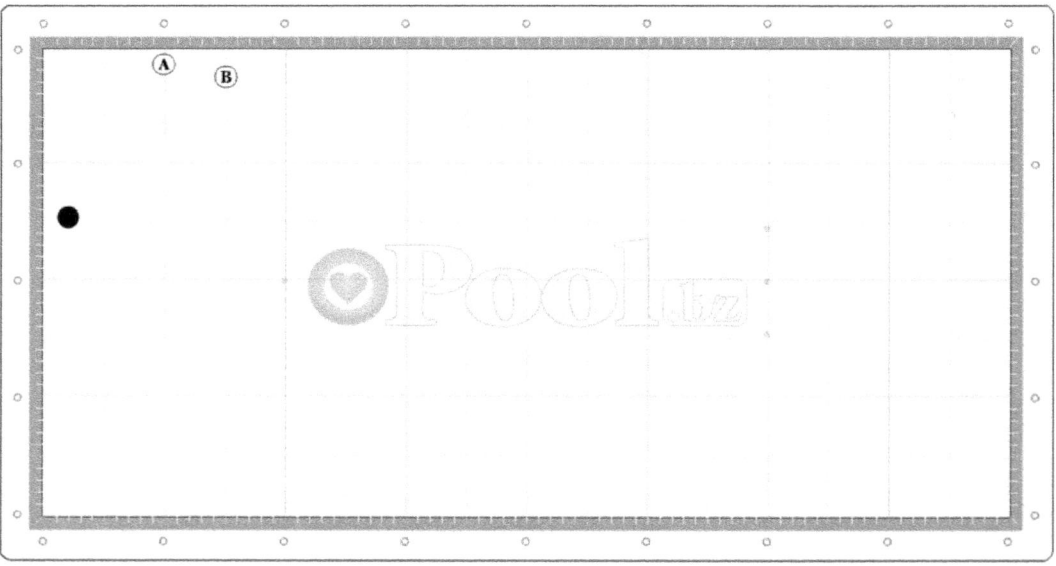

NOTASS:

Grupo 3, conjunto 5

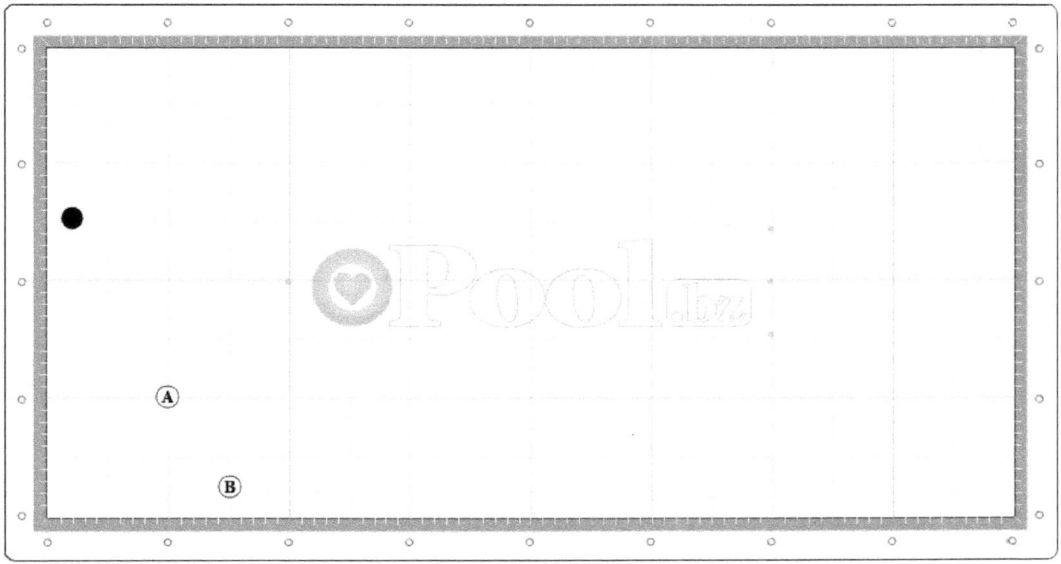

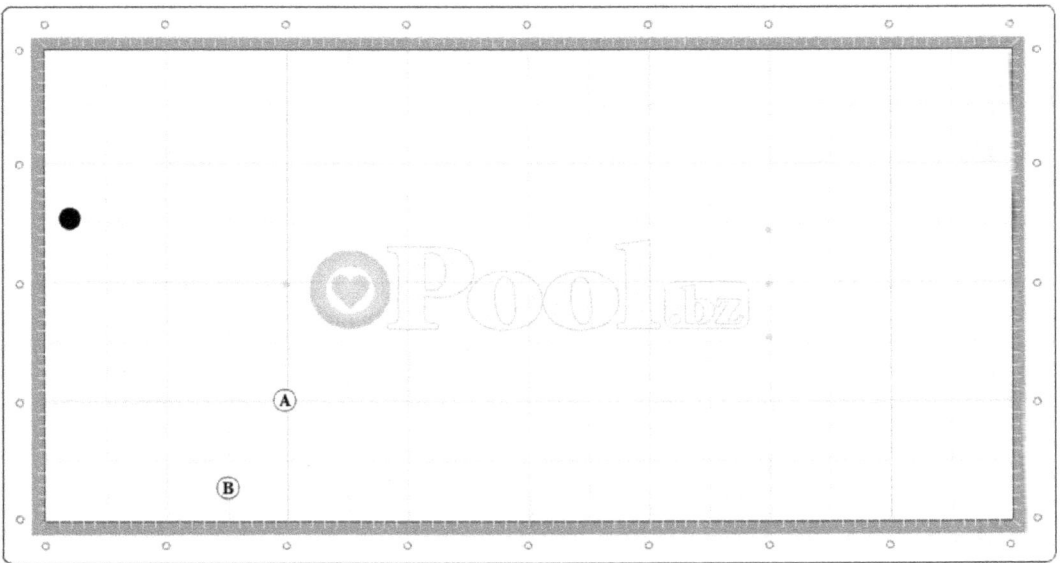

NOTASS:

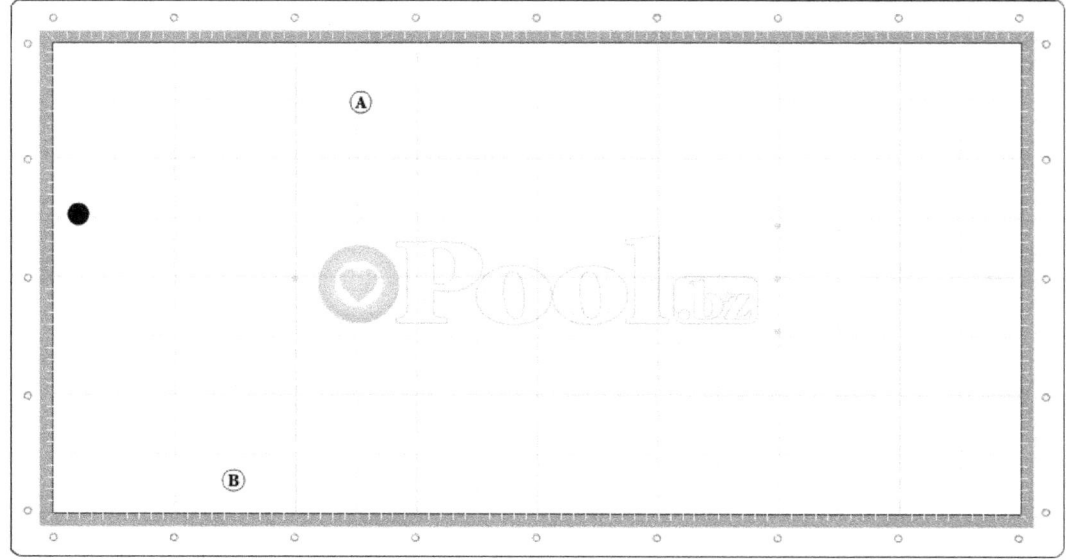

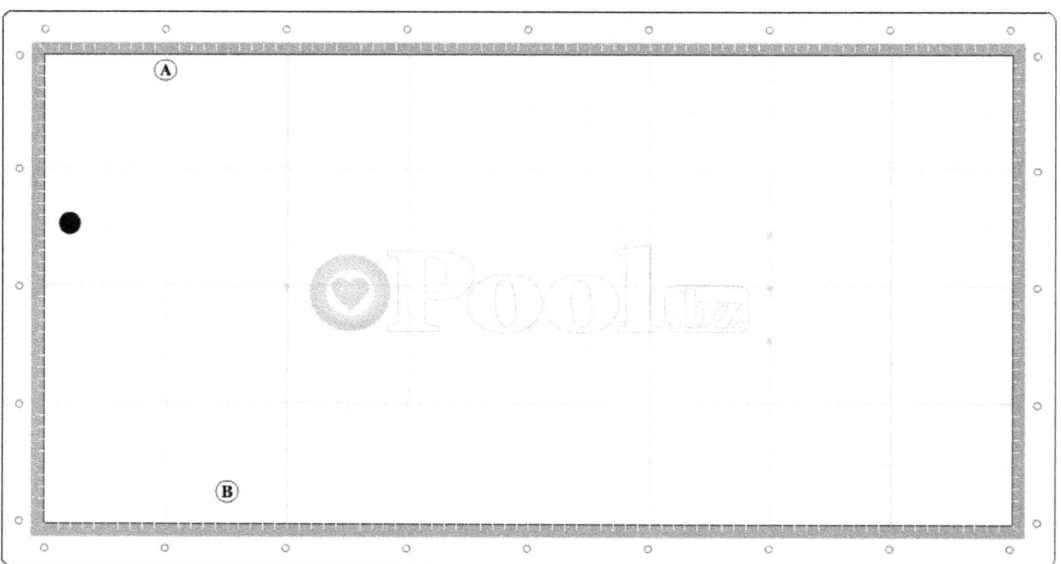

NOTASS:

Grupo 3, conjunto 6

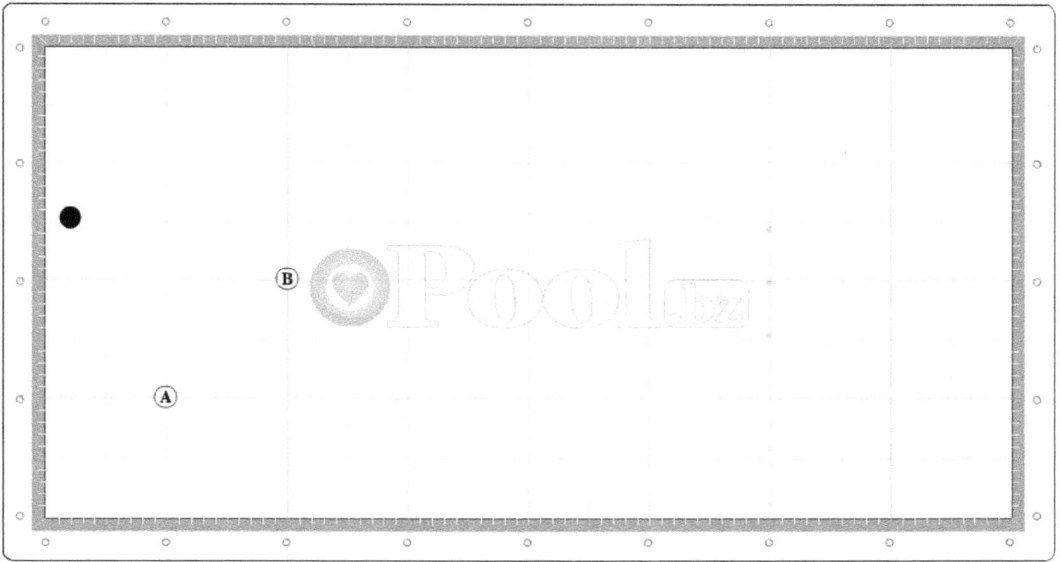

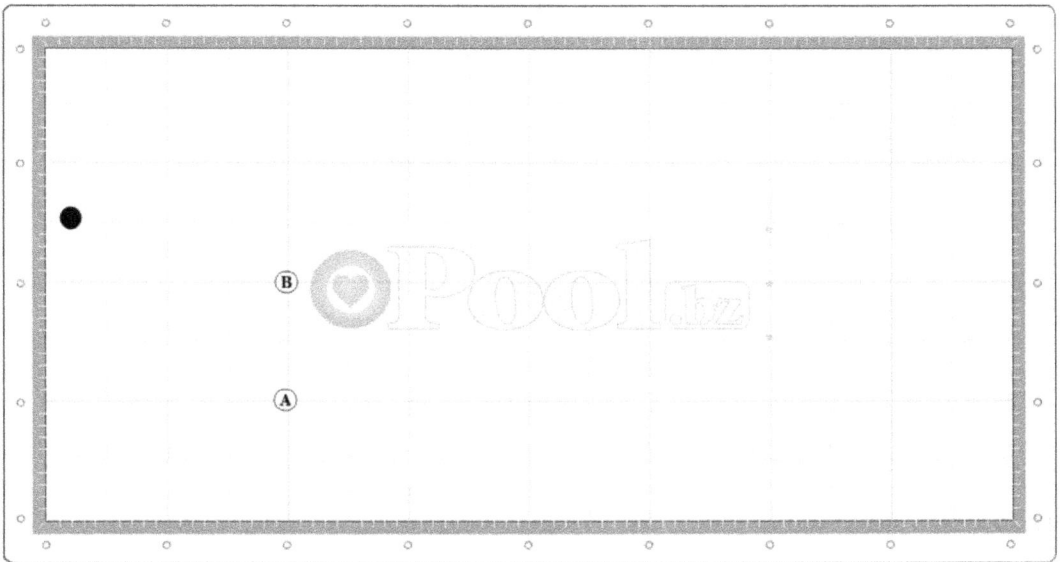

NOTASS:

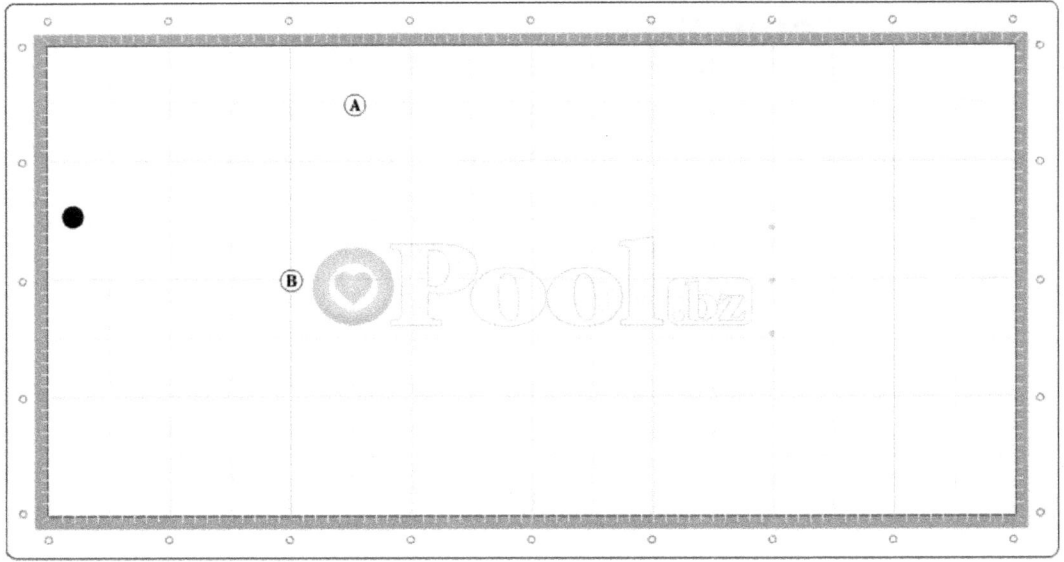

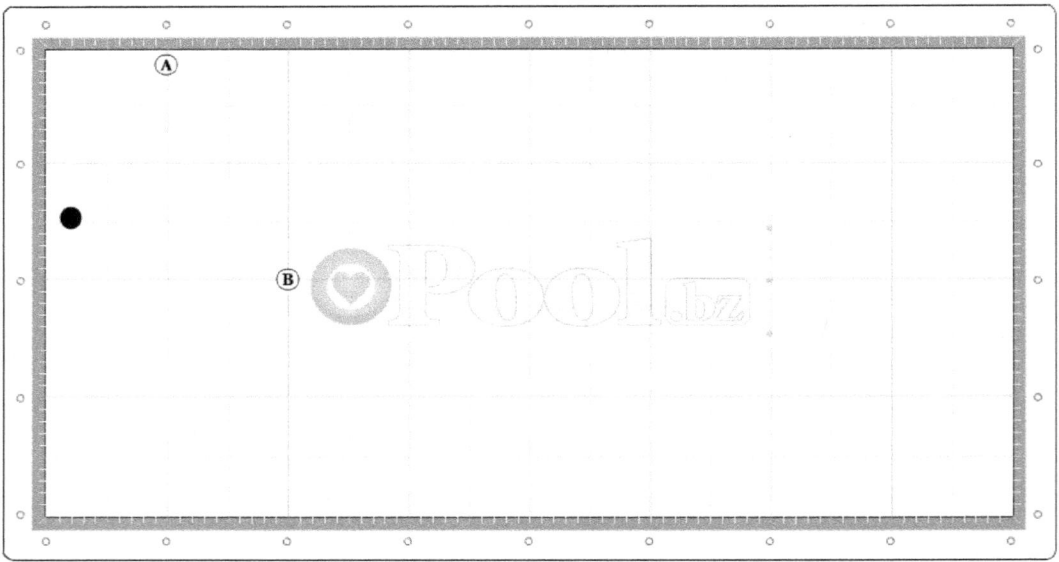

NOTASS:

Grupo 3, conjunto 7

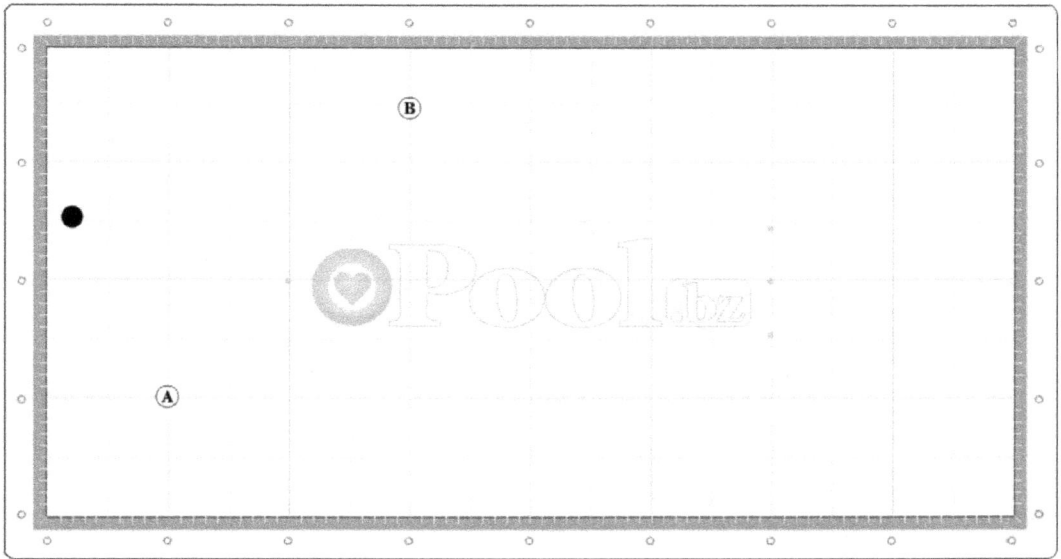

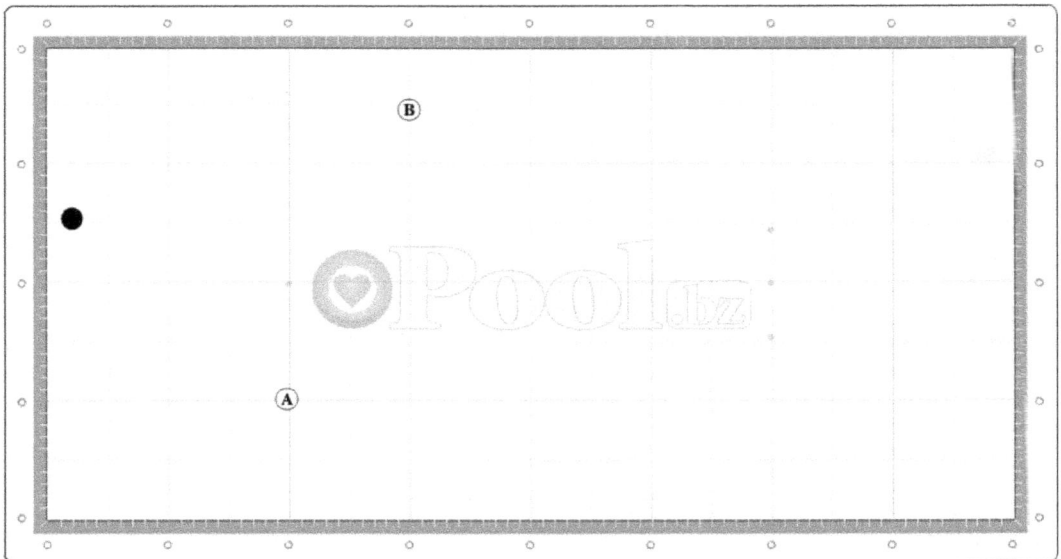

NOTASS:

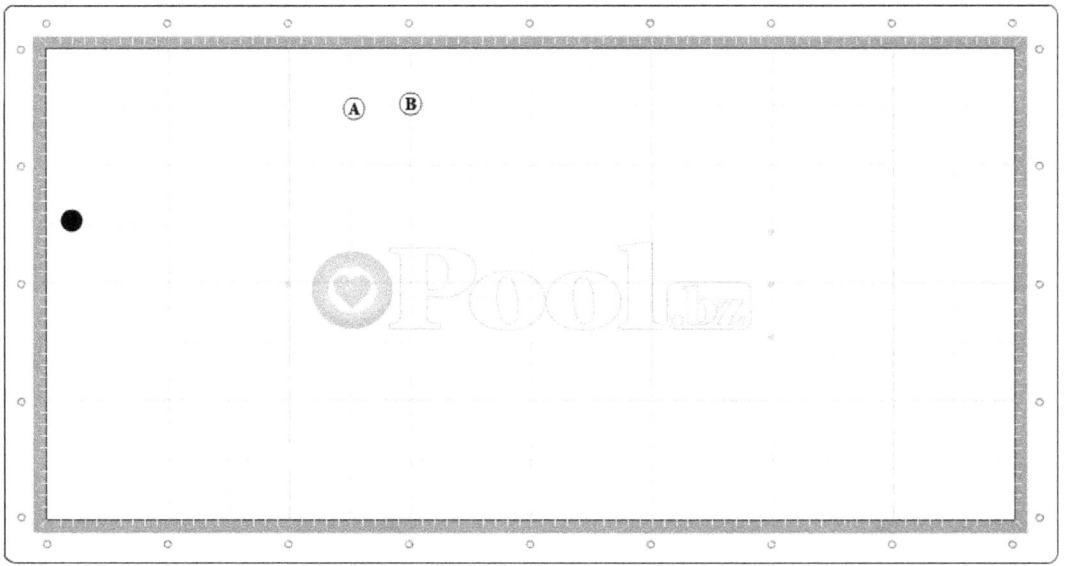

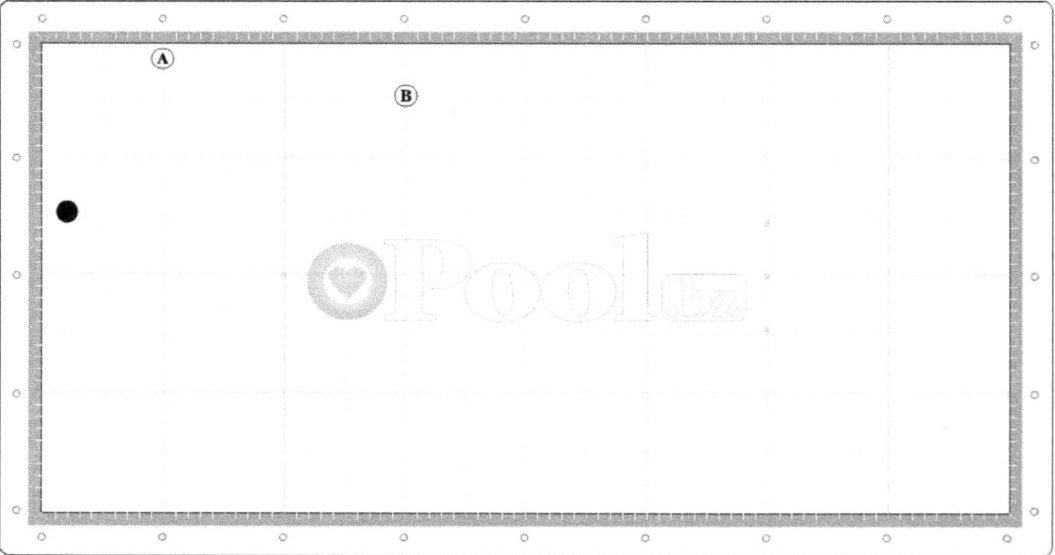

NOTASS:

Grupo 3, conjunto 8

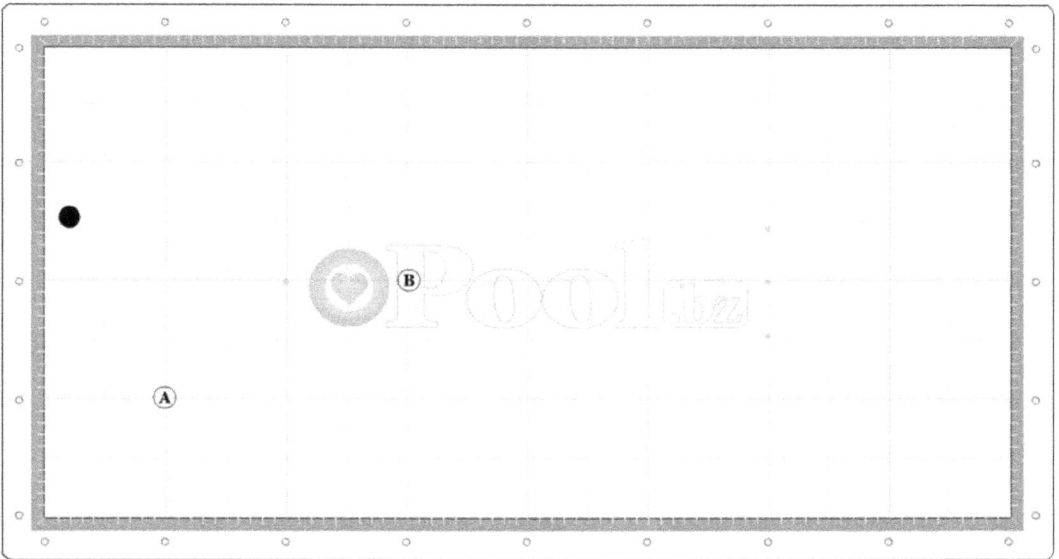

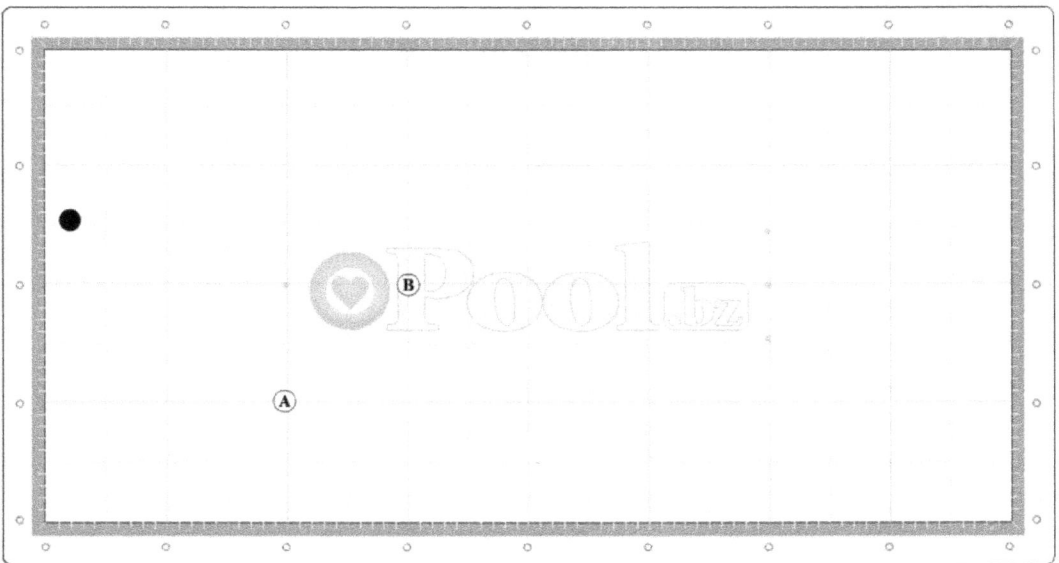

NOTASS:

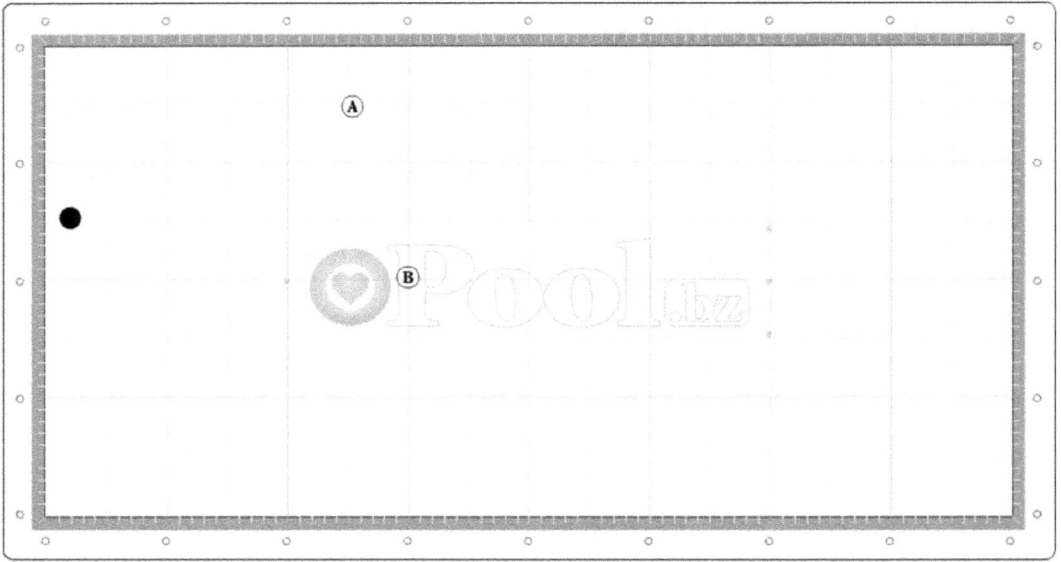

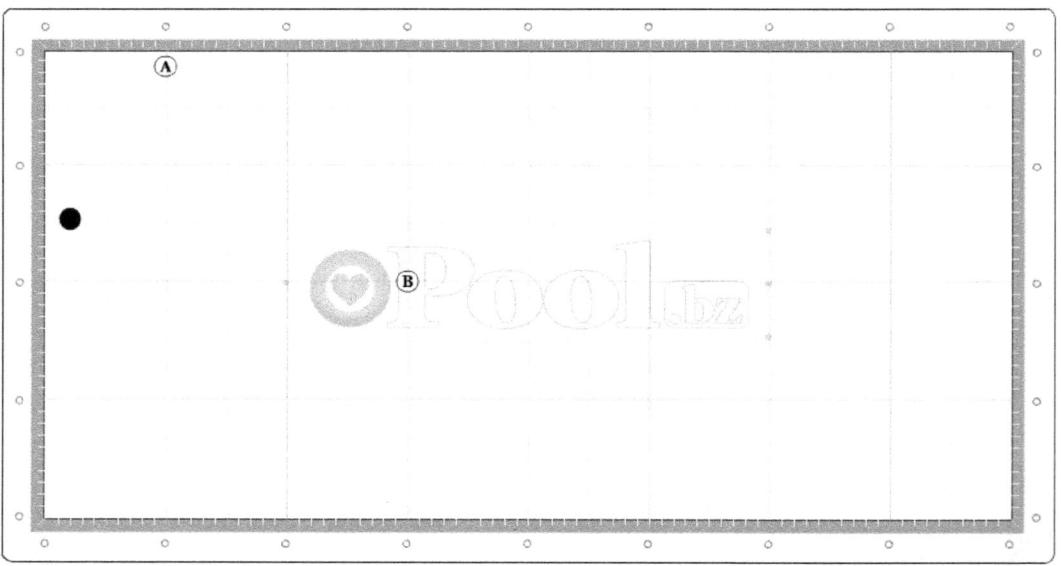

NOTASS:

Grupo 3, conjunto 9

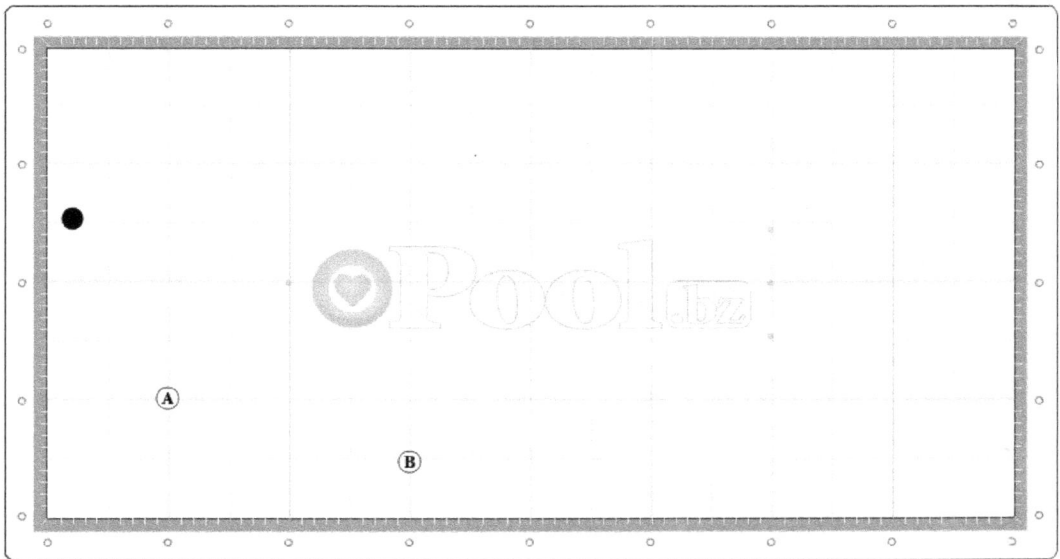

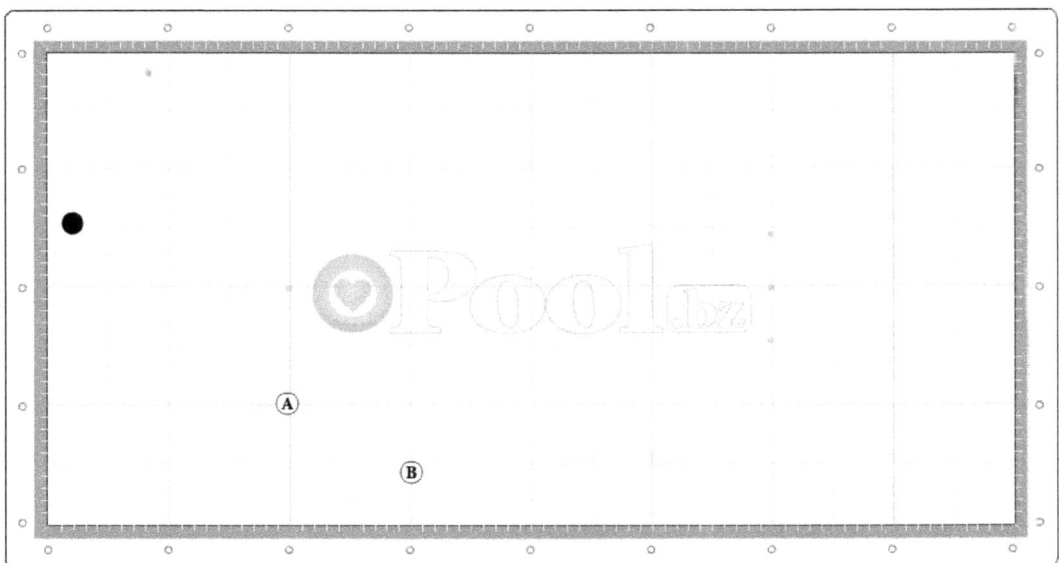

NOTASS:

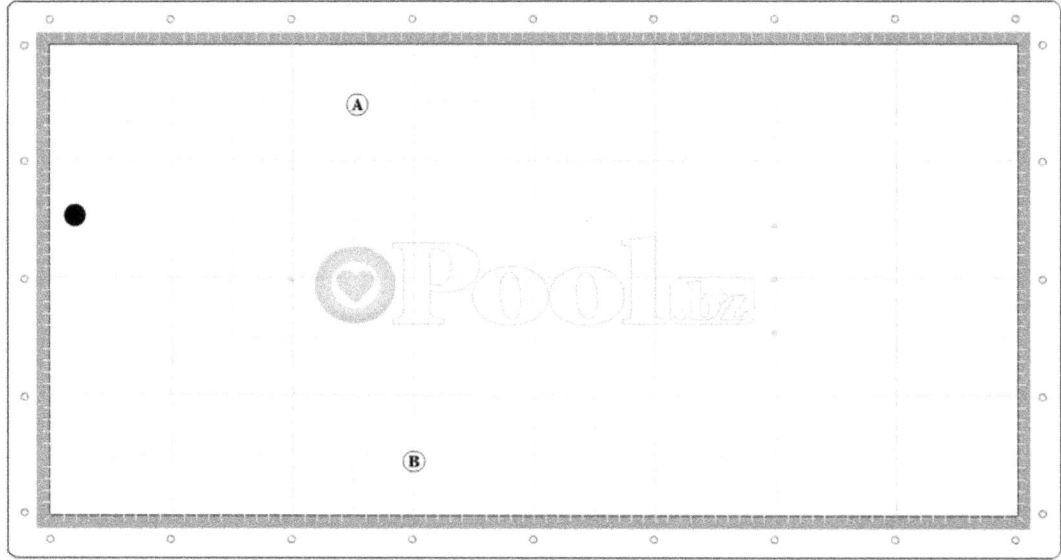

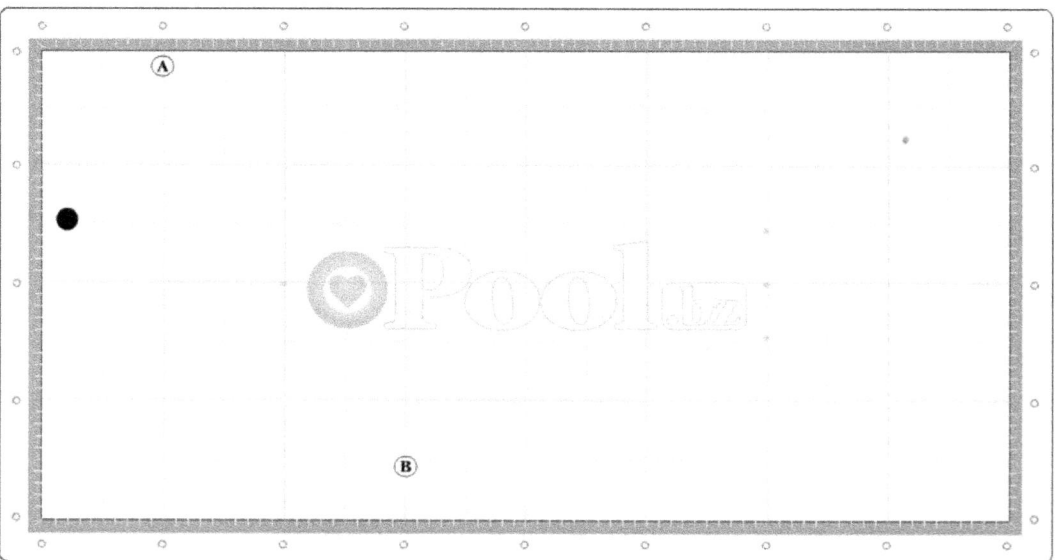

NOTASS:

Grupo 3, conjunto 10

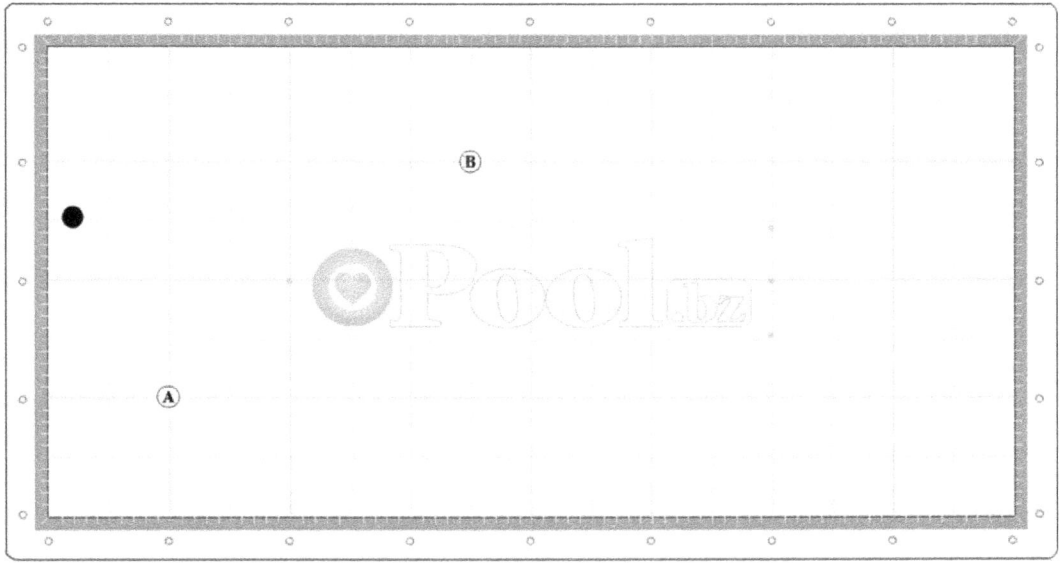

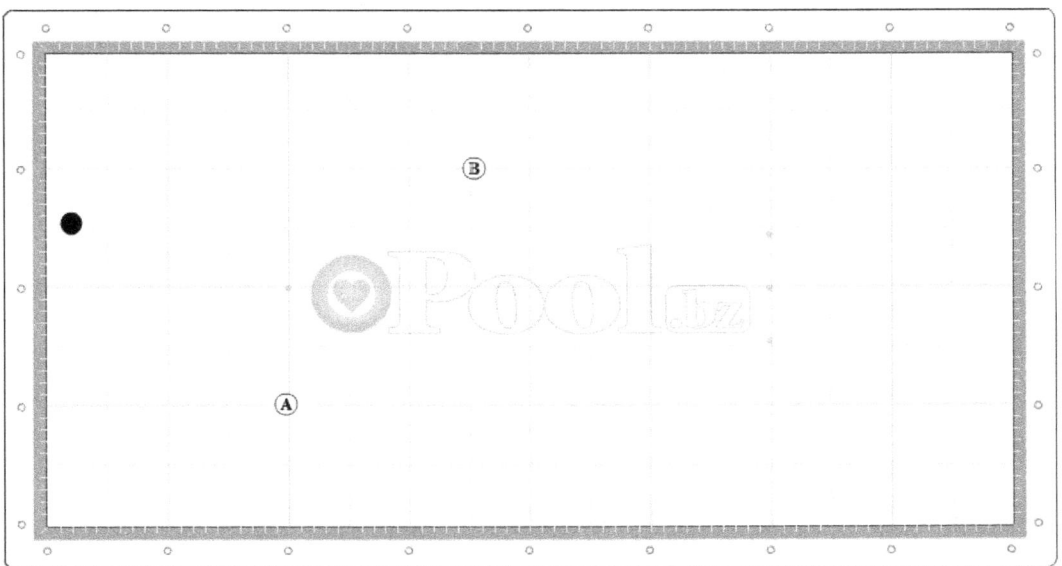

NOTASS:

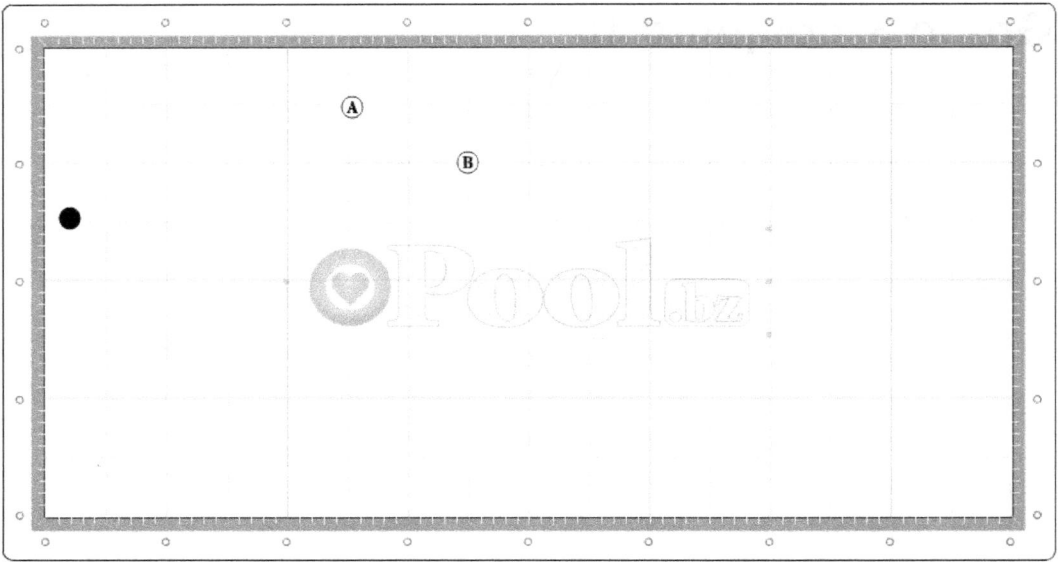

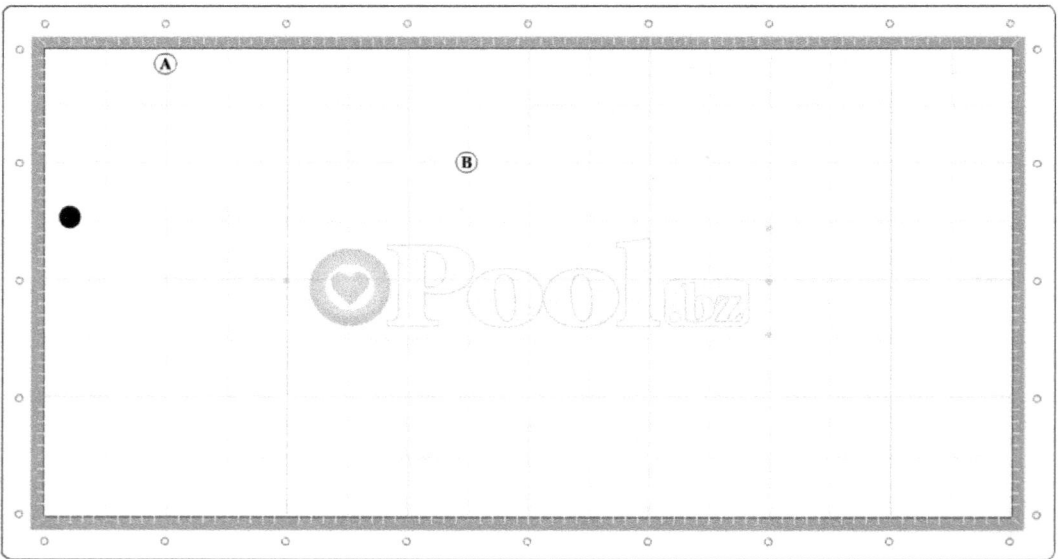

NOTASS:

Grupo 3, conjunto 11

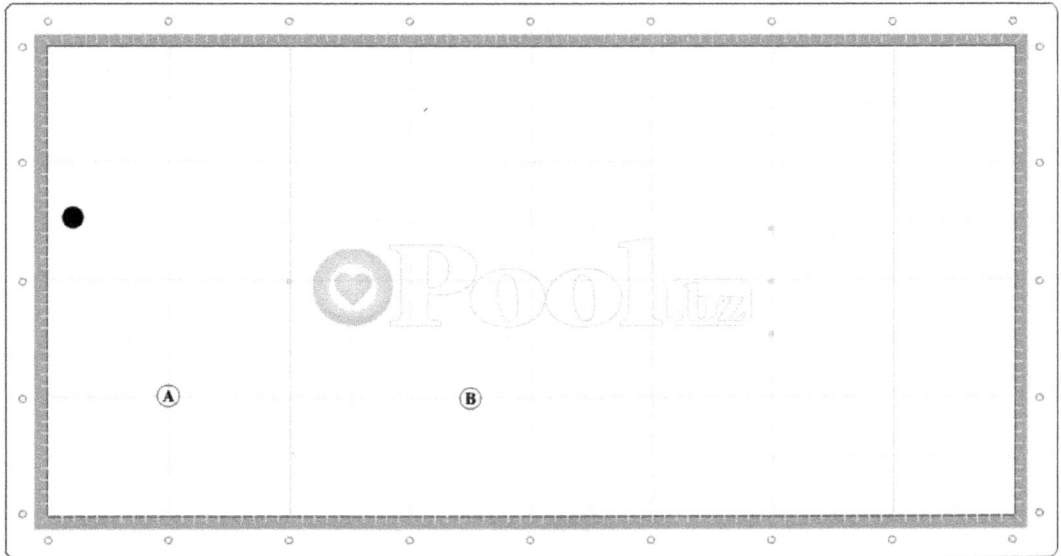

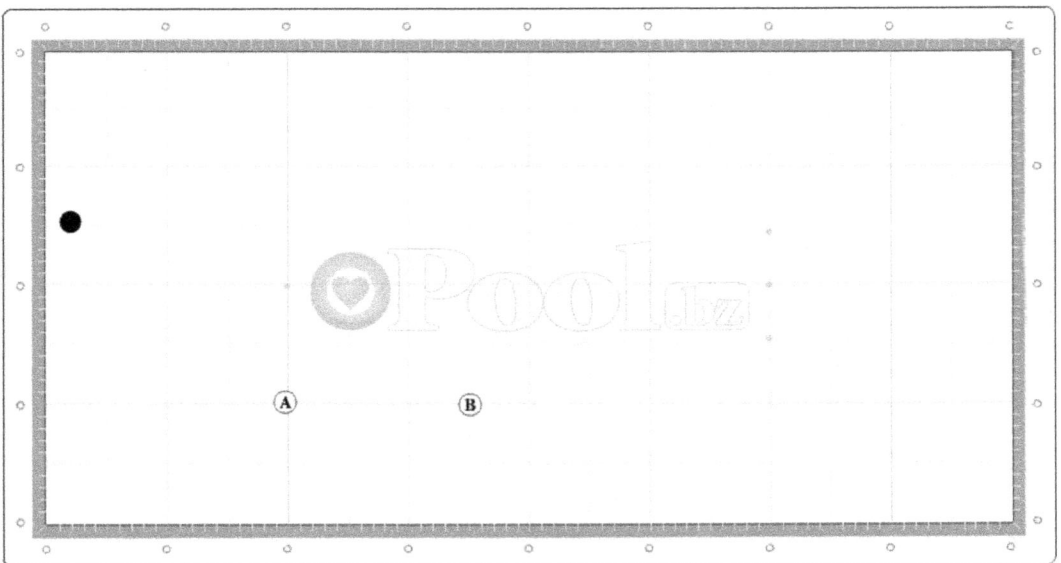

NOTASS:

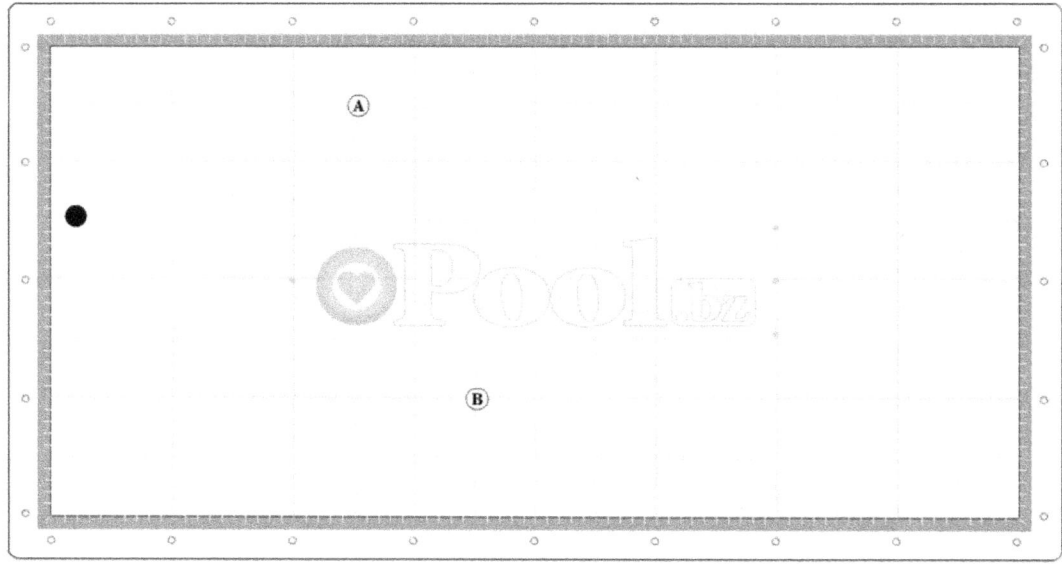

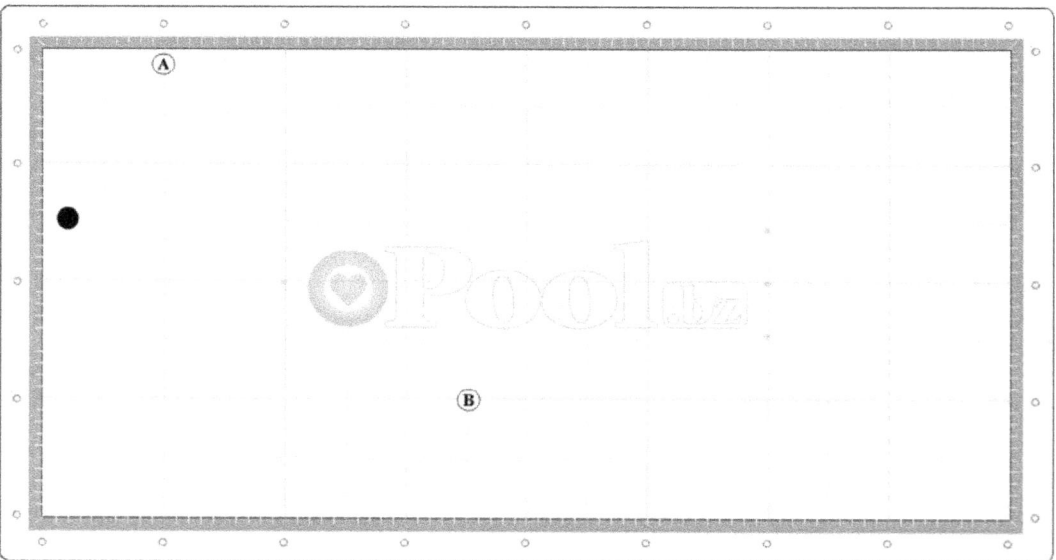

NOTASS:

GRUPO 4

Grupo 4, conjunto 1

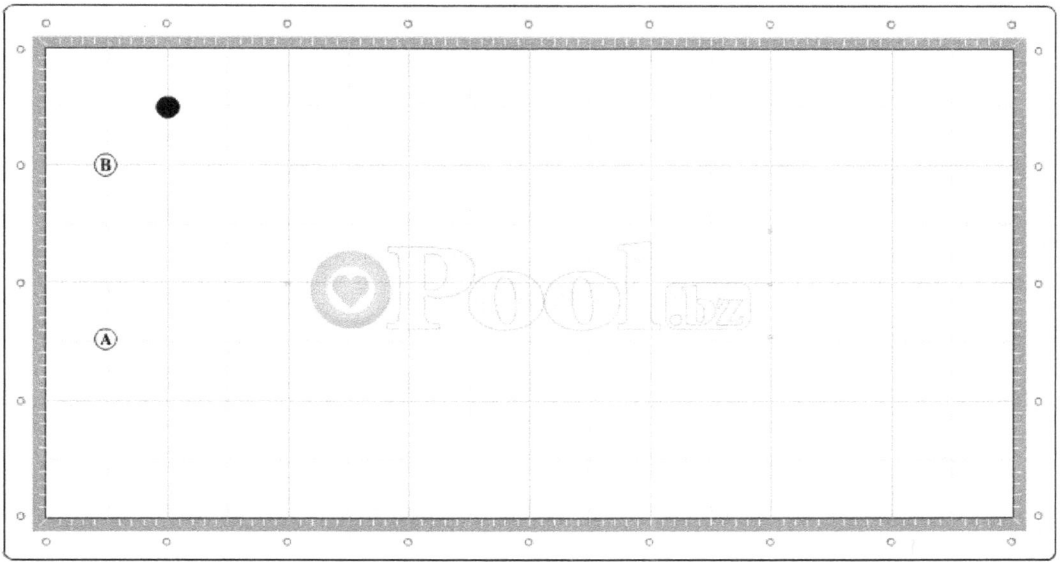

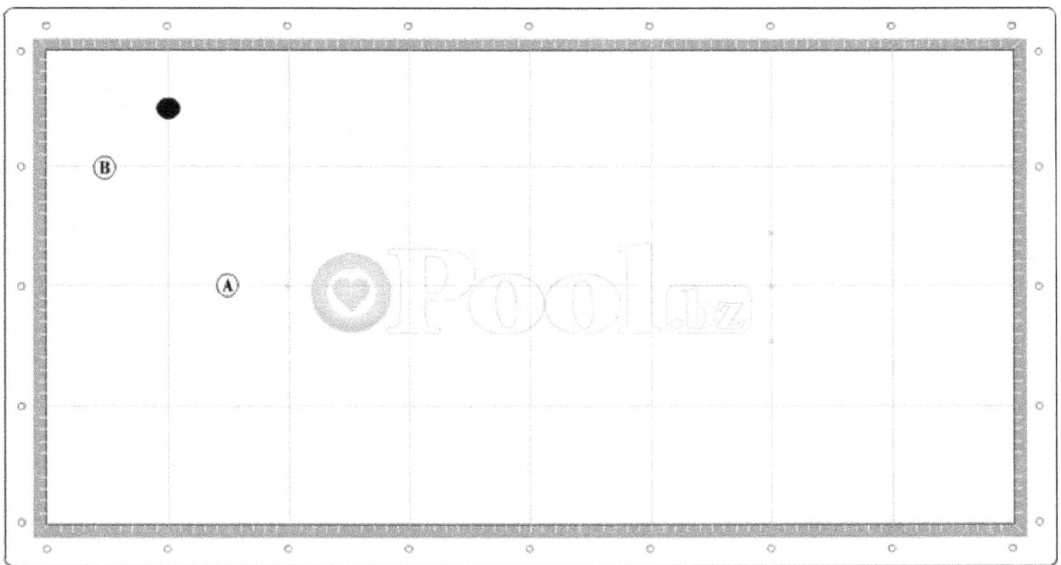

NOTASS:

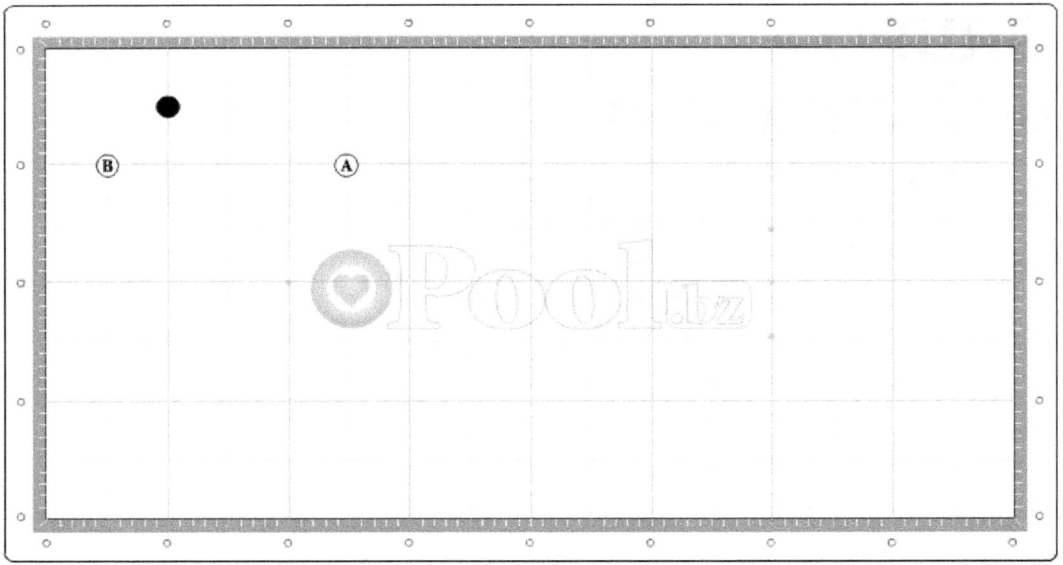

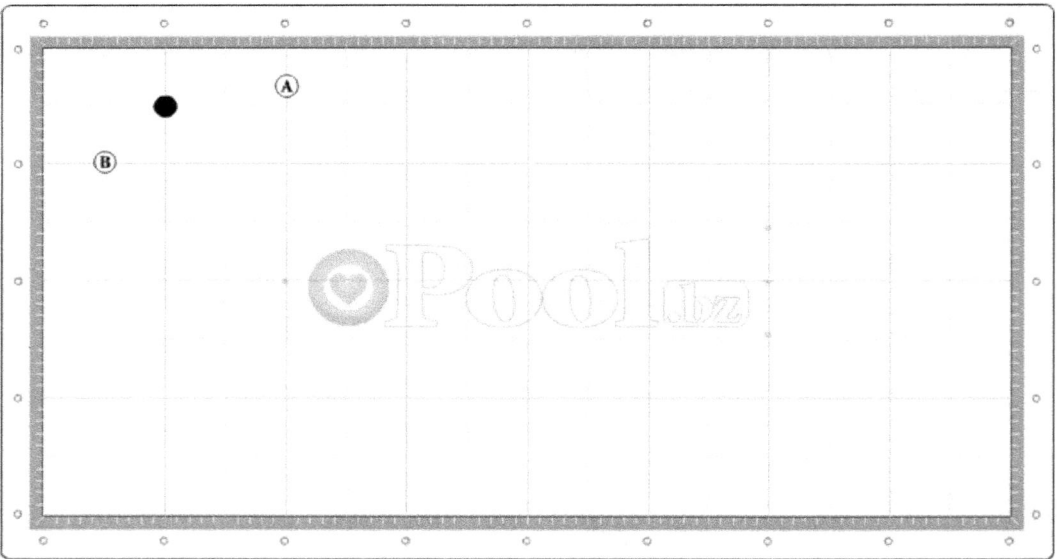

NOTASS:

Grupo 4, conjunto 2

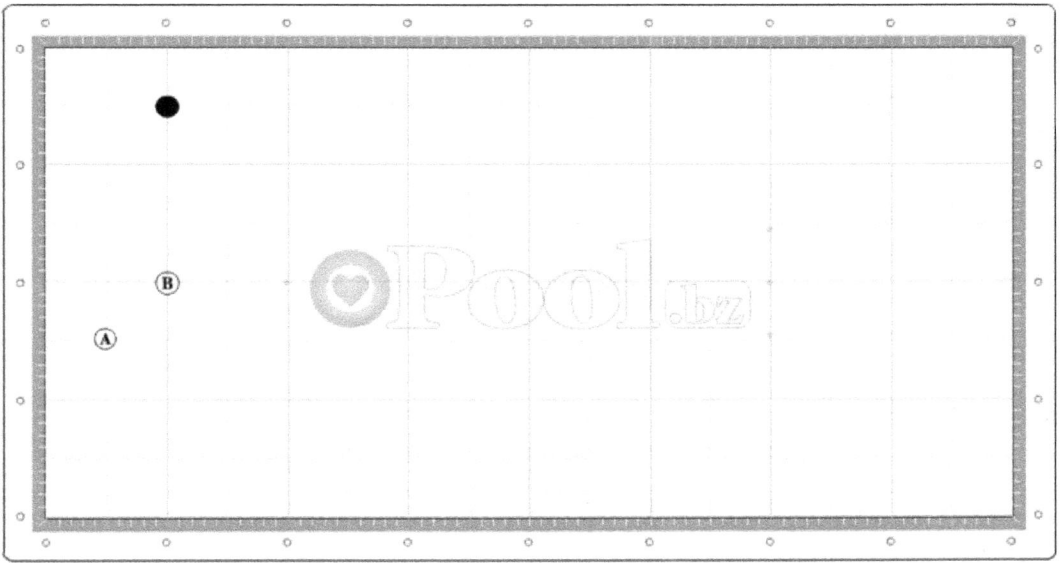

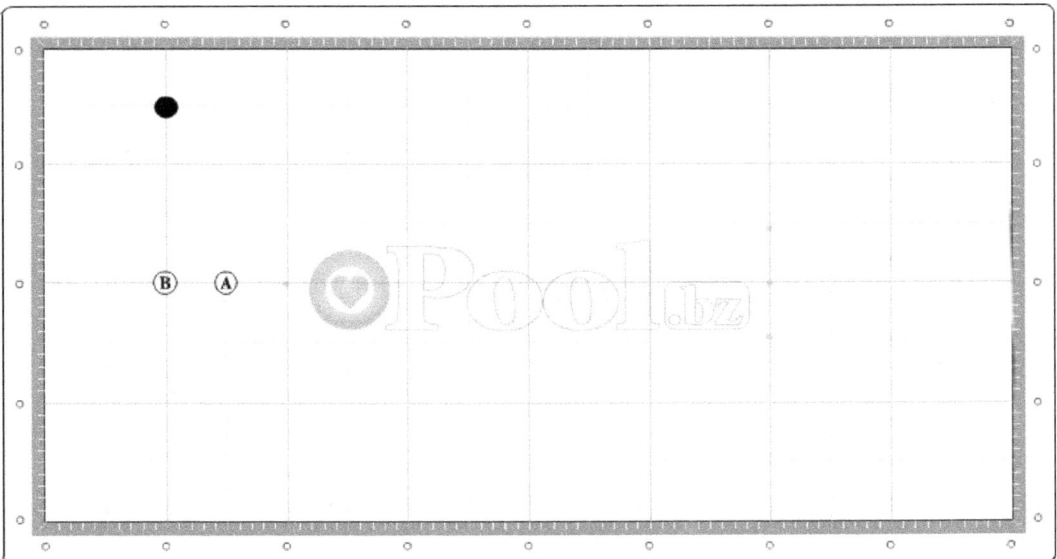

NOTASS:

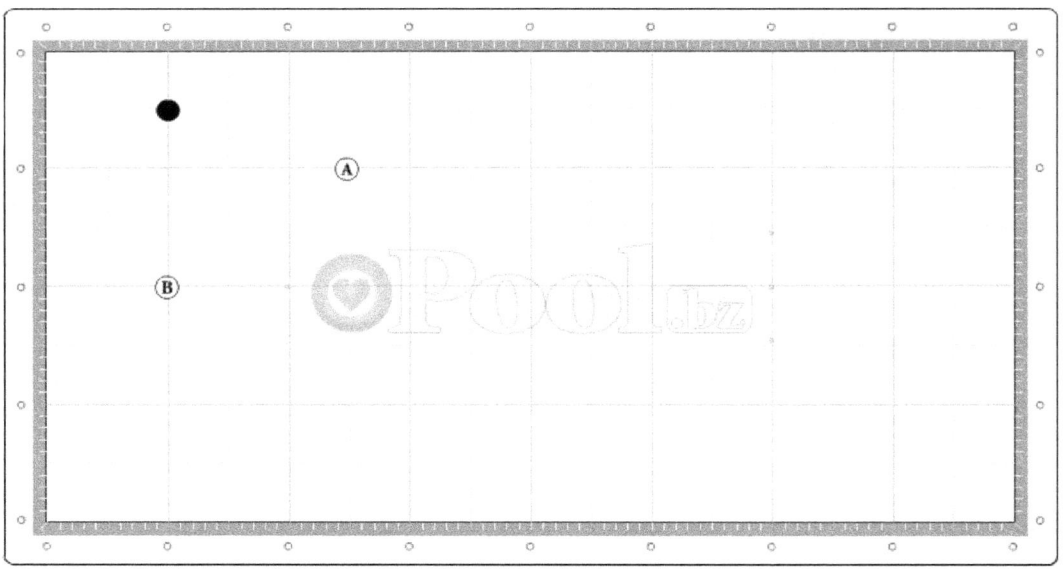

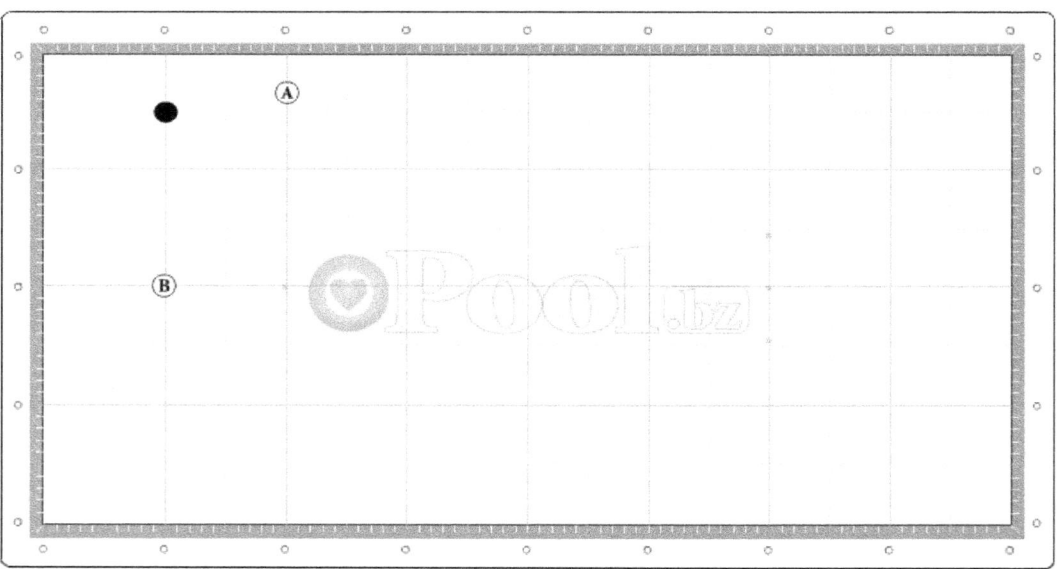

NOTASS:

Grupo 4, conjunto 3

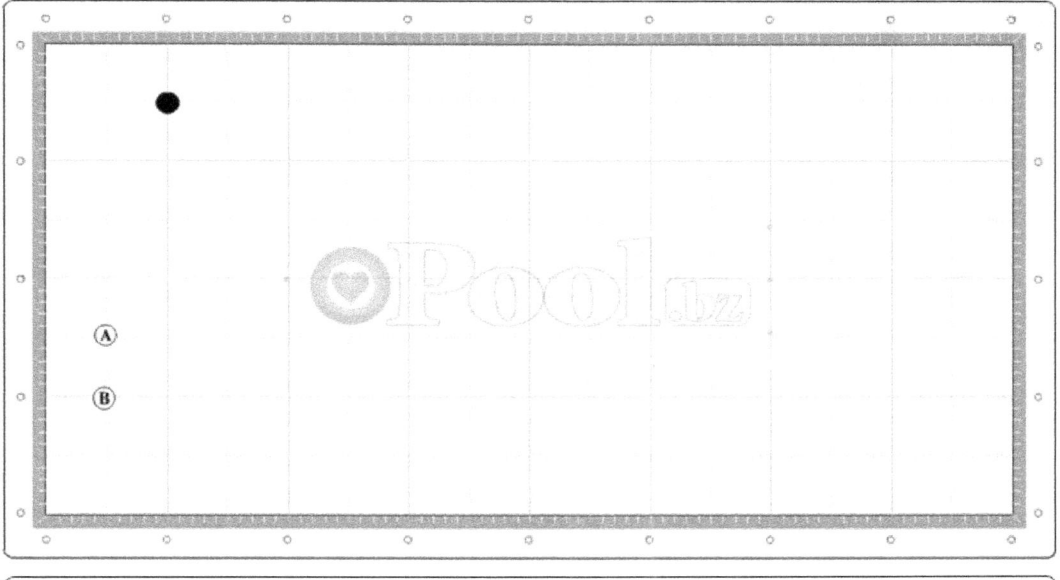

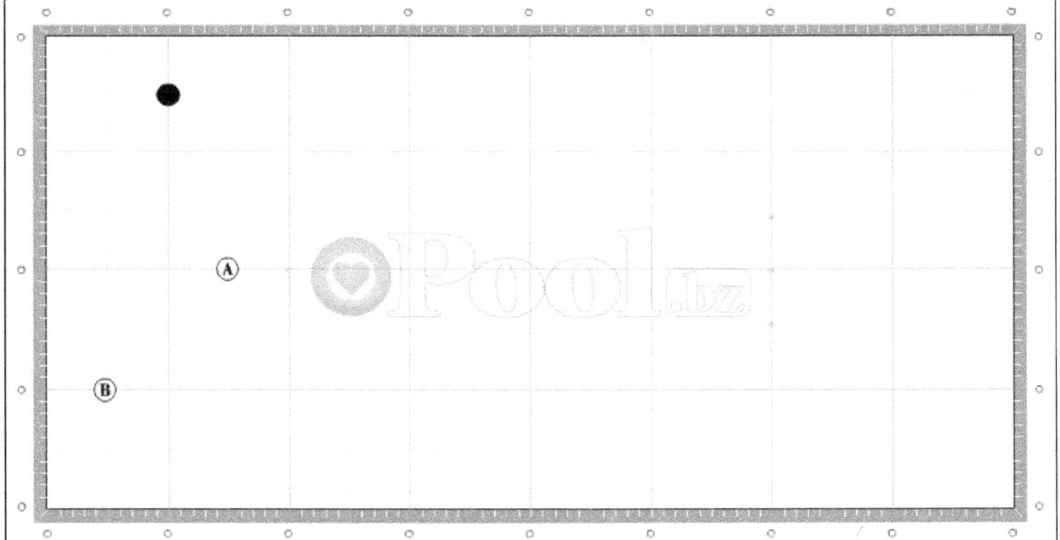

NOTASS:

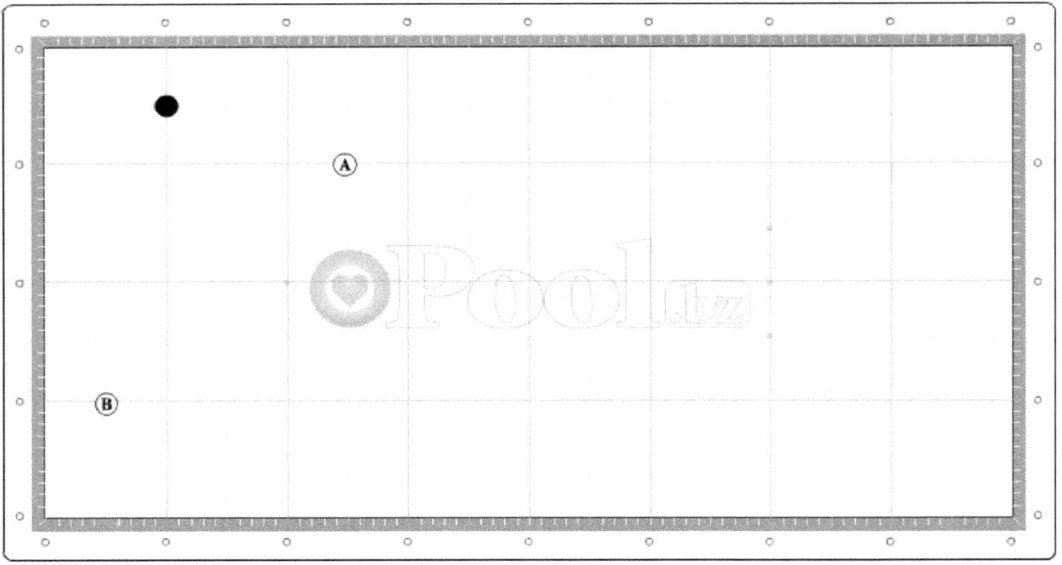

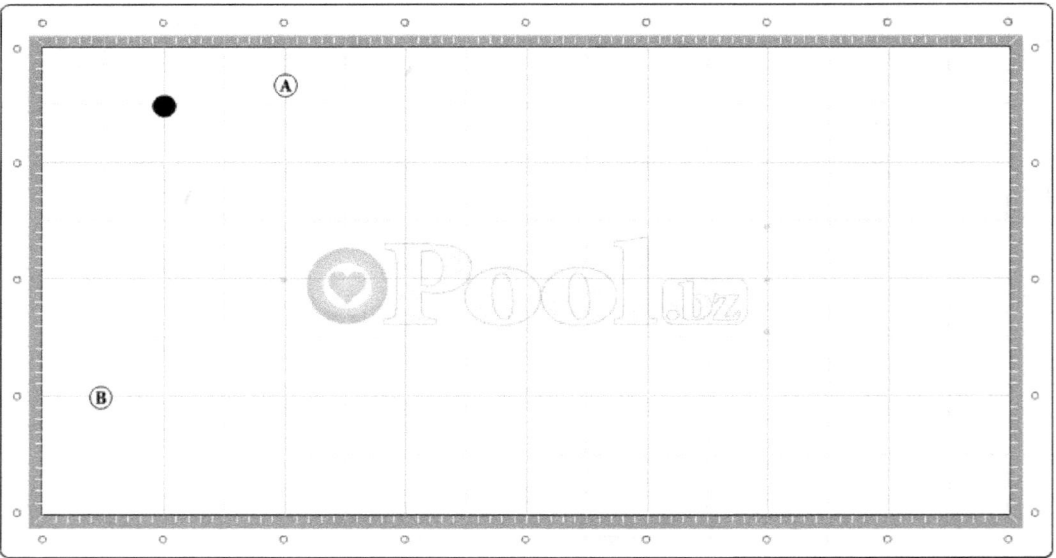

NOTASS:

Grupo 4, conjunto 4

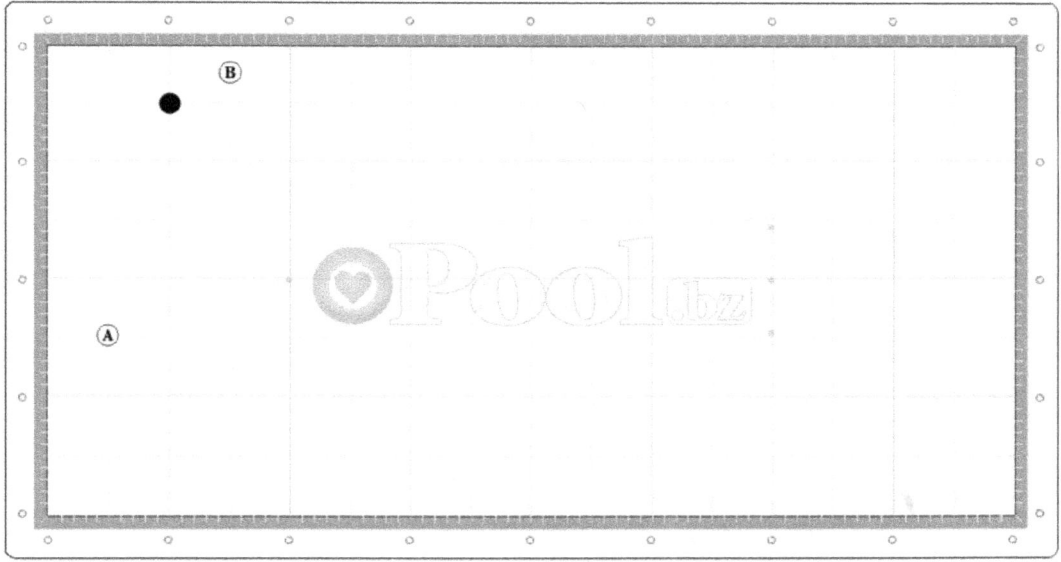

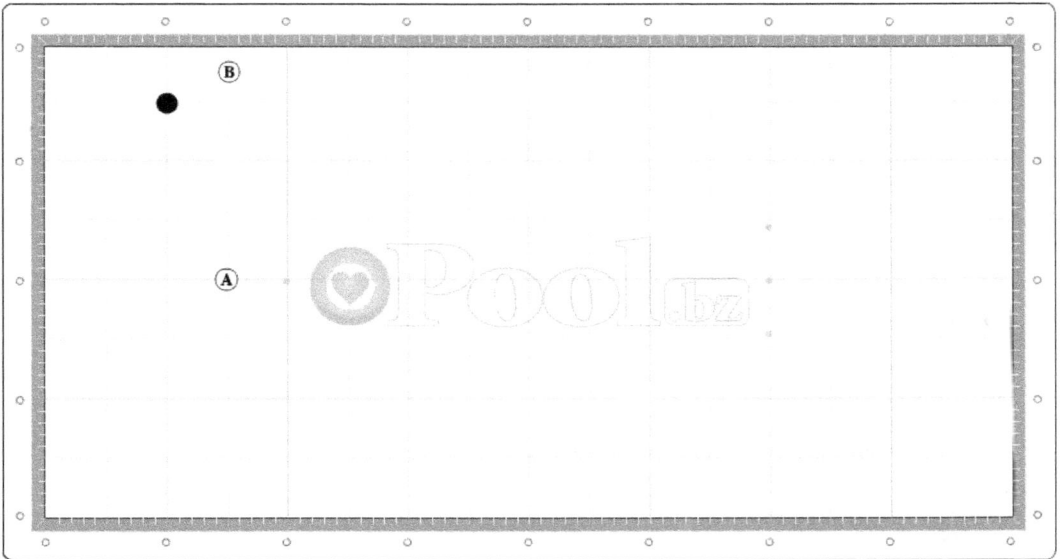

NOTASS:

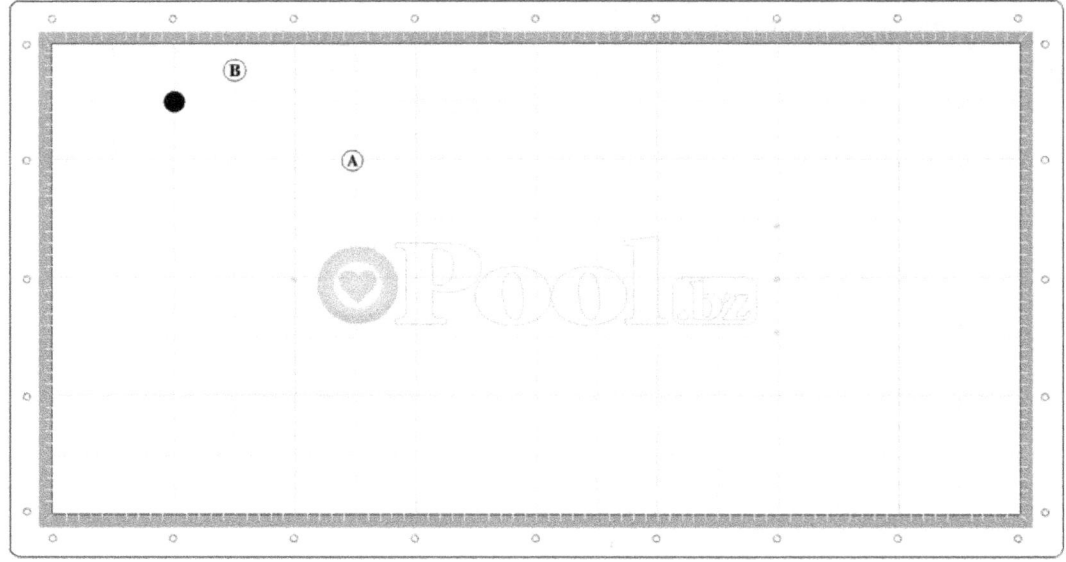

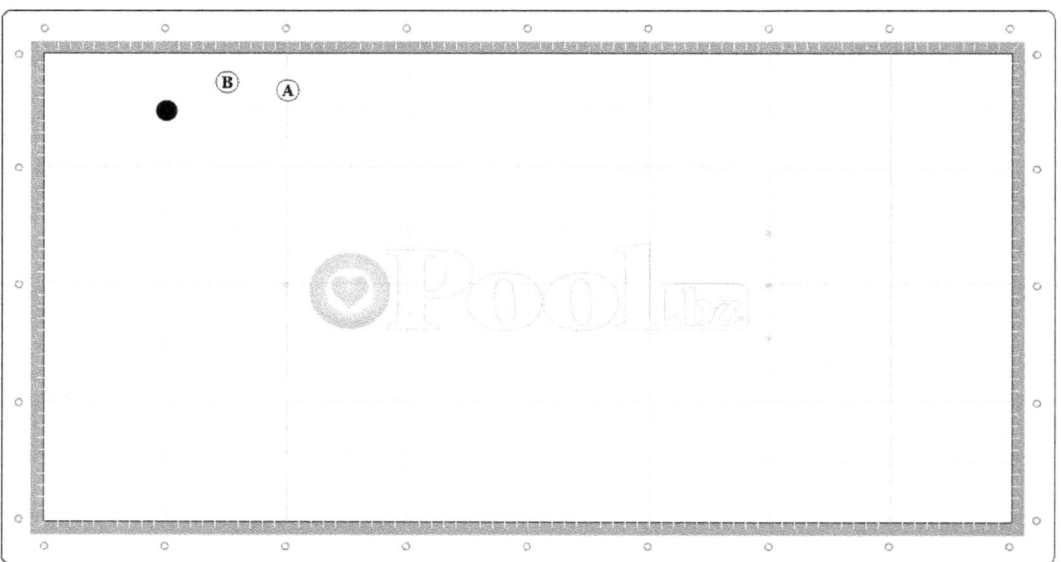

NOTASS:

Grupo 4, conjunto 5

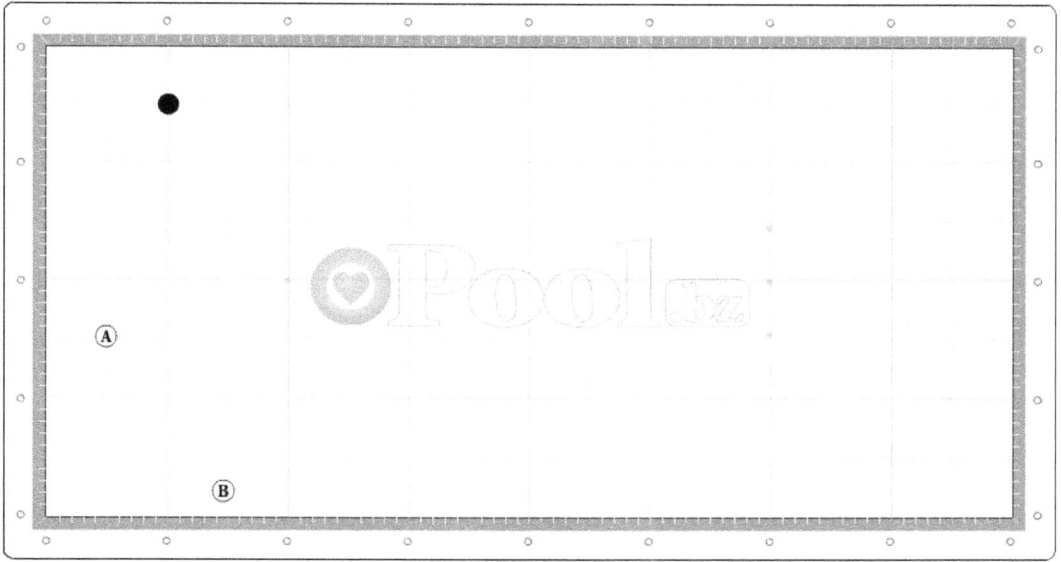

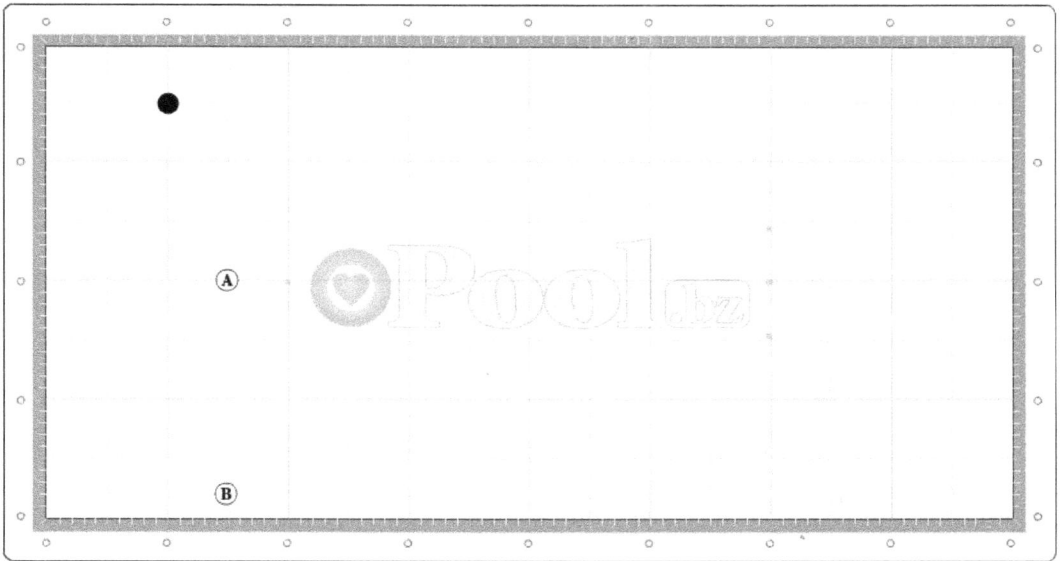

NOTASS:

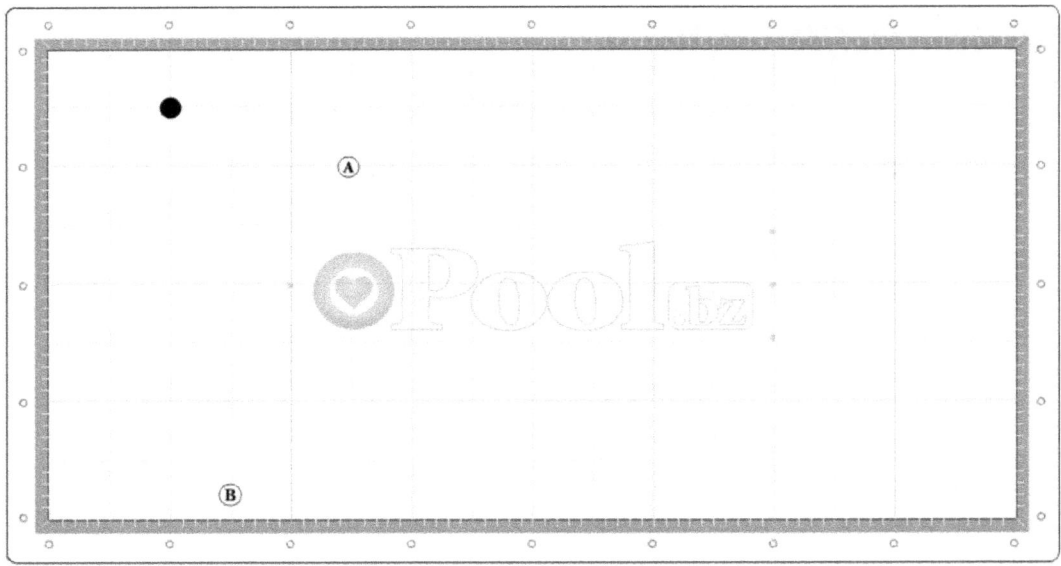

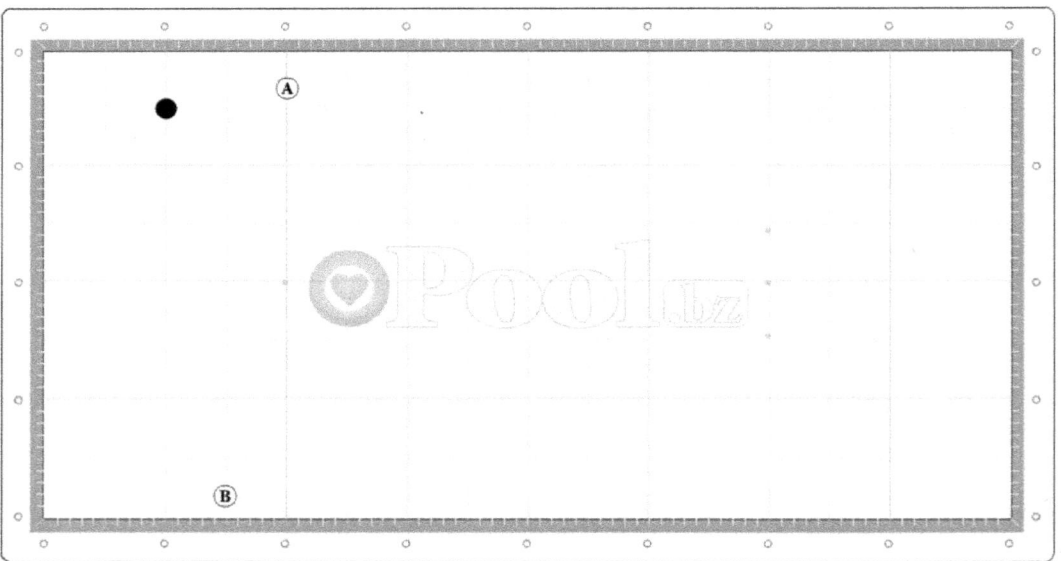

NOTASS:

Grupo 4, conjunto 6

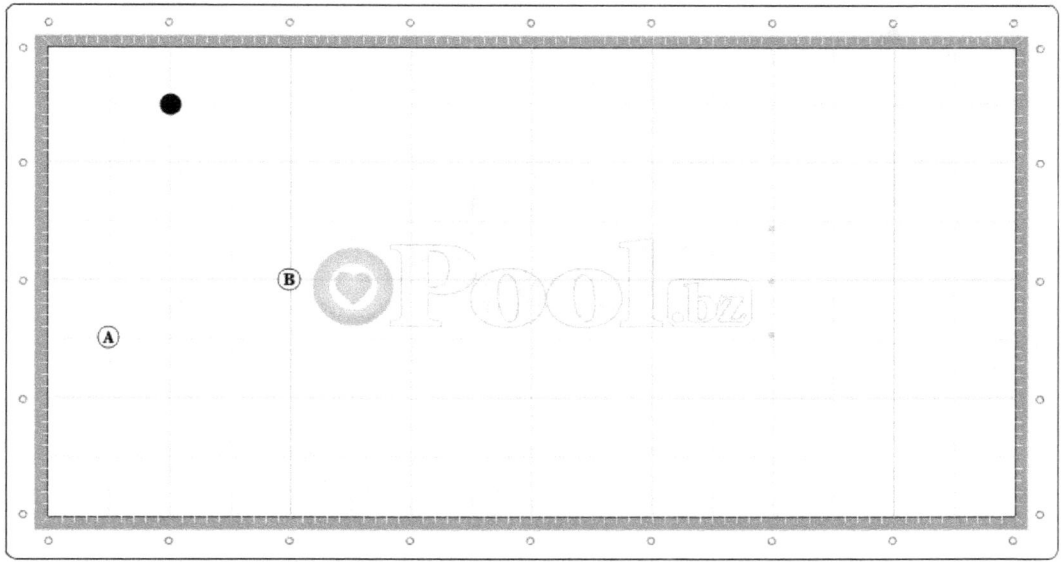

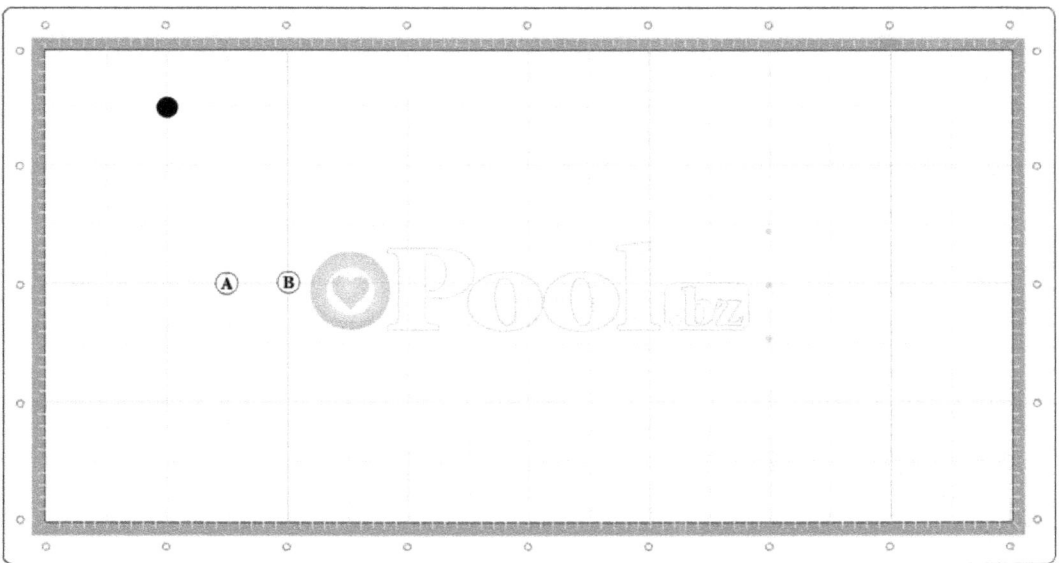

NOTASS:

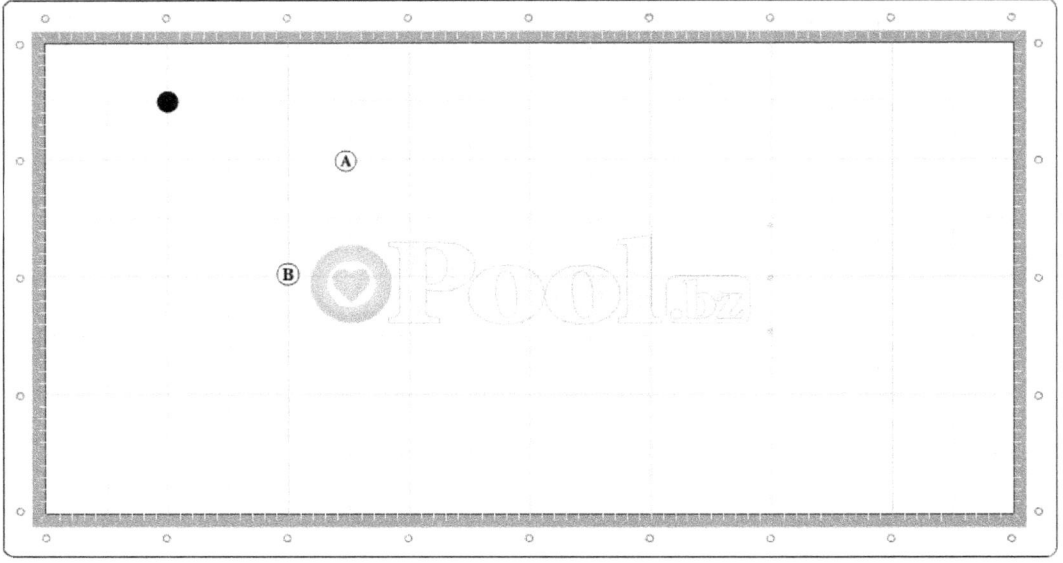

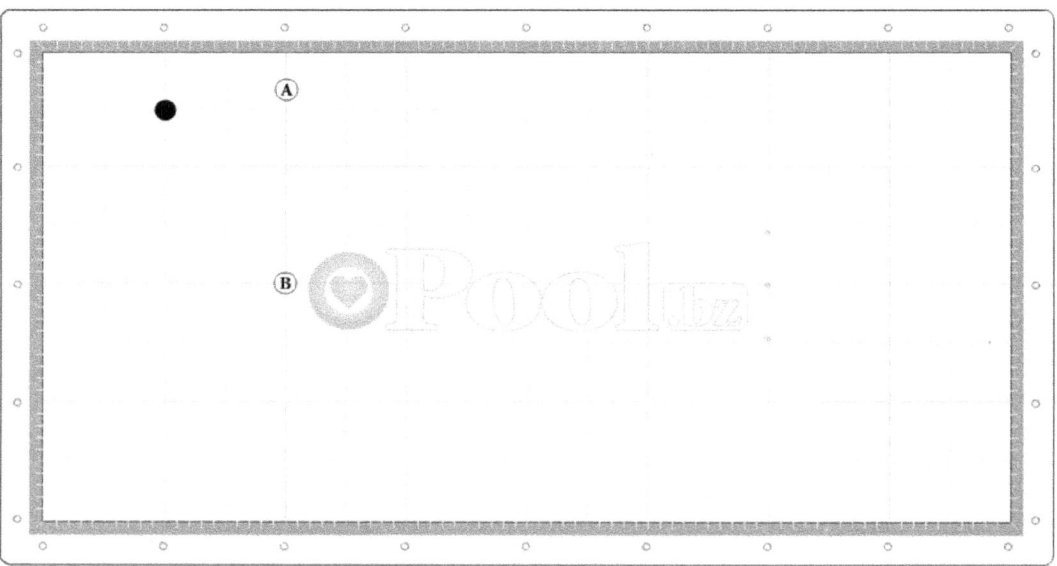

NOTASS:

Grupo 4, conjunto 7

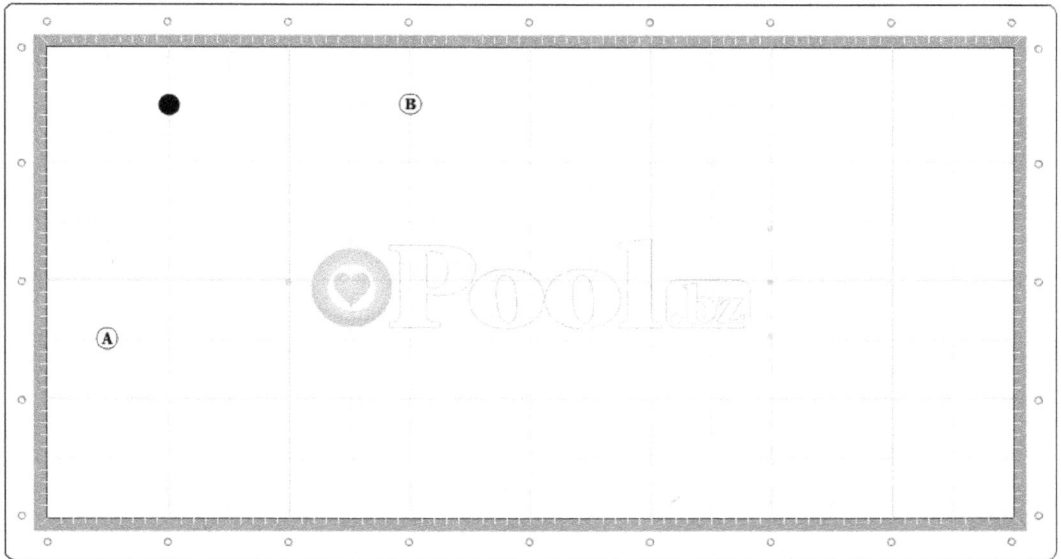

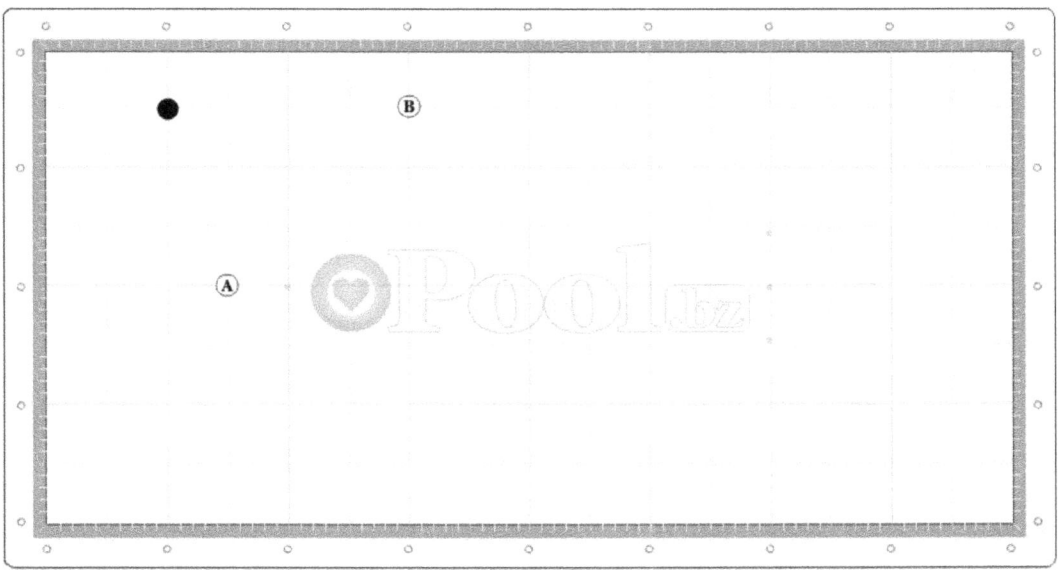

NOTASS:

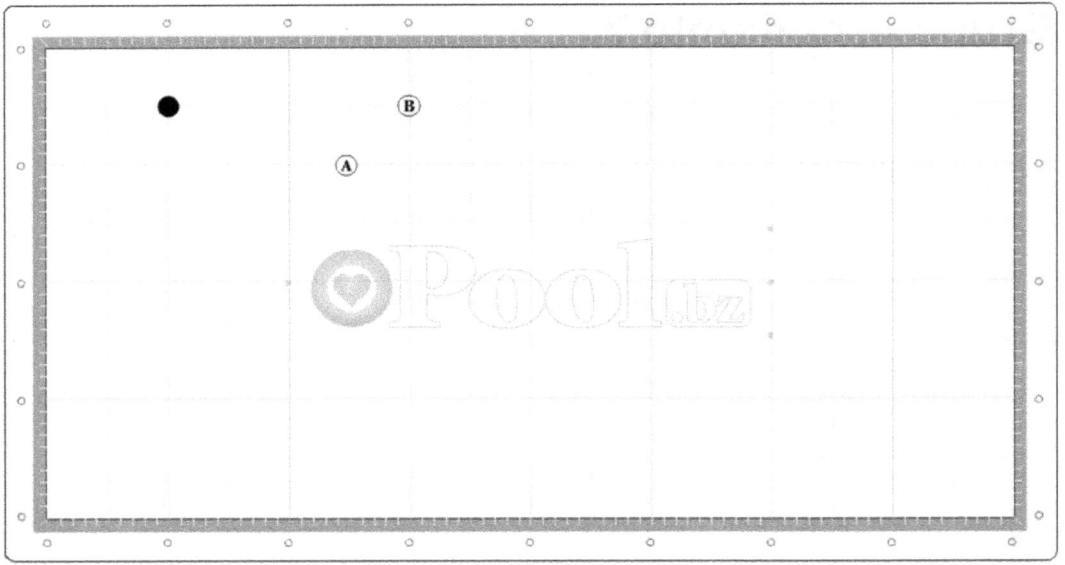

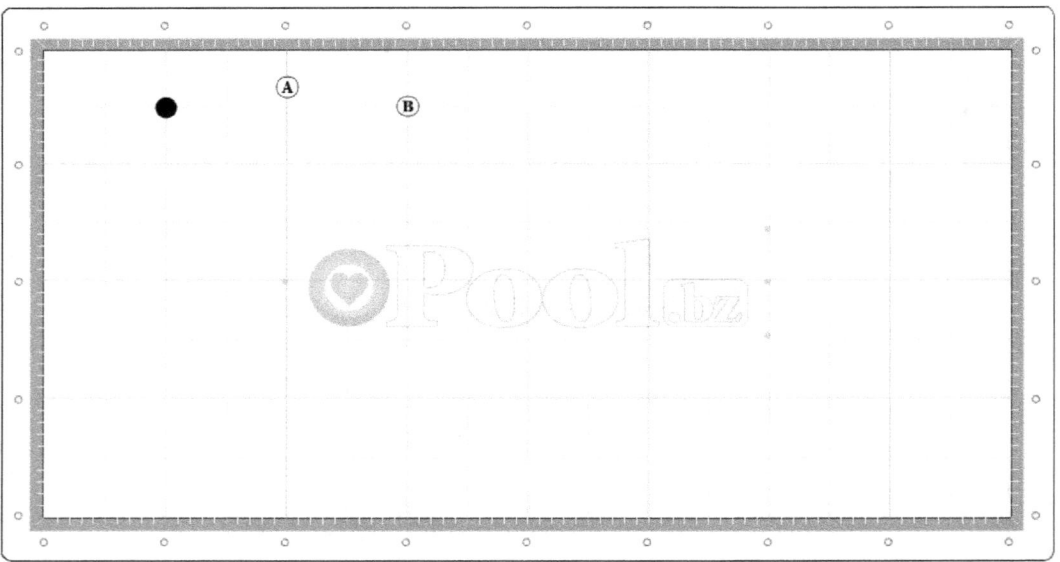

NOTASS:

Grupo 4, conjunto 8

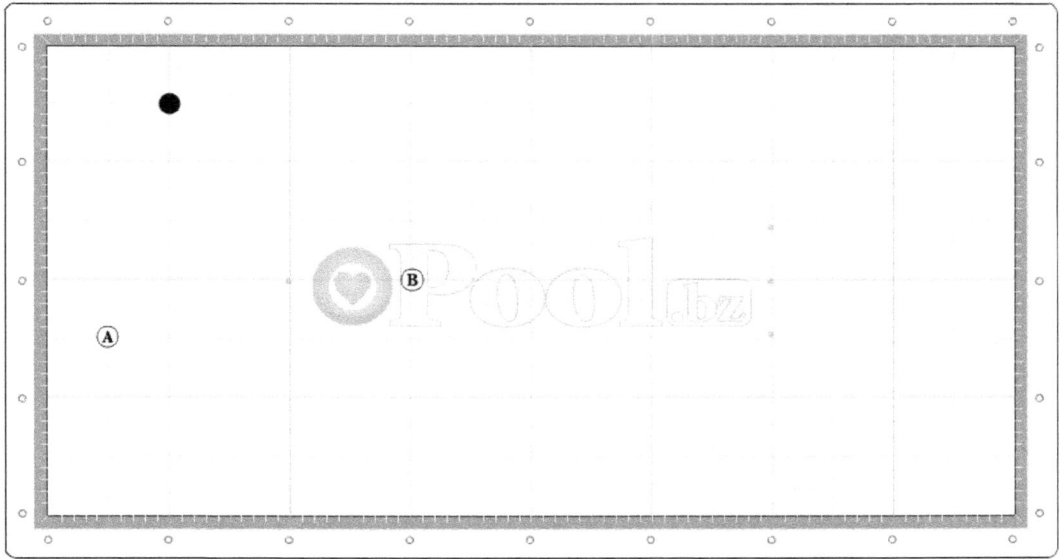

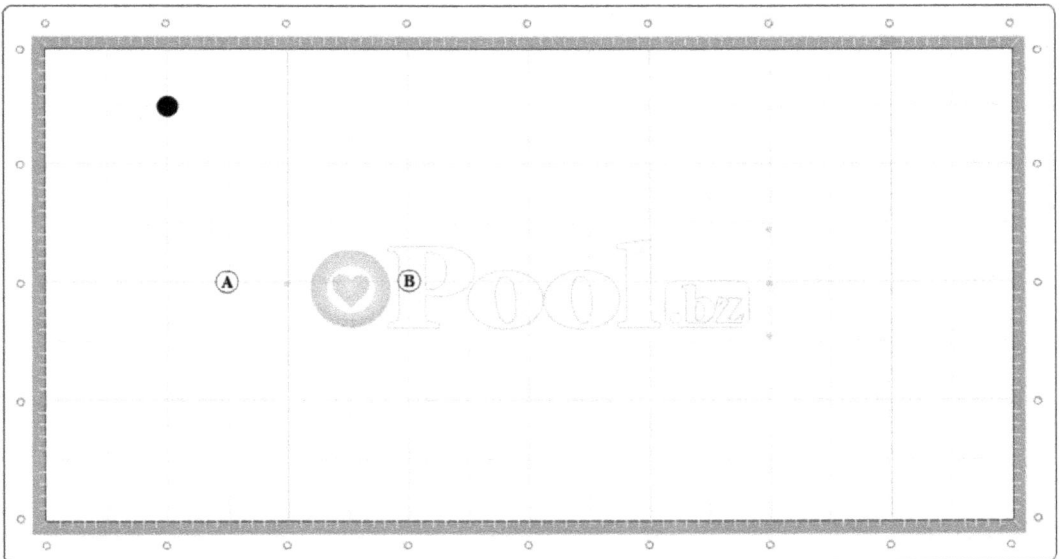

NOTASS:

Bilhar carambola: Alguns enigmas e quebra-cabeças

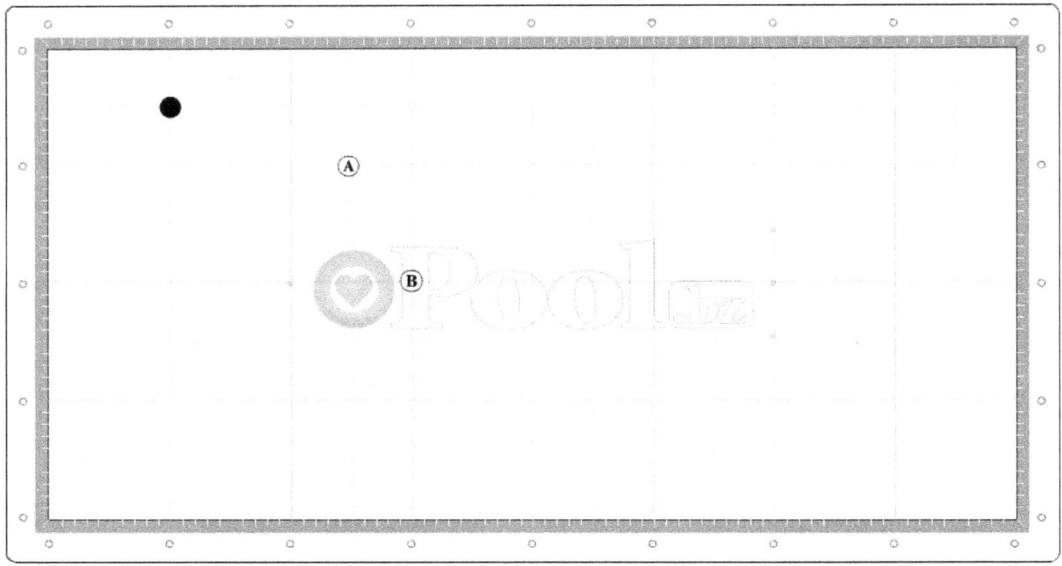

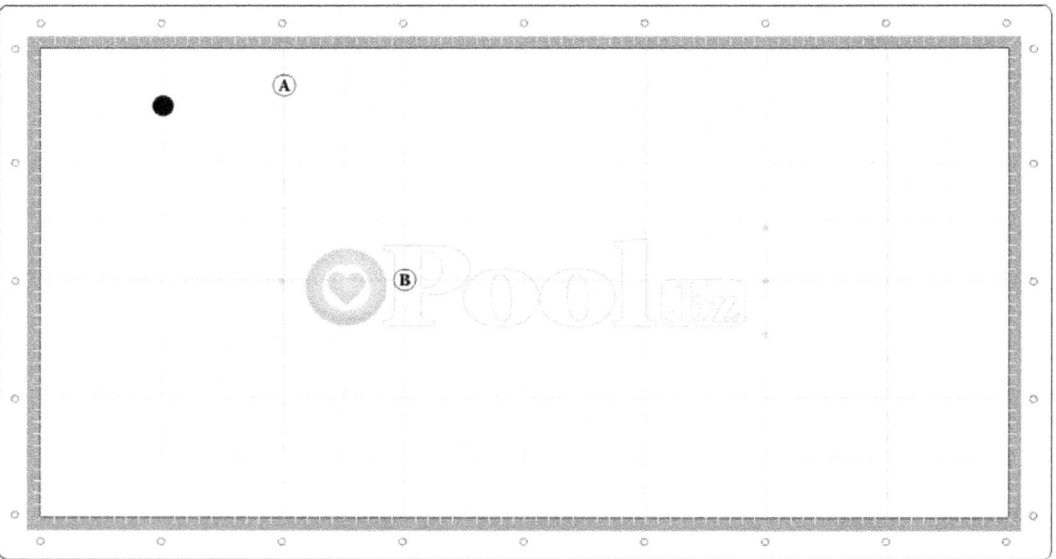

NOTASS:

Grupo 4, conjunto 9

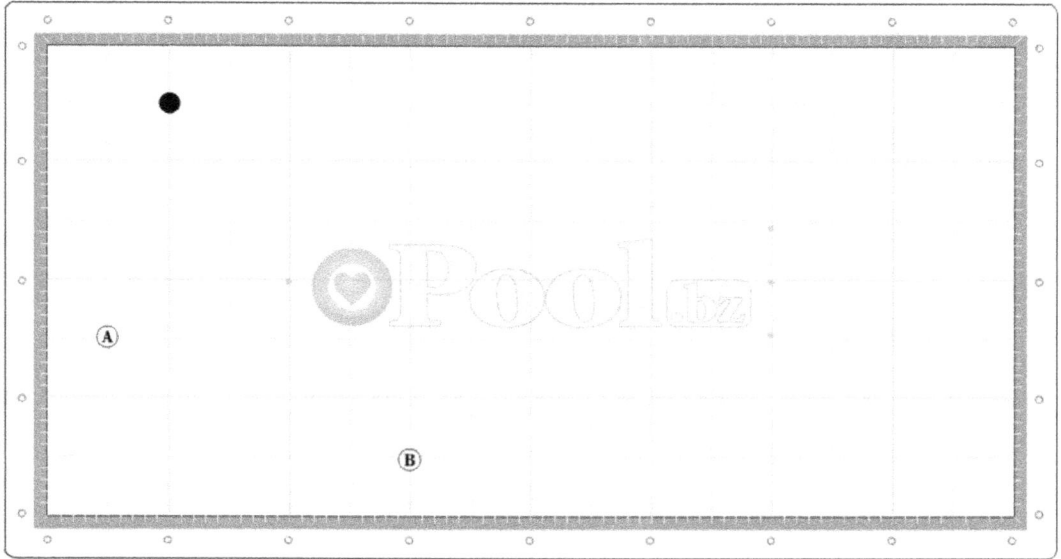

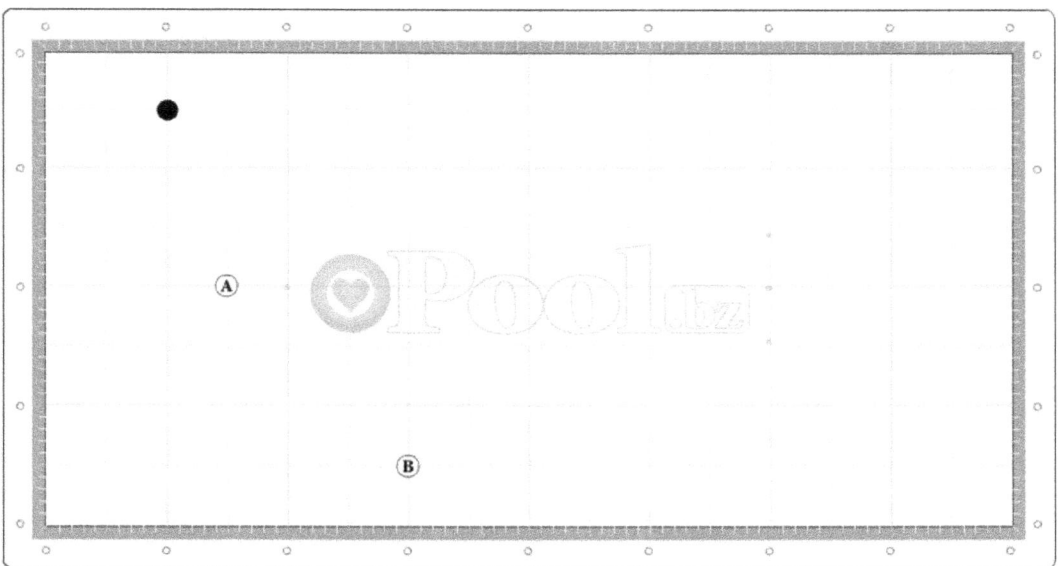

NOTASS:

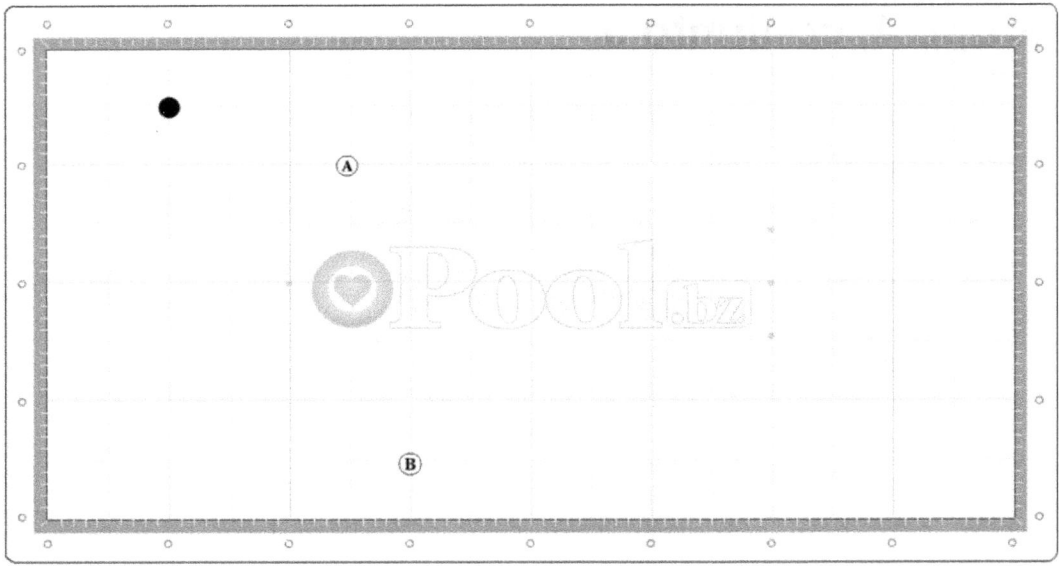

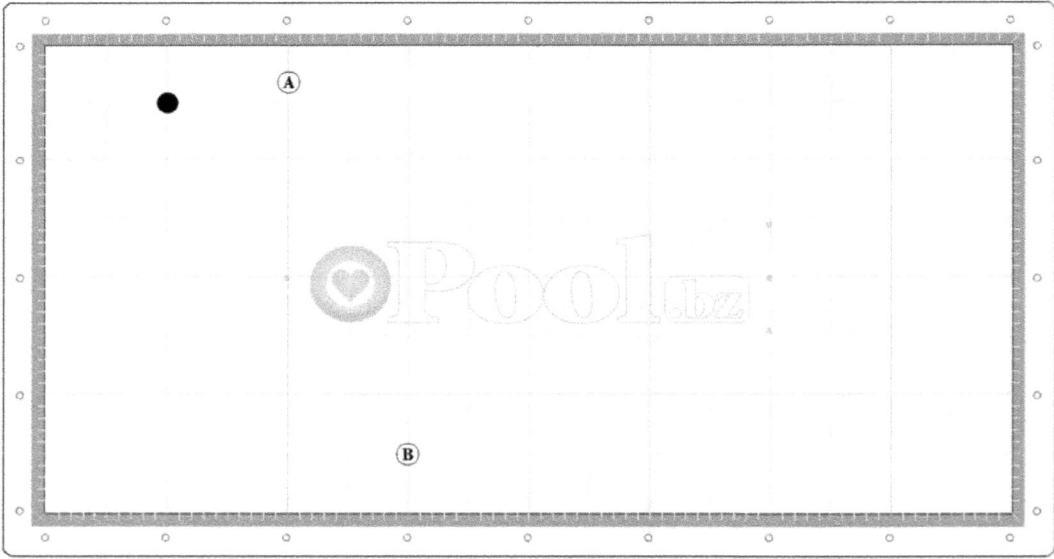

NOTASS:

Grupo 4, conjunto 10

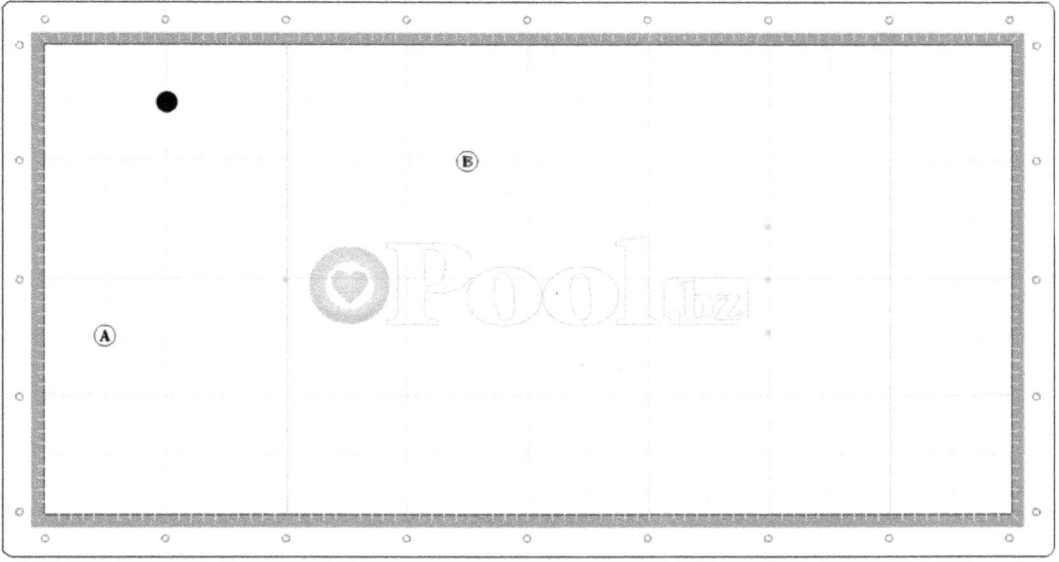

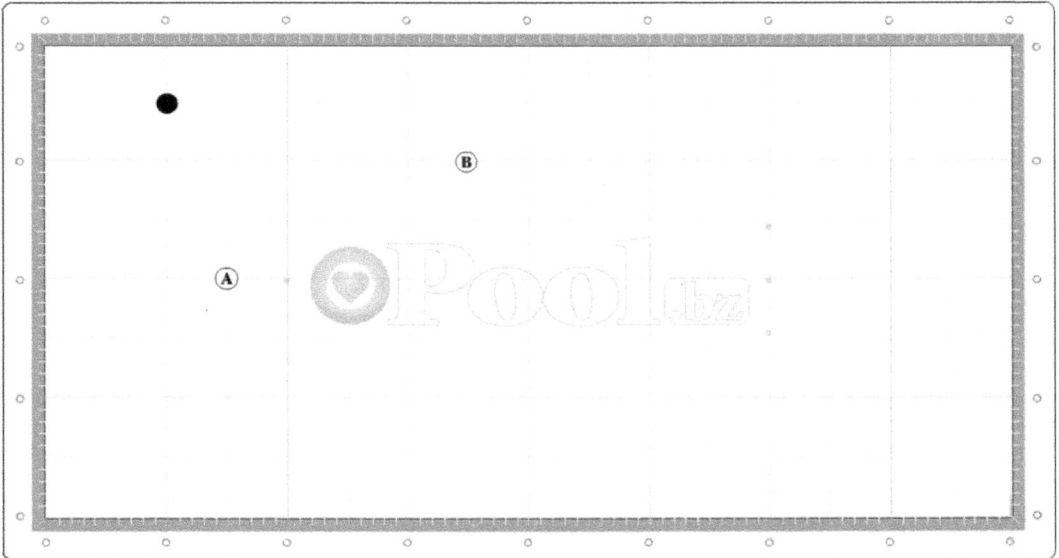

NOTASS:

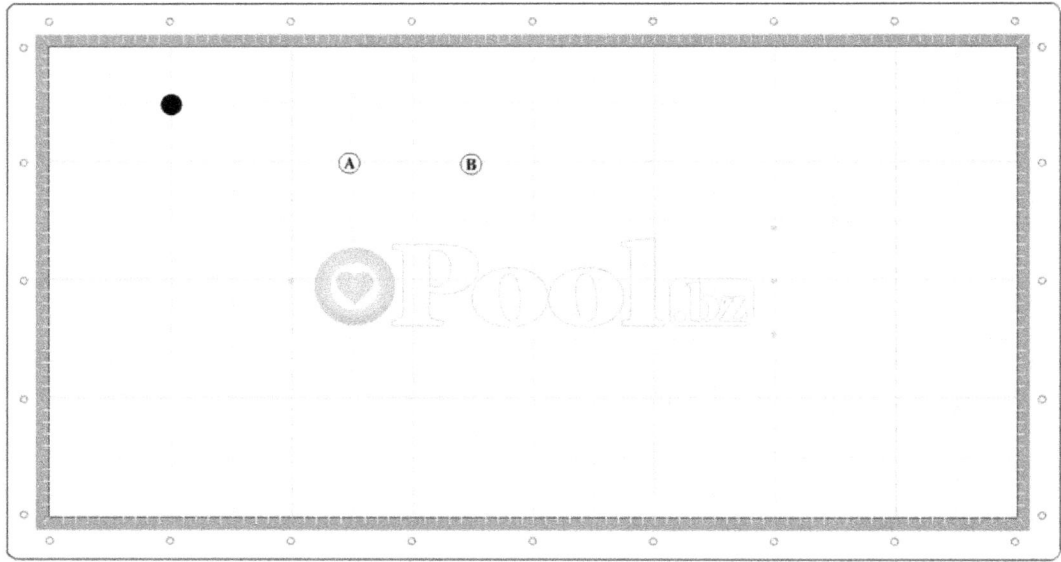

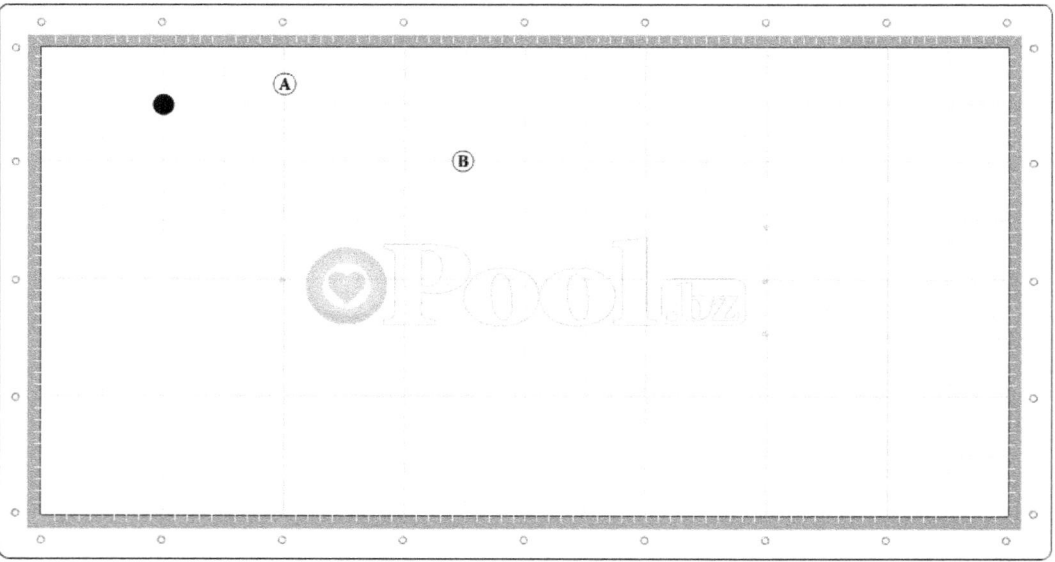

NOTASS:

Grupo 4, conjunto 11

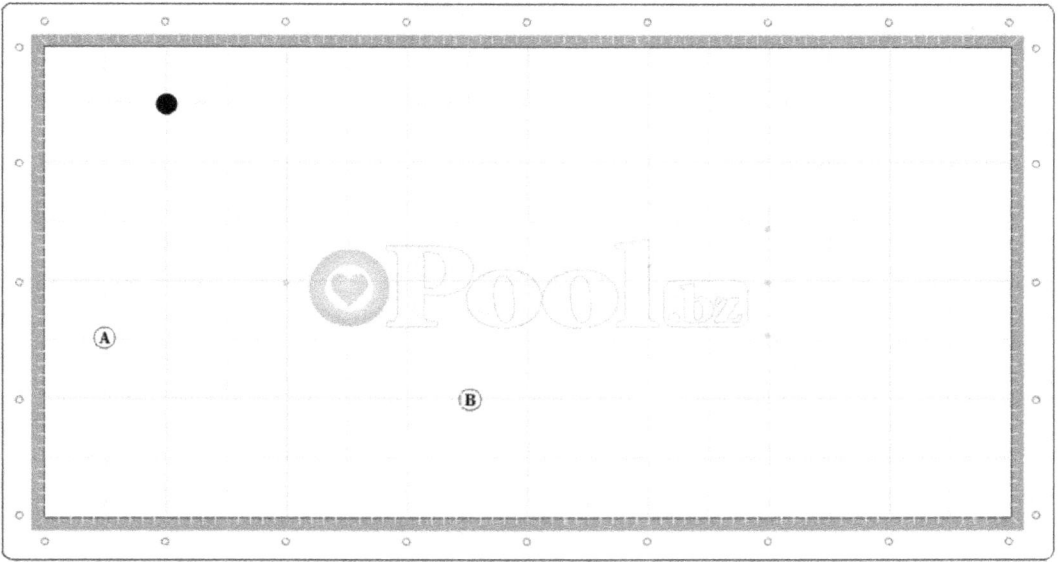

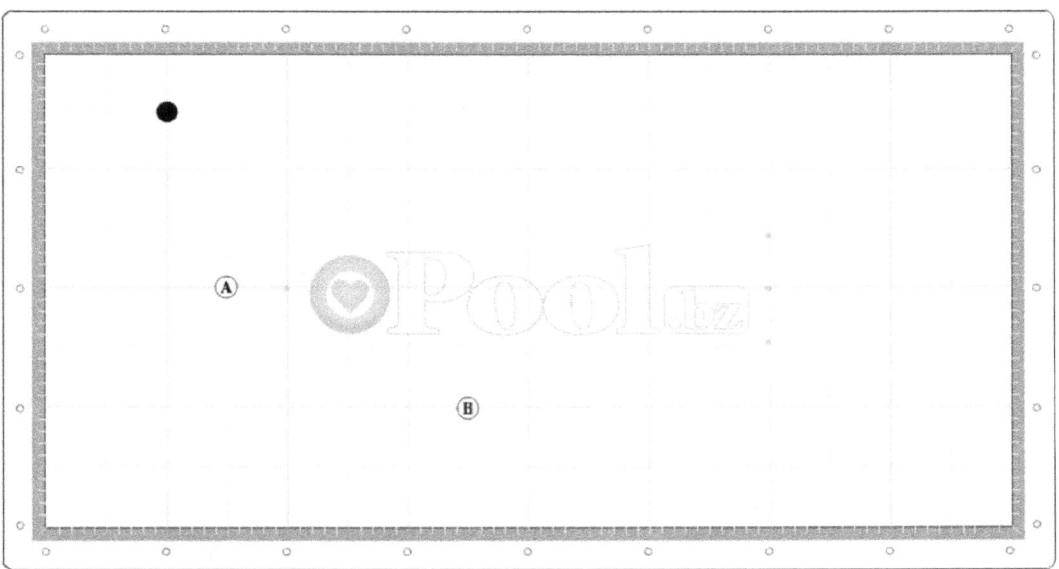

NOTASS:

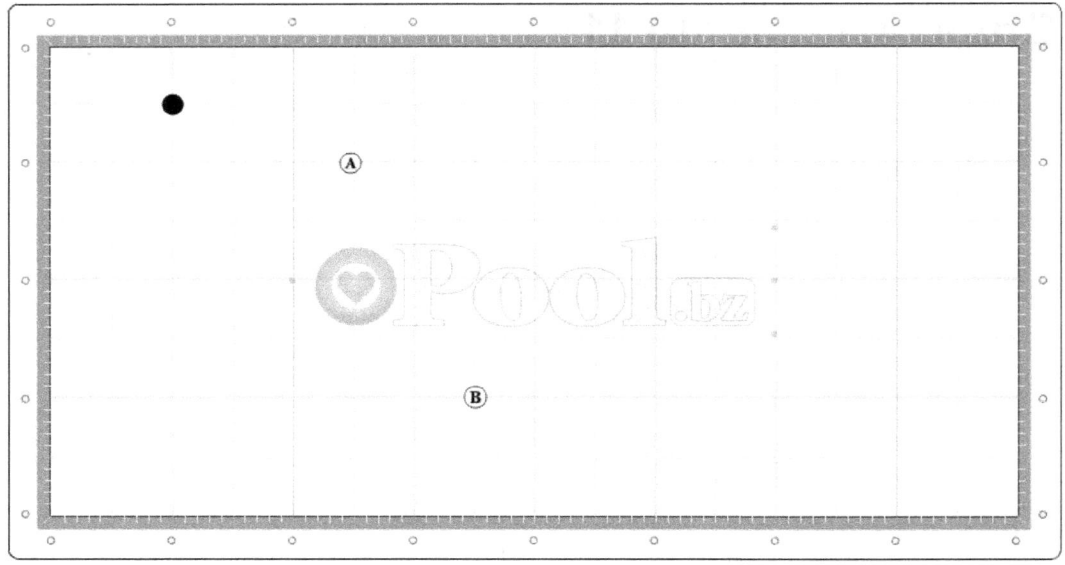

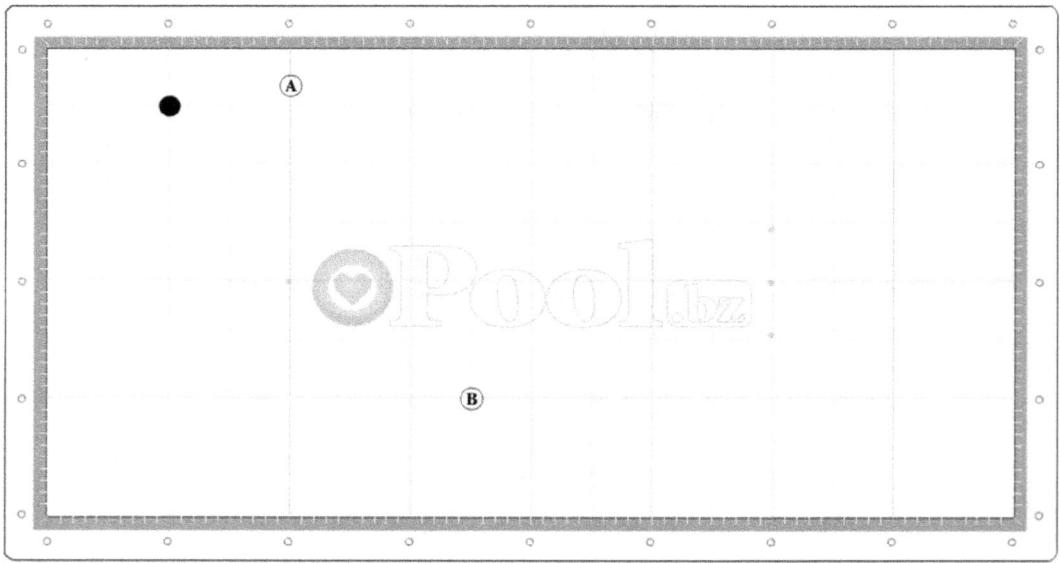

NOTASS:

GRUPO 5
Grupo 5, conjunto 1

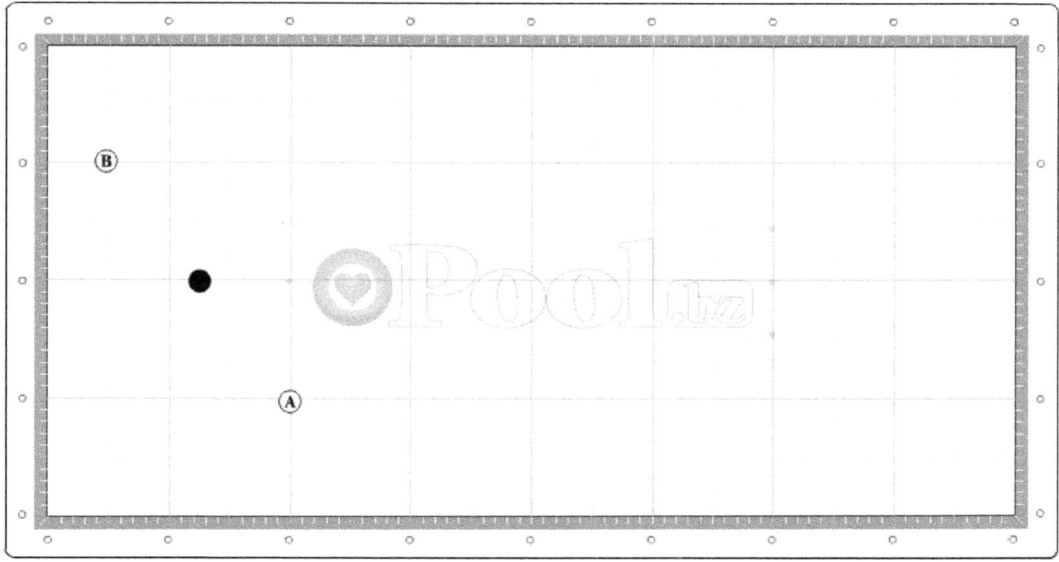

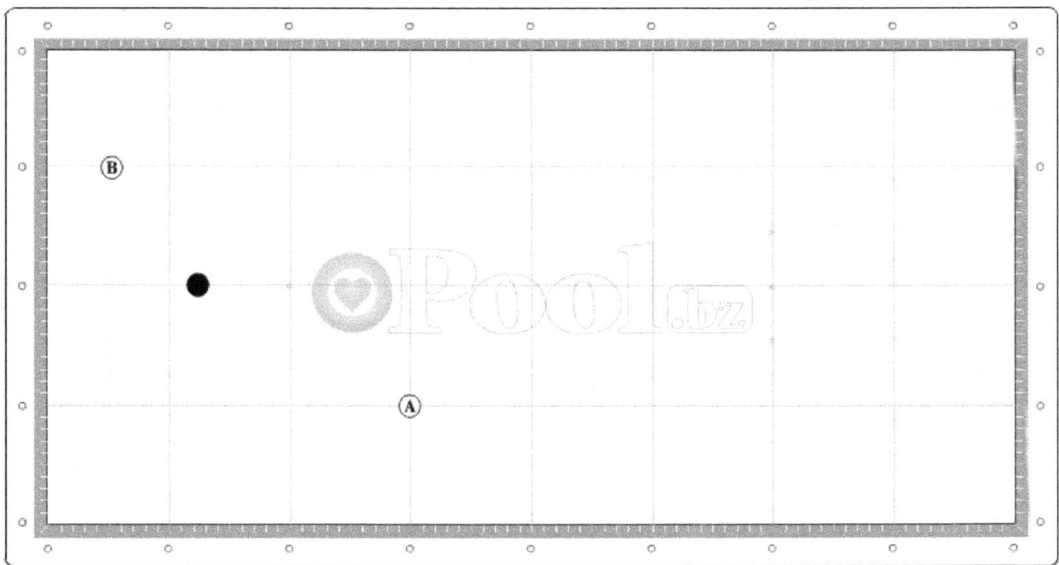

NOTASS:

Bilhar carambola: Alguns enigmas e quebra-cabeças

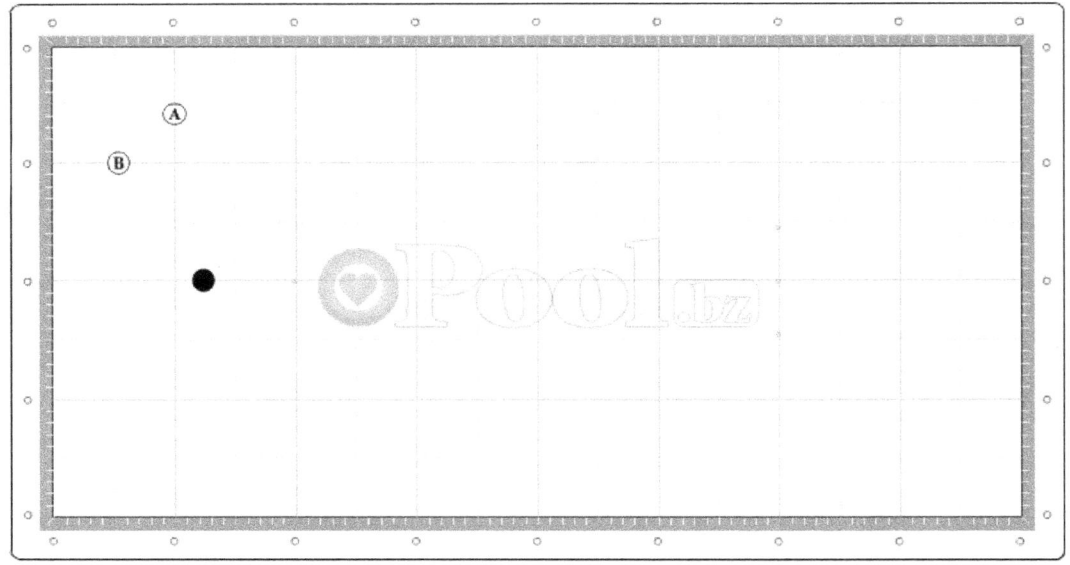

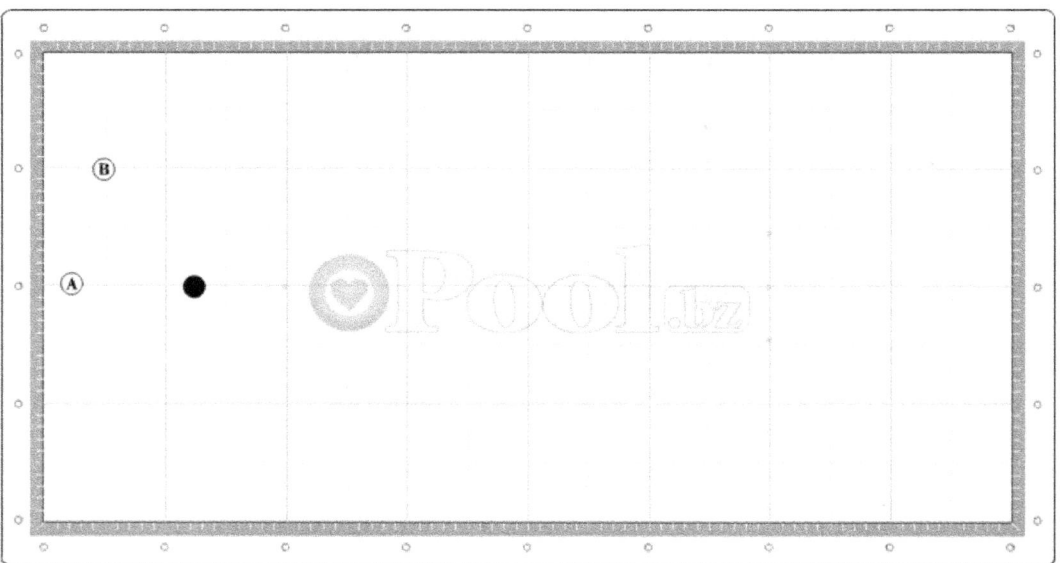

NOTASS:

Grupo 5, conjunto 2

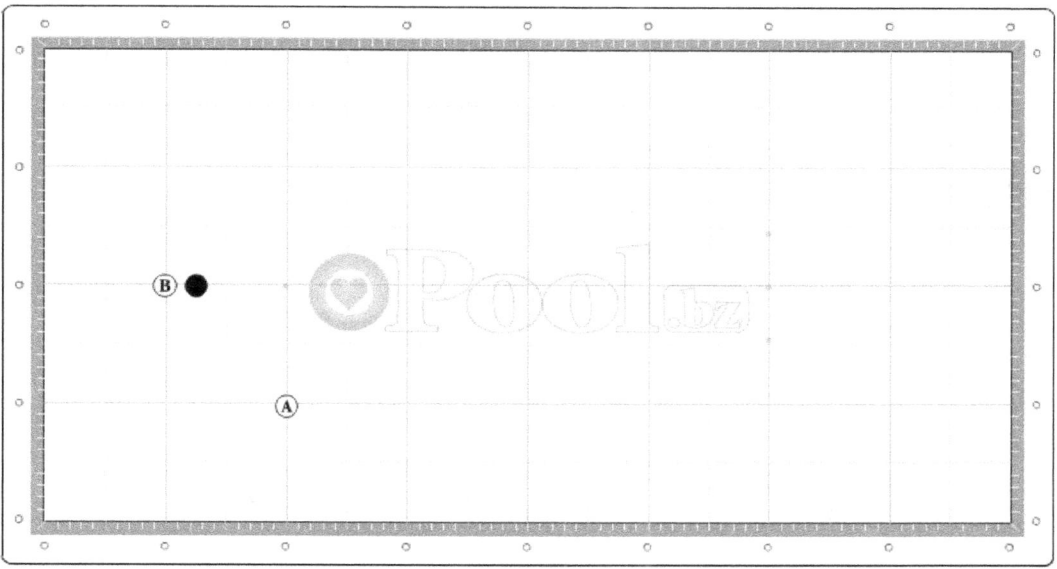

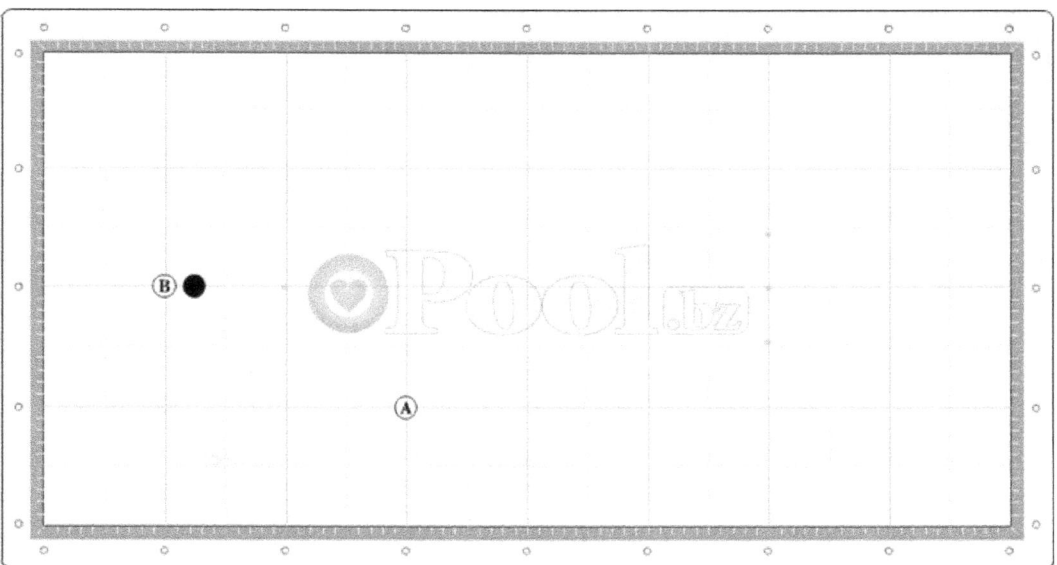

NOTASS:

Bilhar carambola: Alguns enigmas e quebra-cabeças

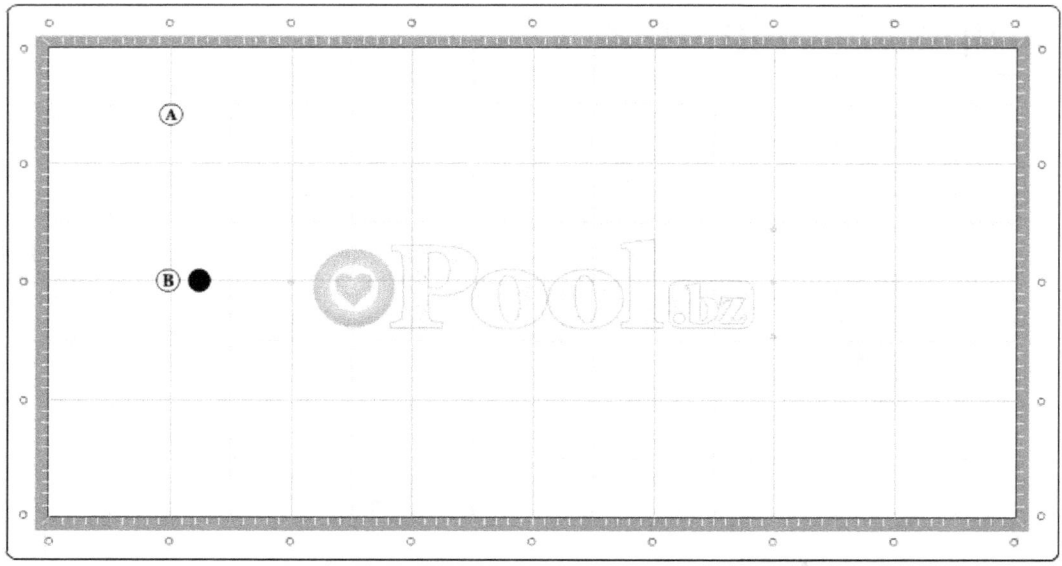

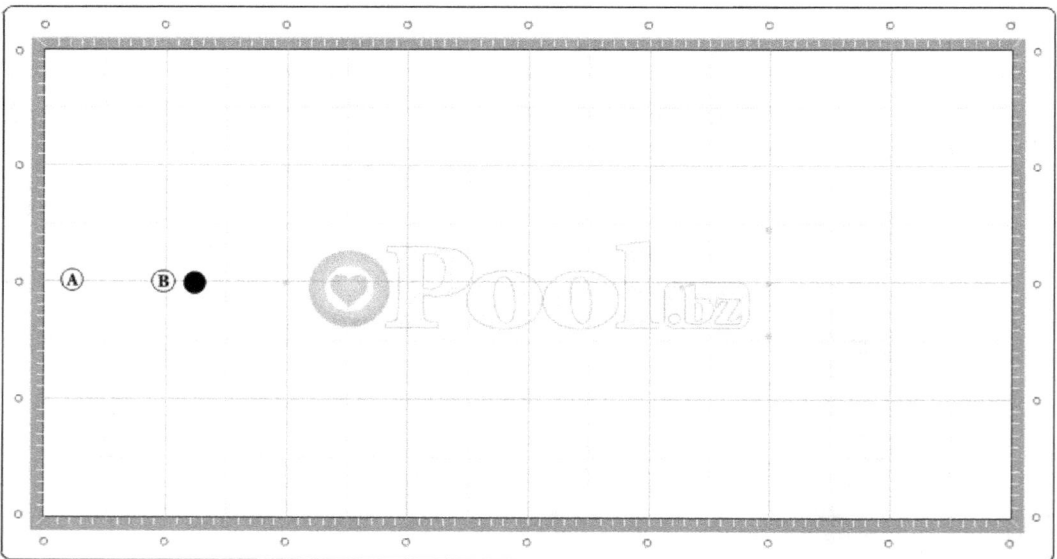

NOTASS:

Grupo 5, conjunto 3

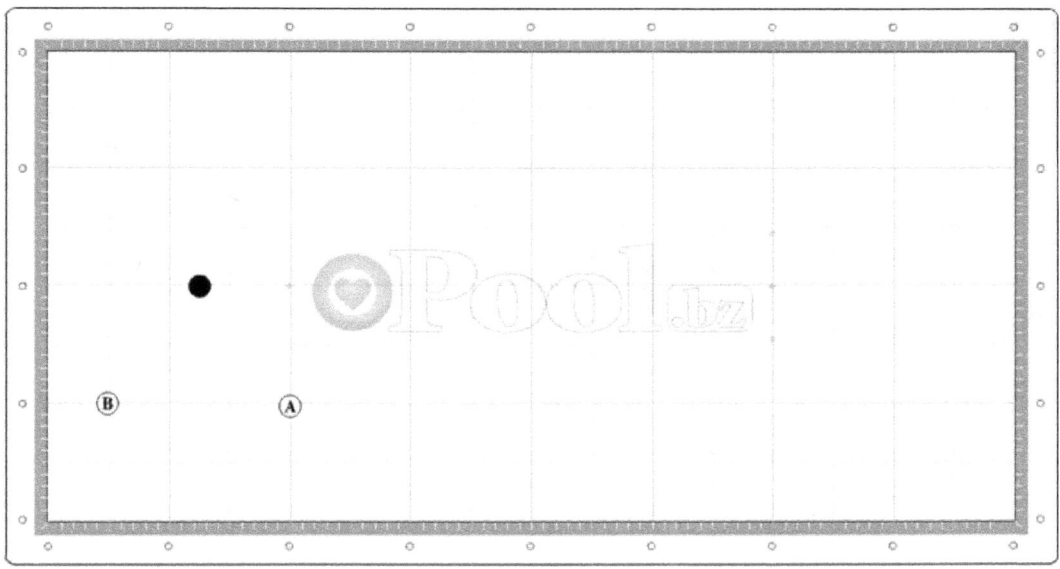

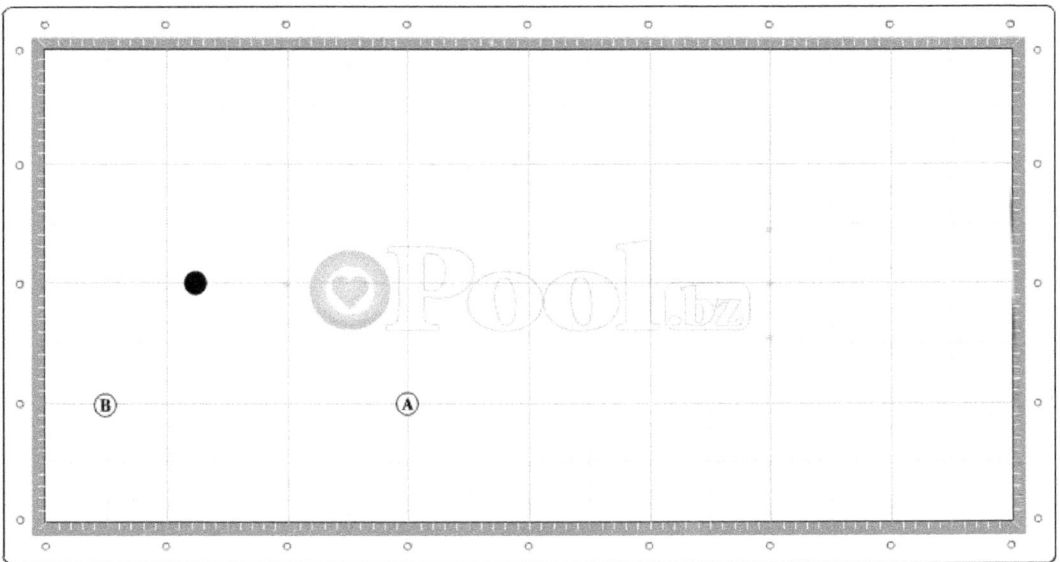

NOTASS:

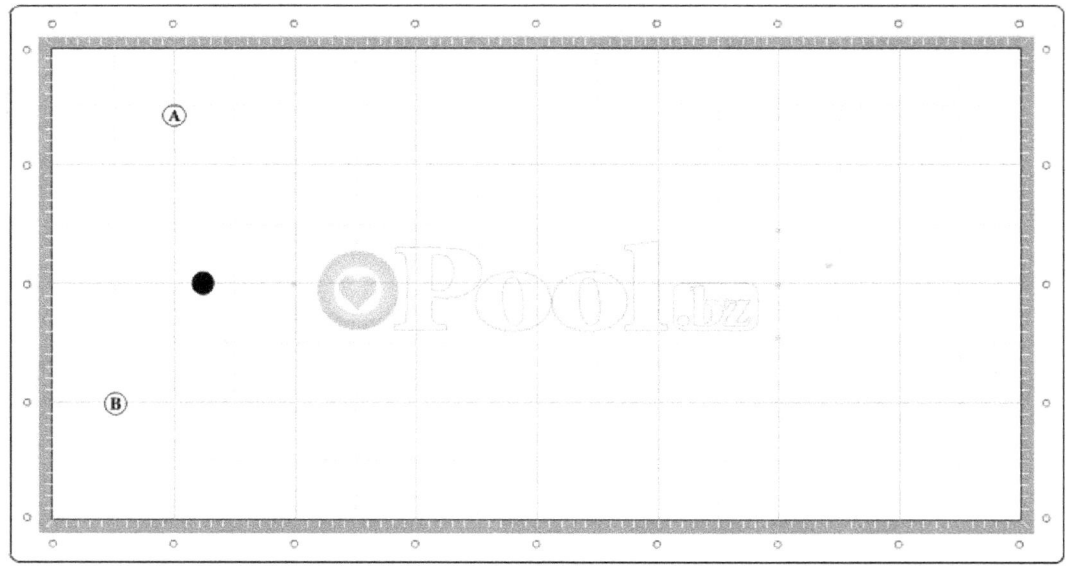

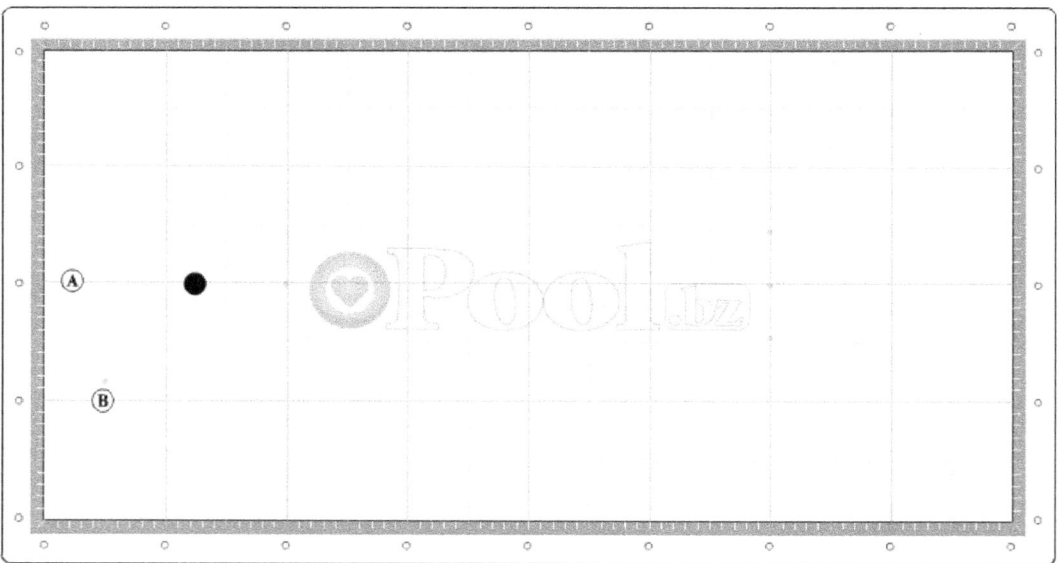

NOTAS:

Grupo 5, conjunto 4

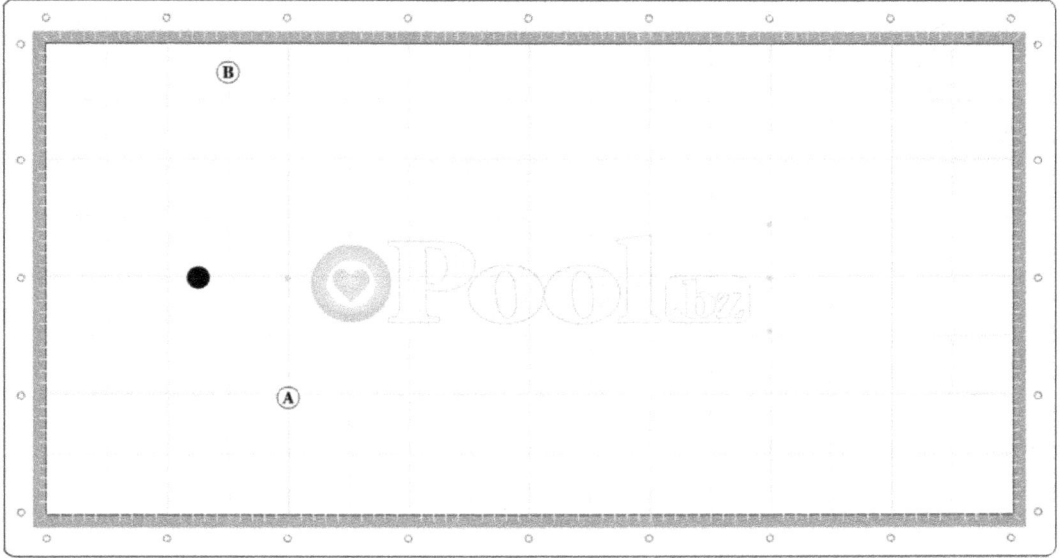

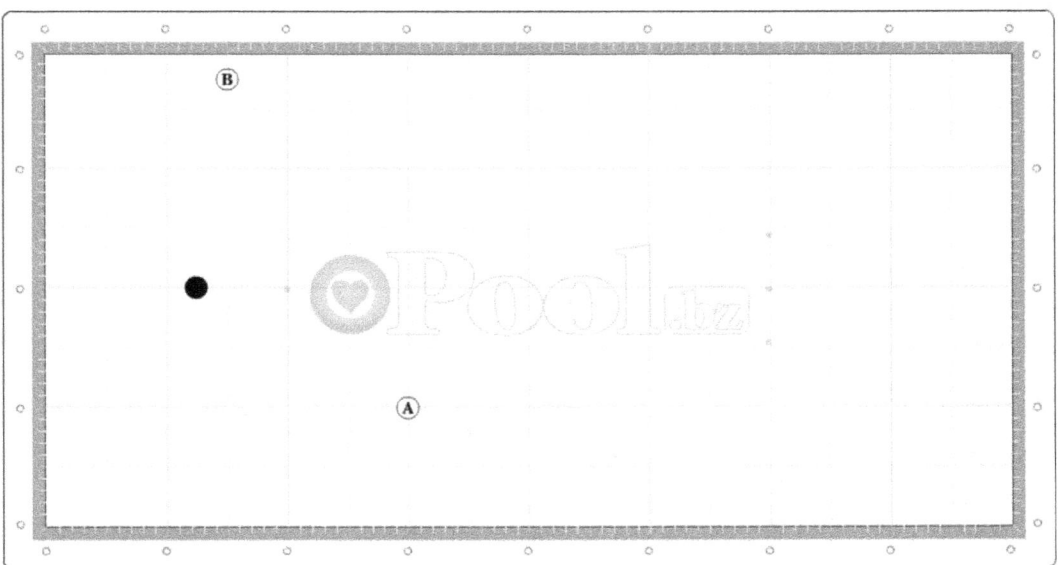

NOTASS:

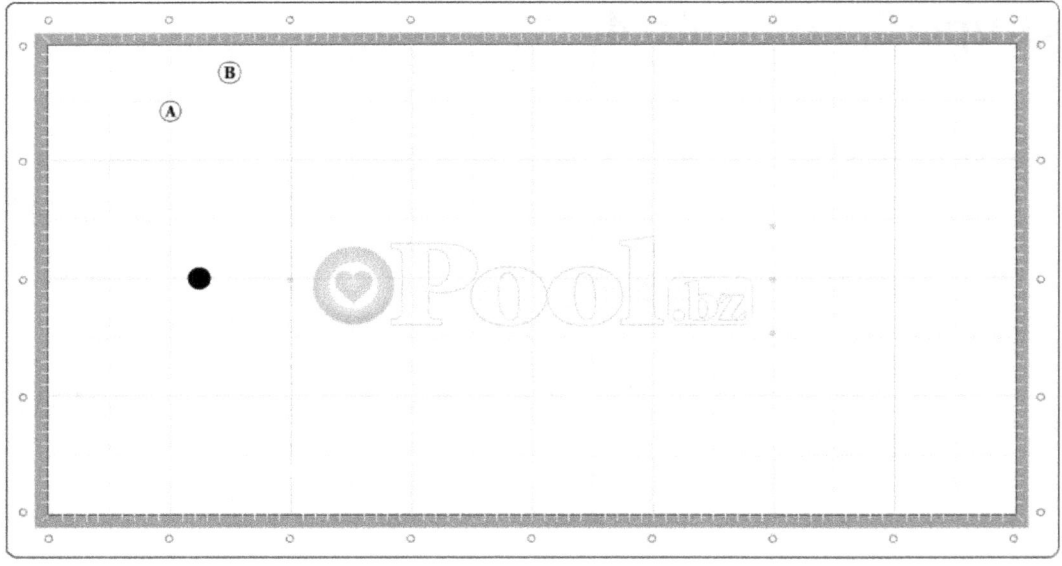

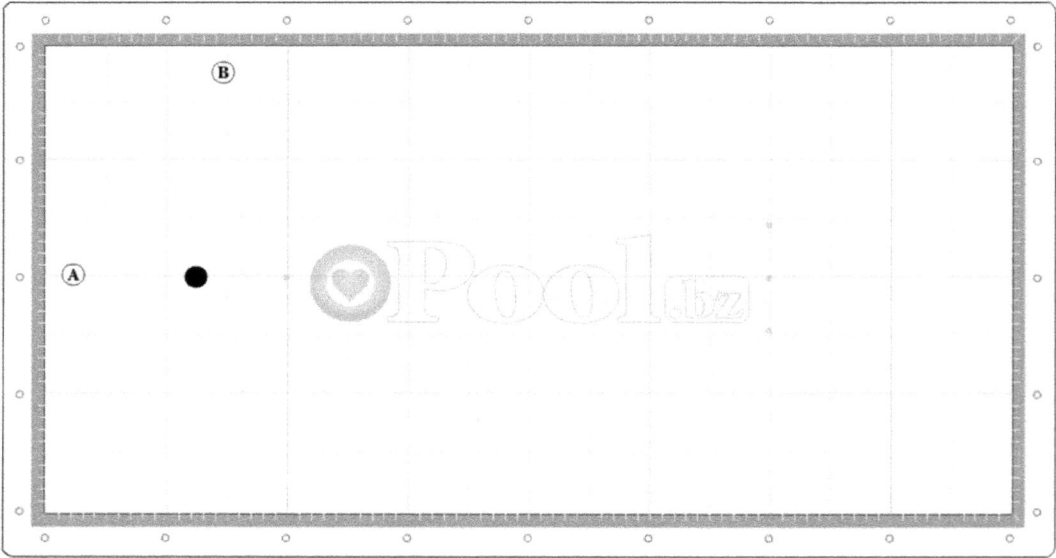

NOTASS:

Grupo 5, conjunto 5

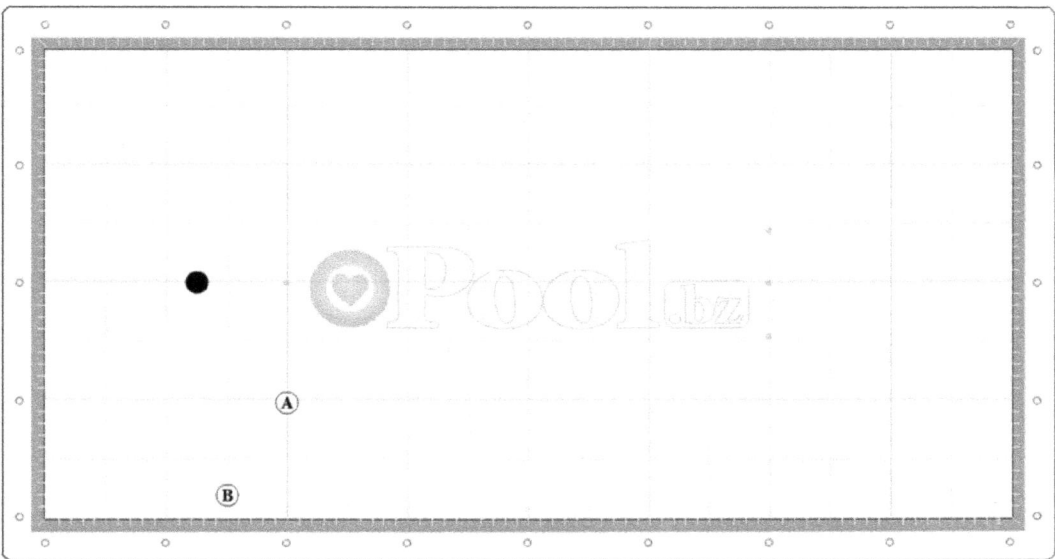

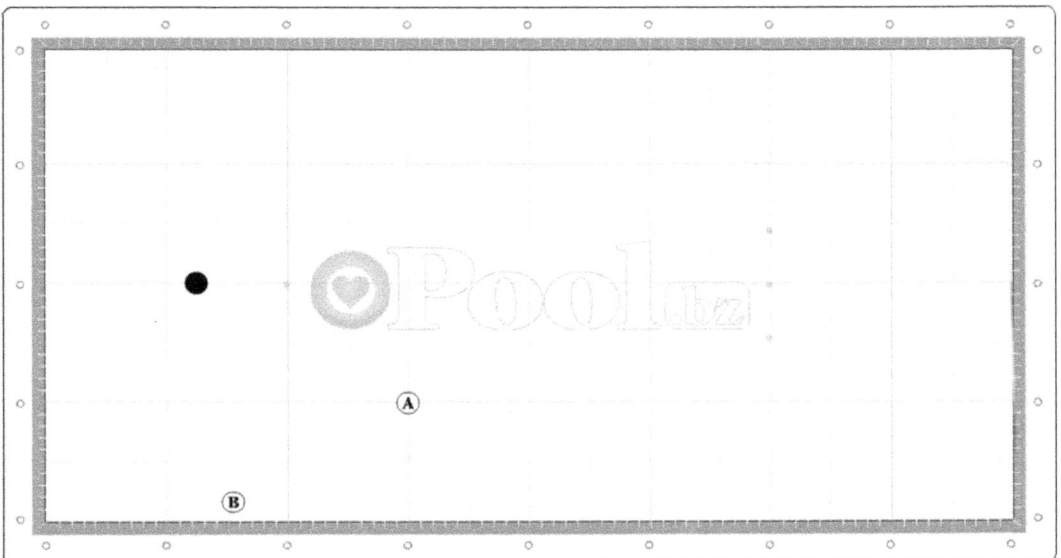

NOTASS:

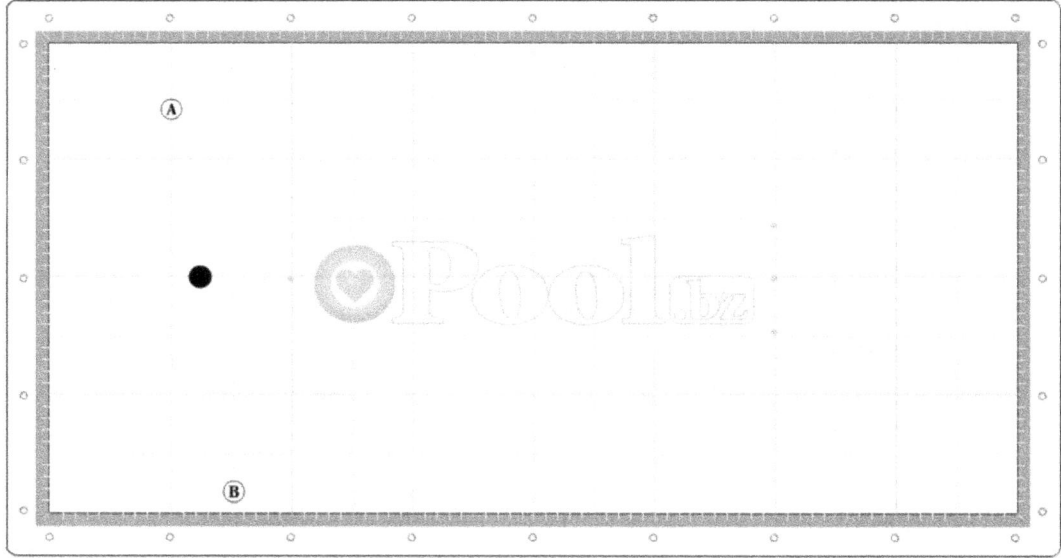

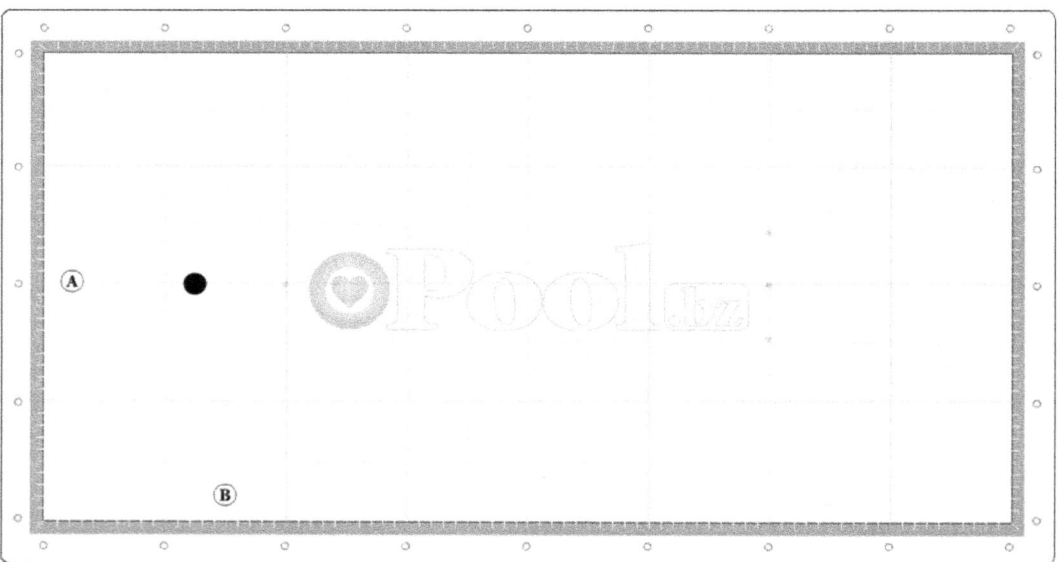

NOTASS:

Grupo 5, conjunto 6

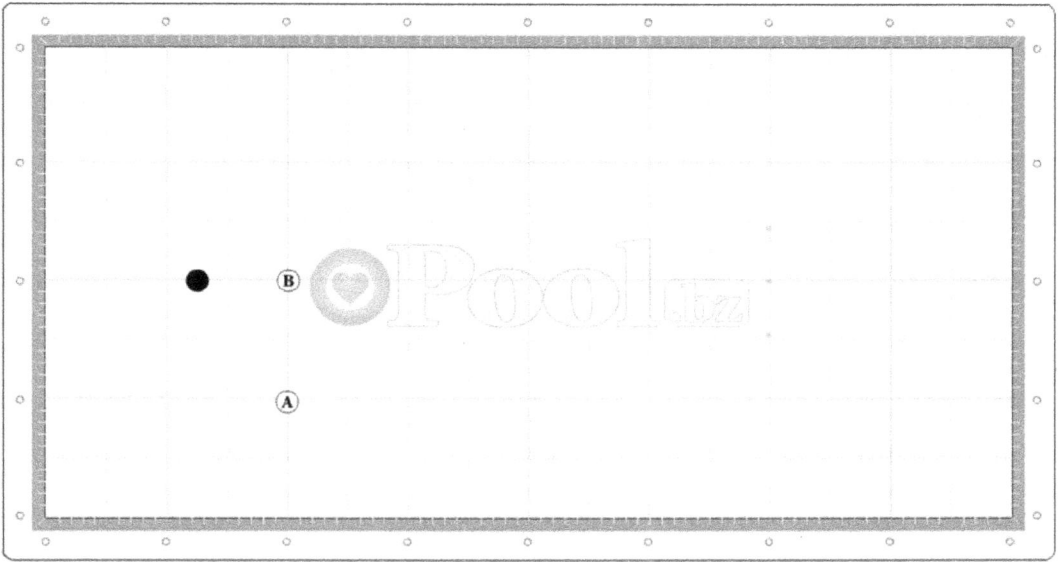

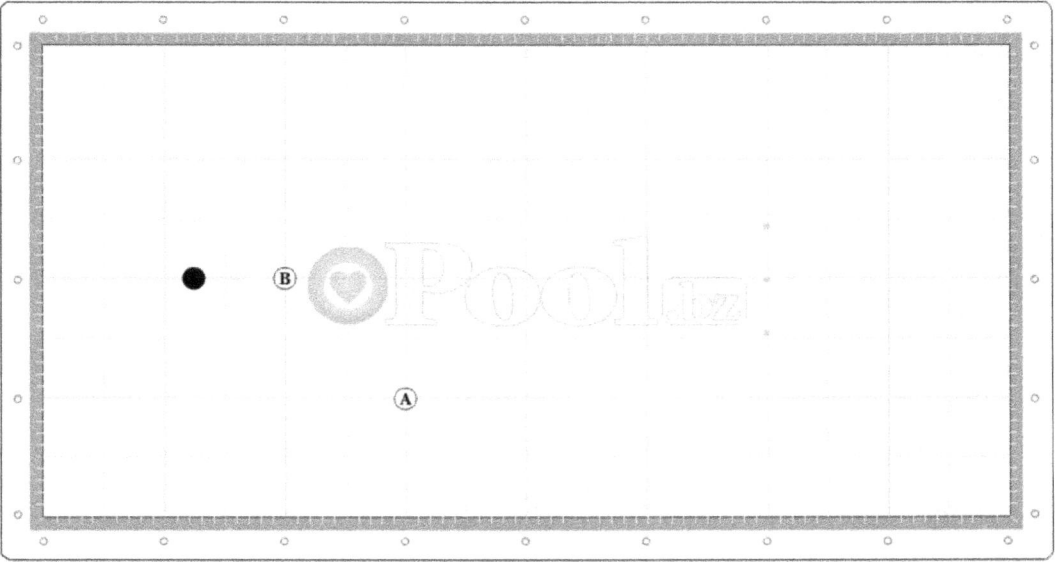

NOTASS:

Bilhar carambola: Alguns enigmas e quebra-cabeças

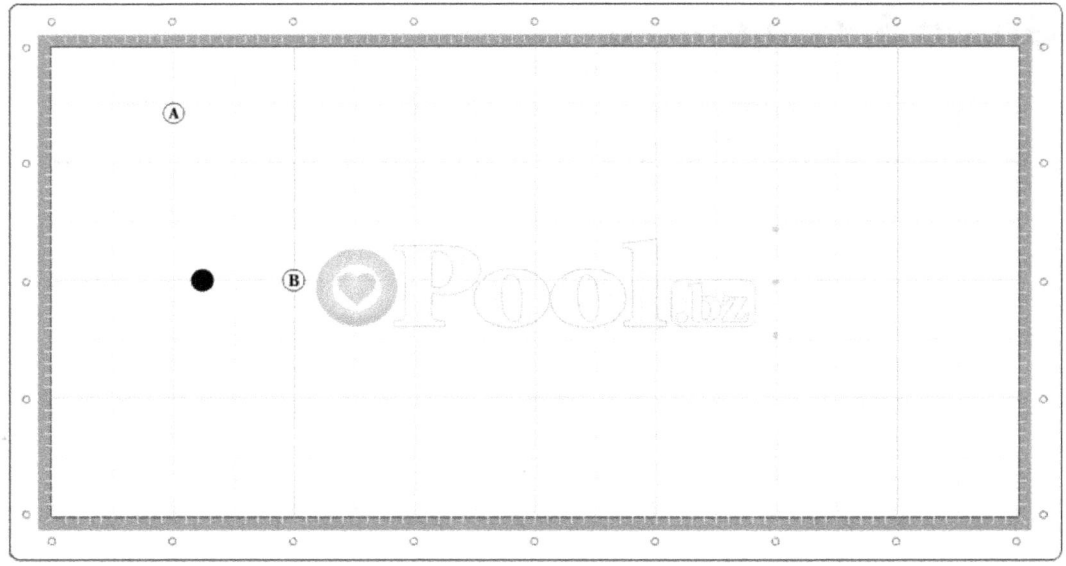

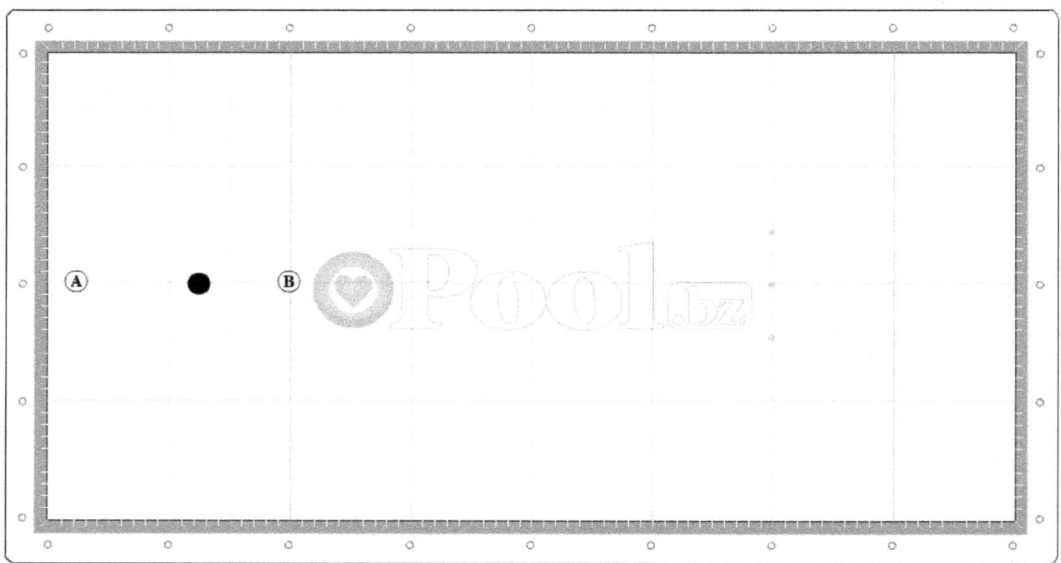

NOTASS:

Grupo 5, conjunto 7

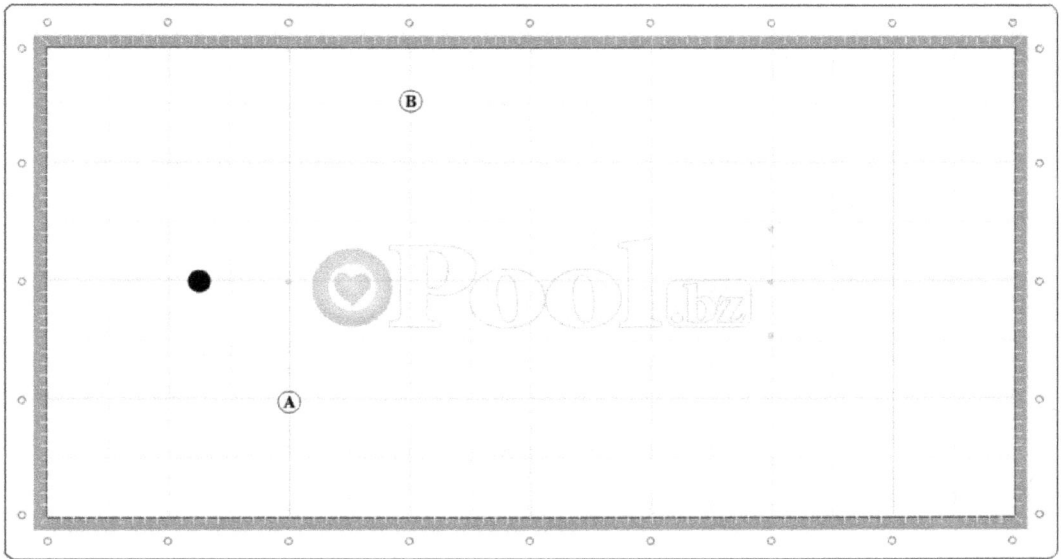

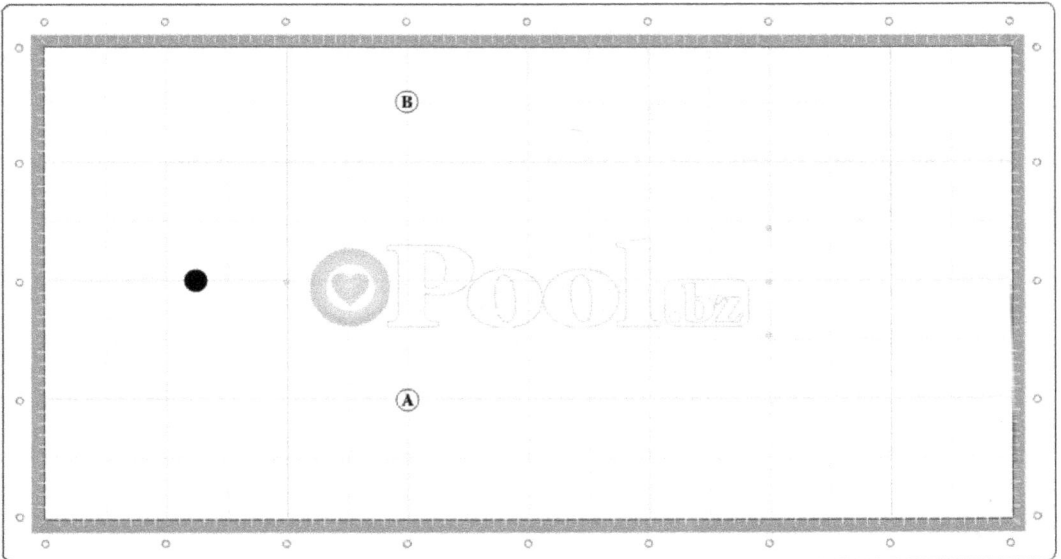

NOTASS:

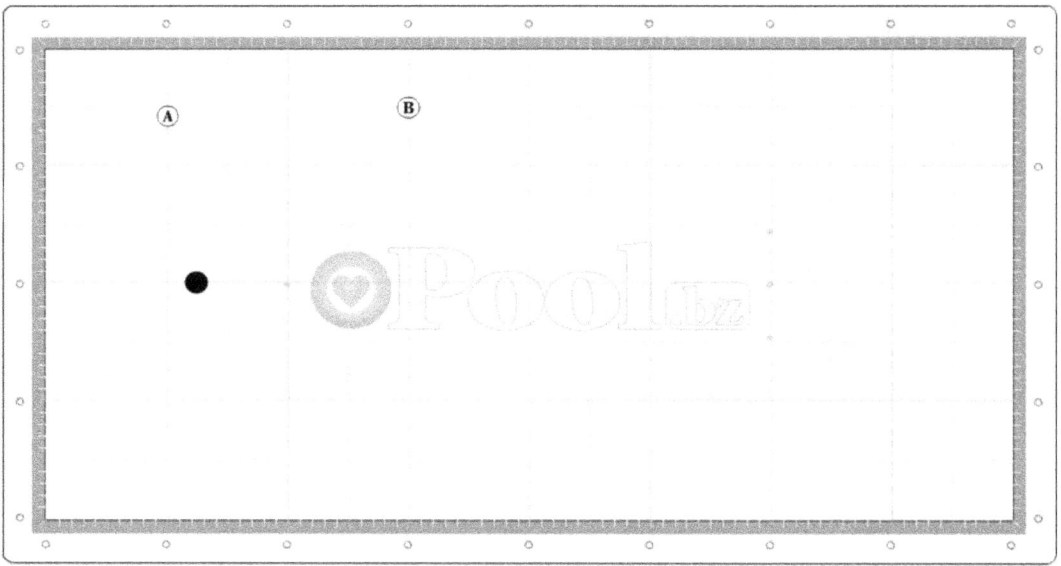

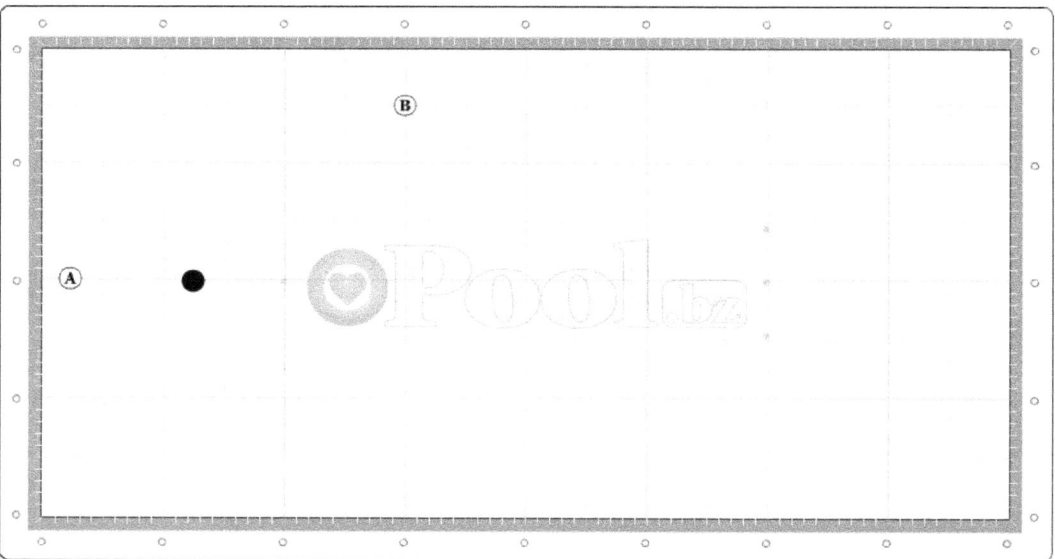

NOTASS:

Grupo 5, conjunto 8

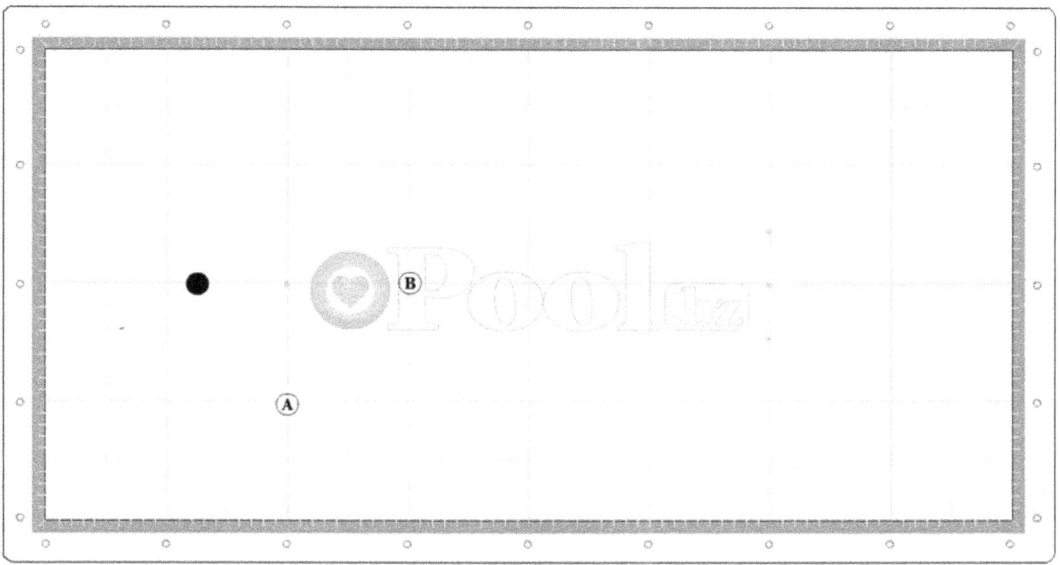

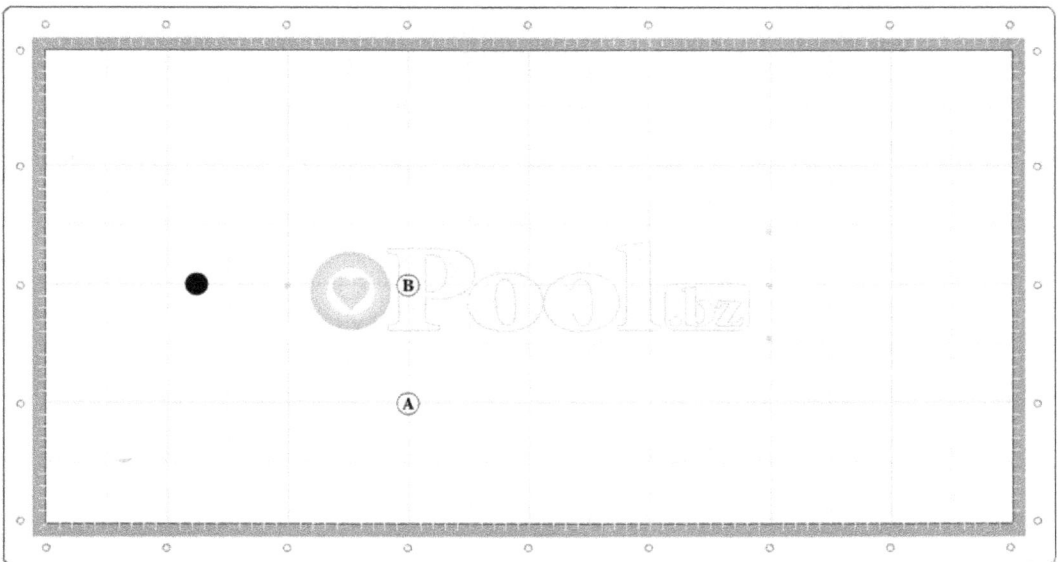

NOTASS:

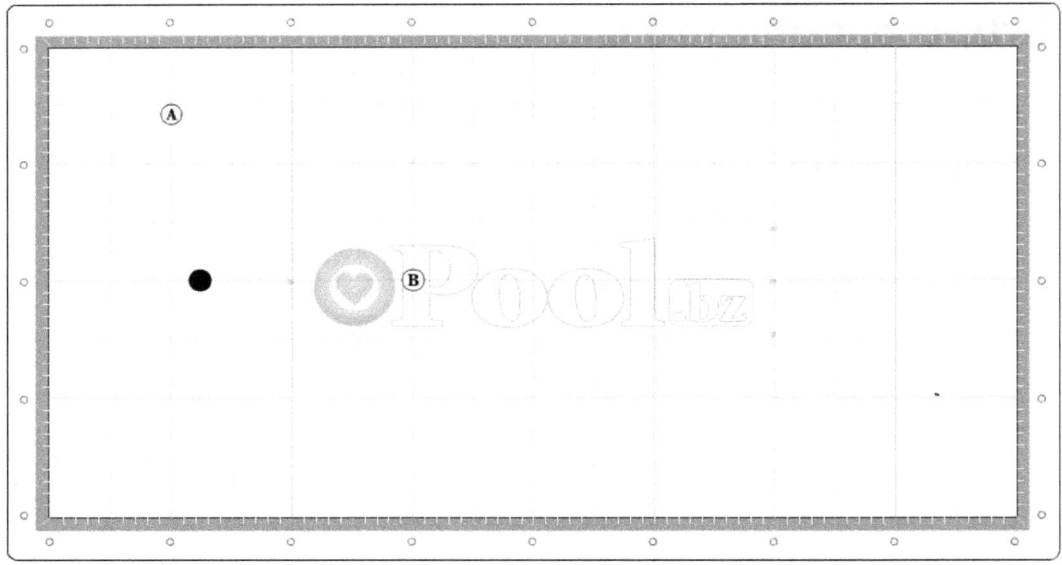

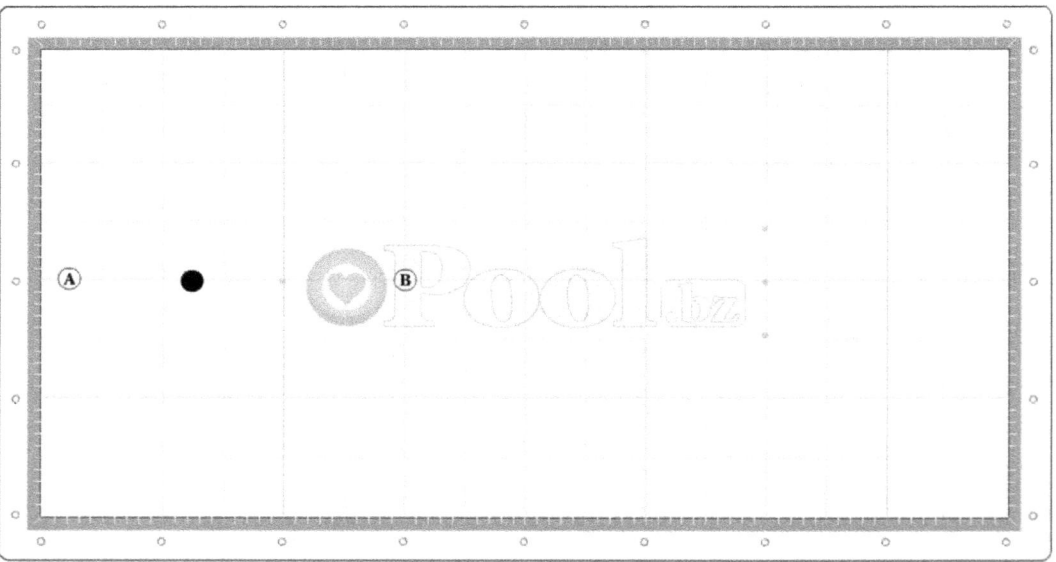

NOTASS:

Grupo 5, conjunto 9

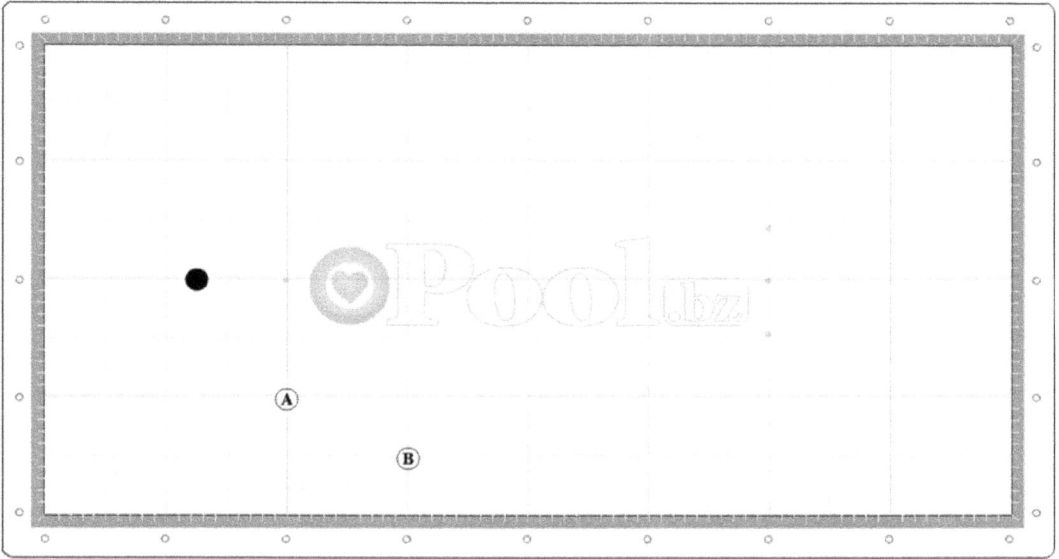

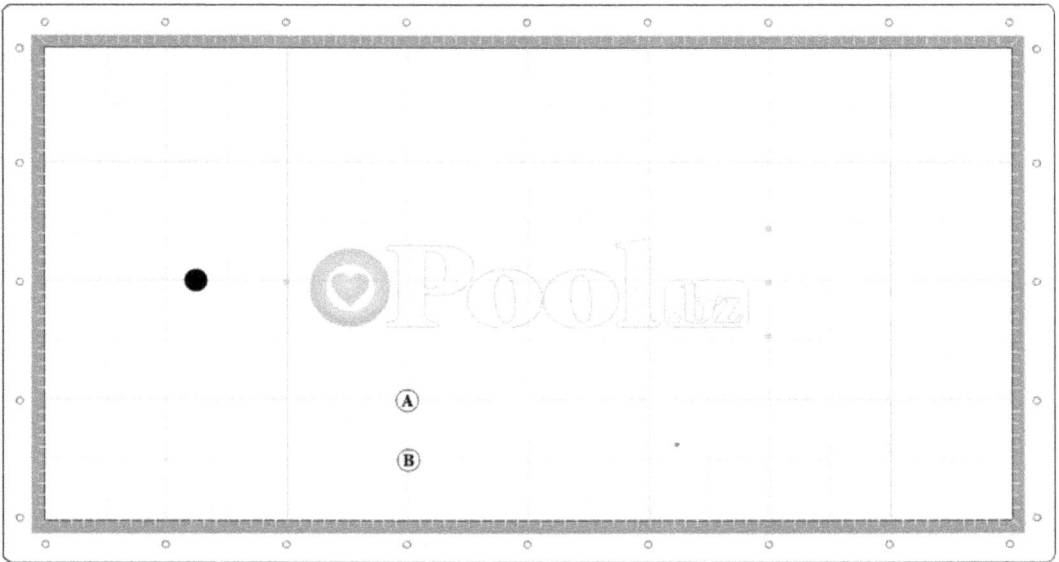

NOTASS:

Bilhar carambola: Alguns enigmas e quebra-cabeças

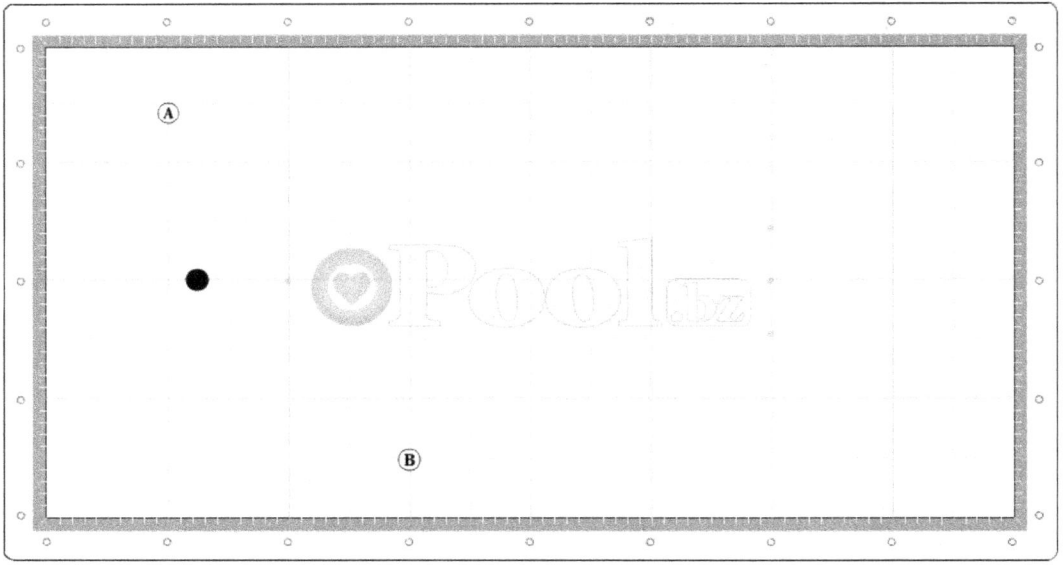

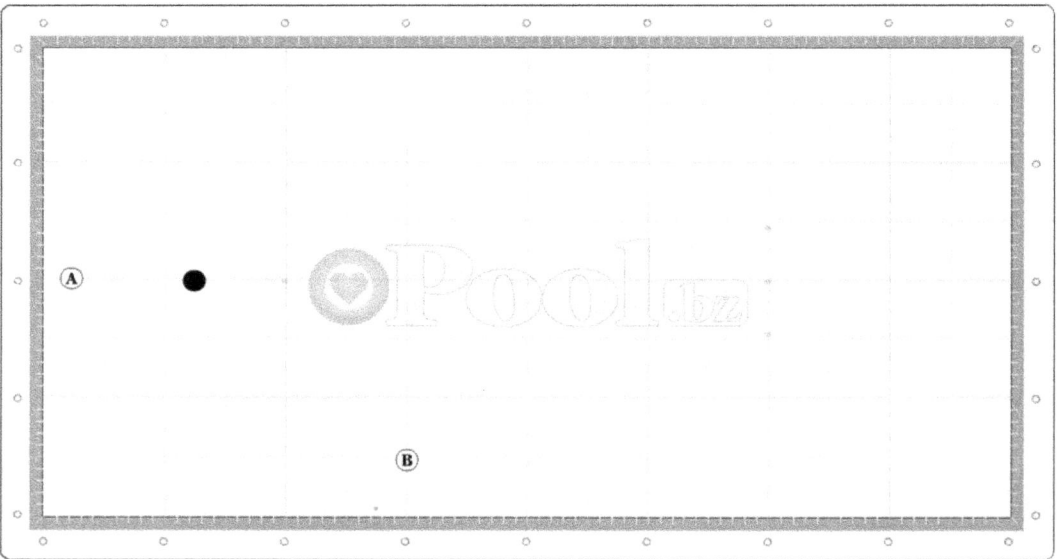

NOTASS:

Grupo 5, conjunto 10

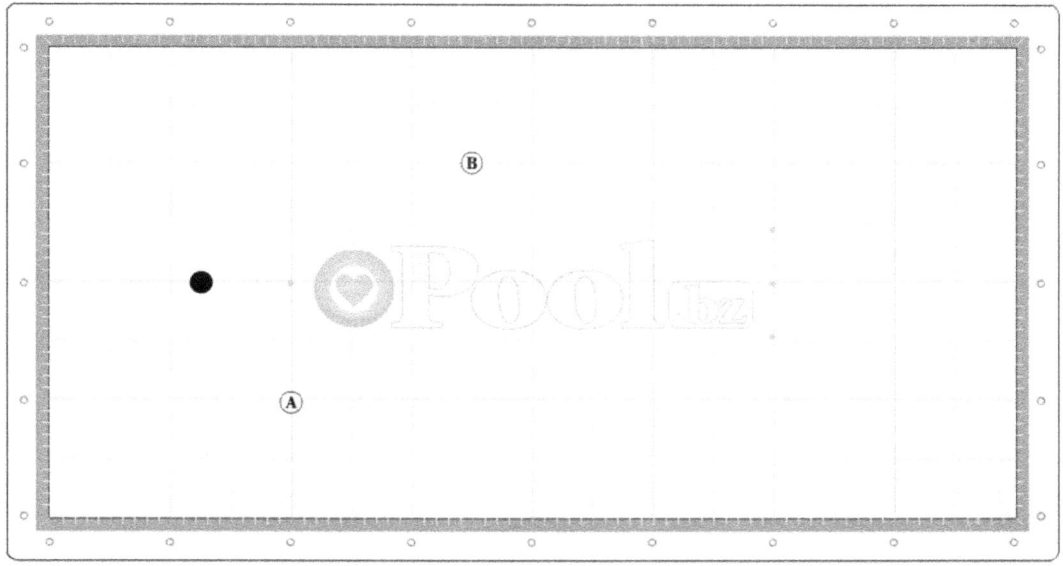

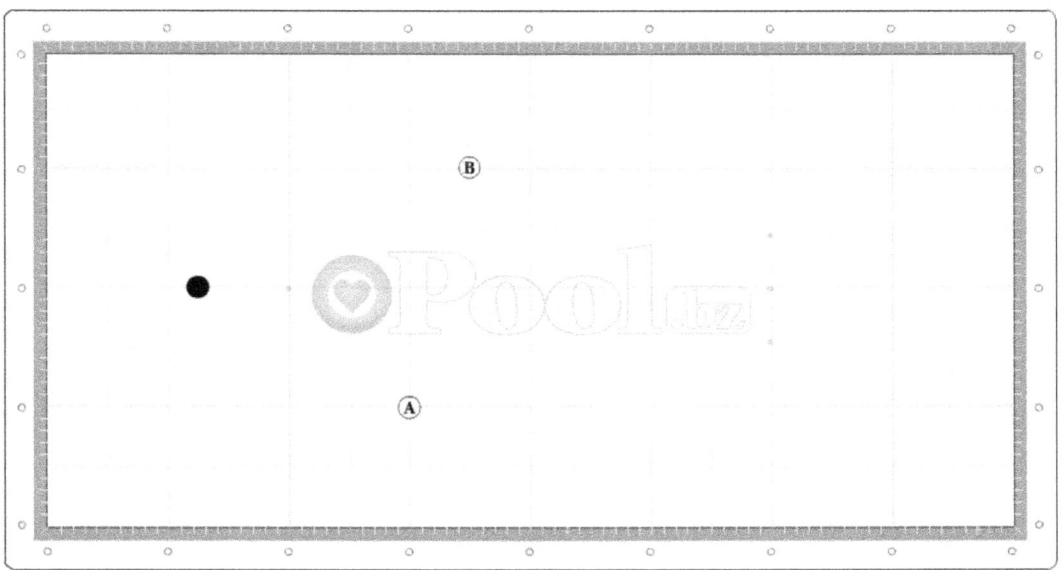

NOTASS:

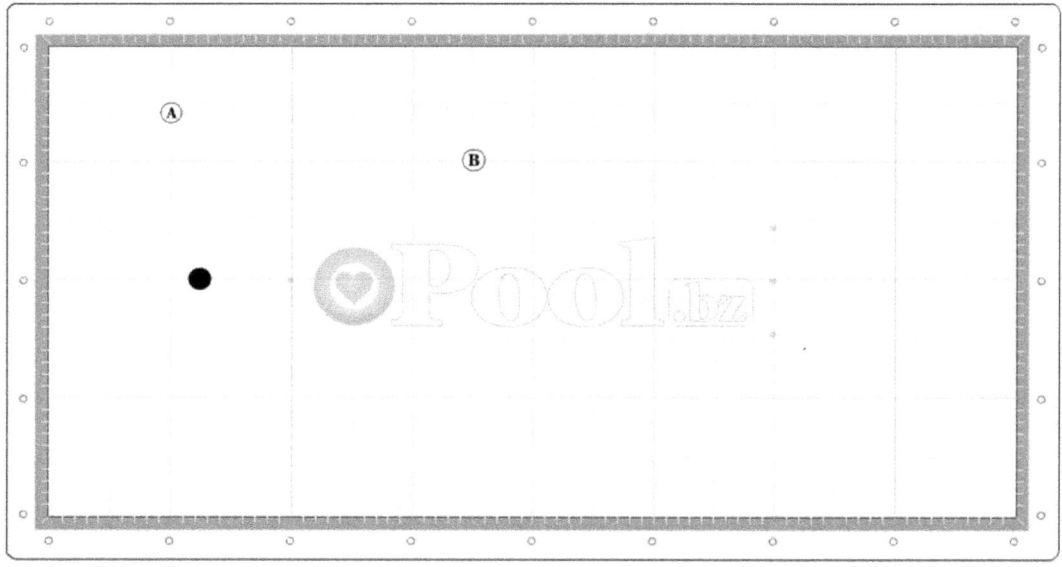

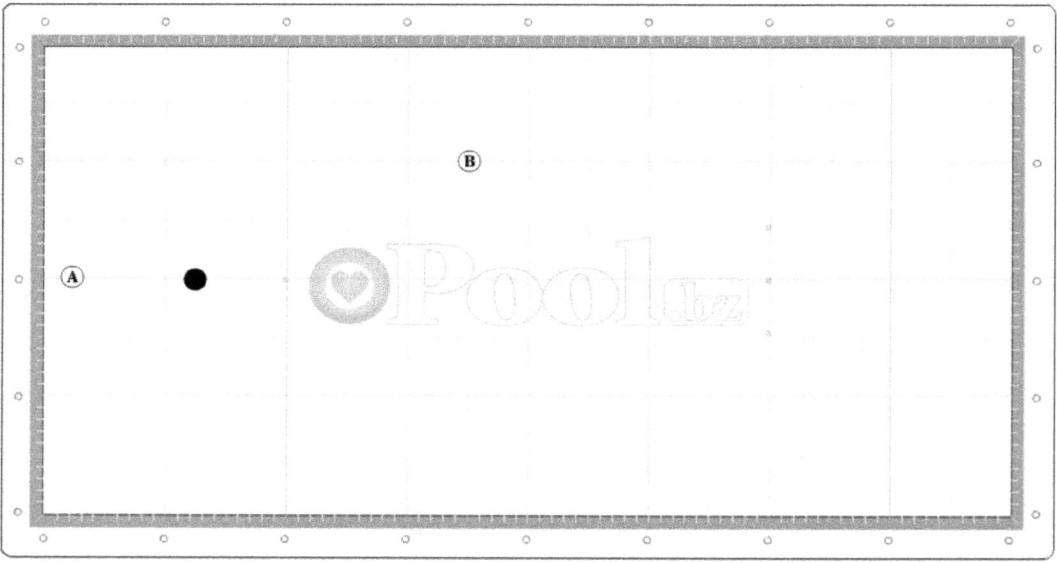

NOTASS:

Grupo 5, conjunto 11

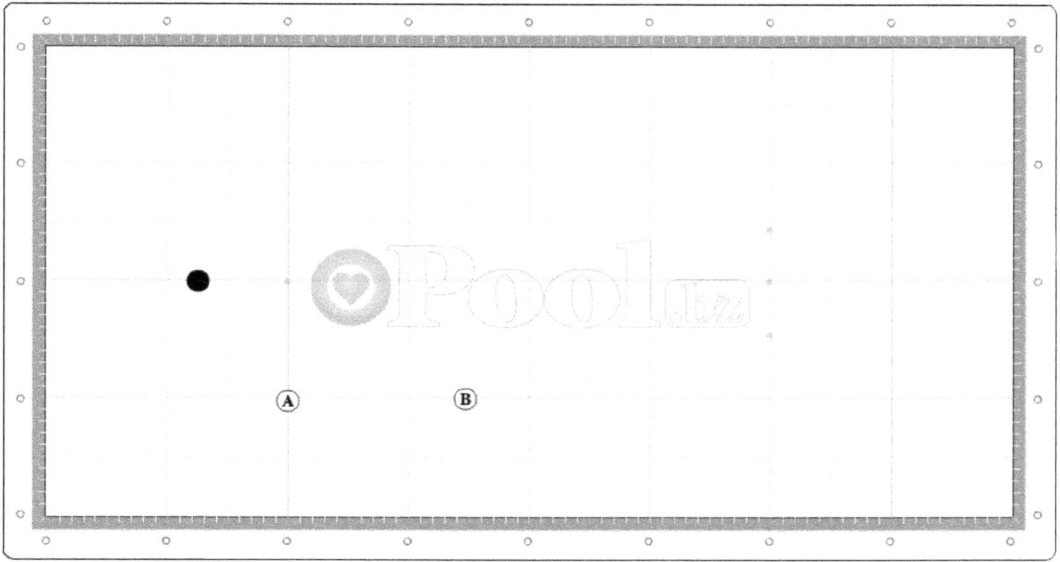

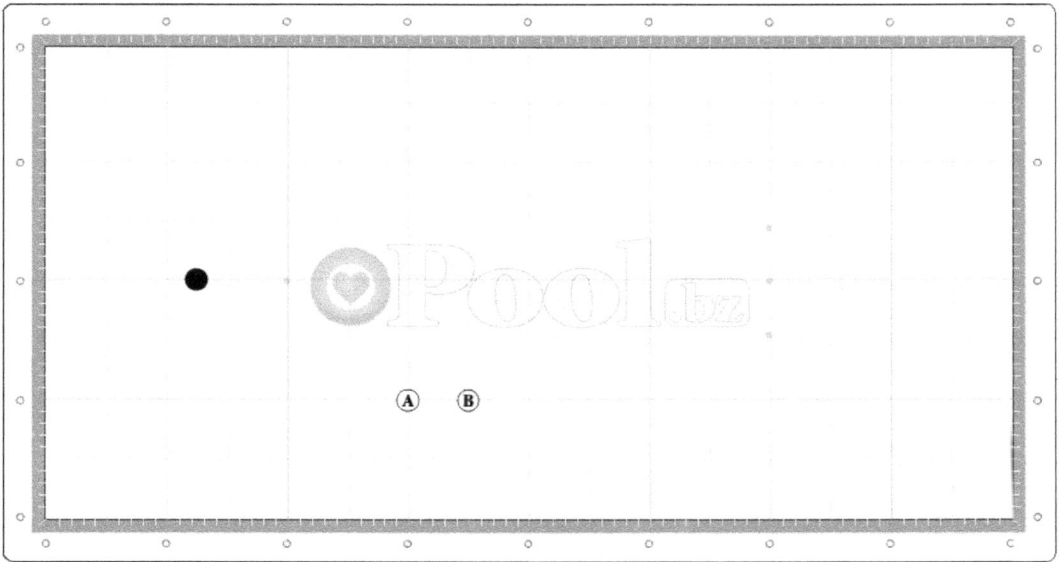

NOTASS:

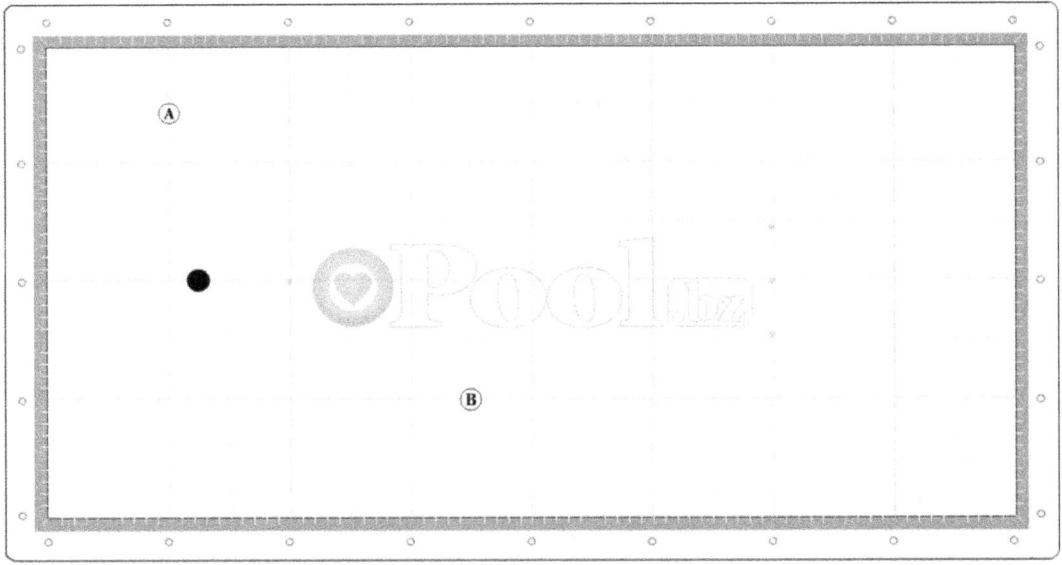

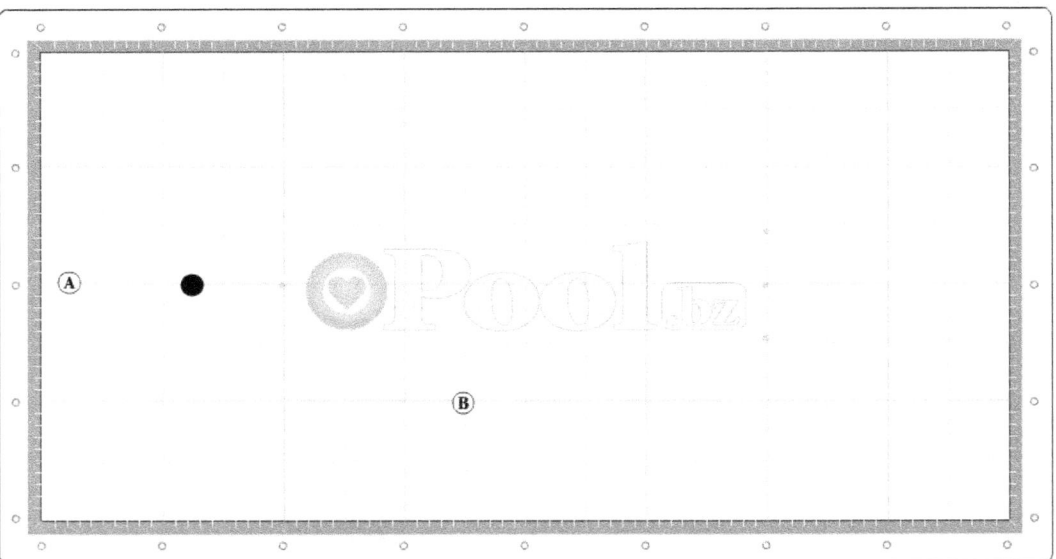

NOTASS:

GRUPO 6
Grupo 6, conjunto 1

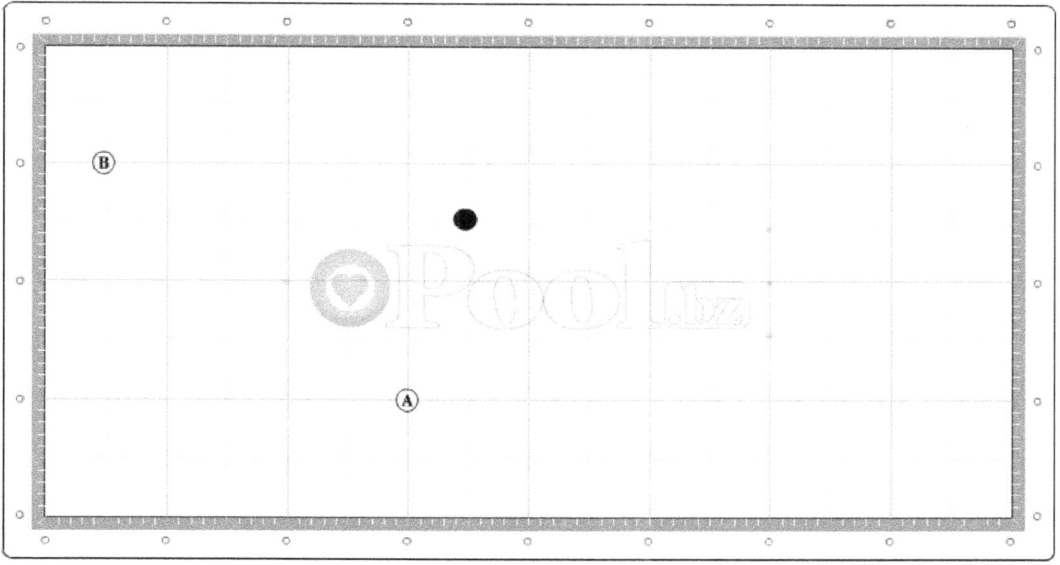

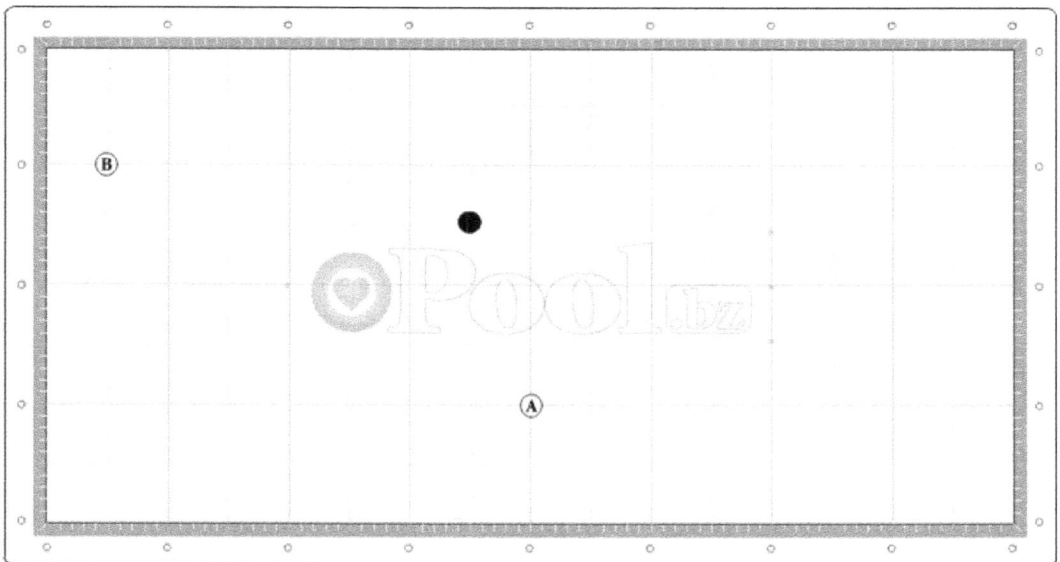

NOTASS:

(Na frente deste livro, há 4 soluções de amostra desse layout.)

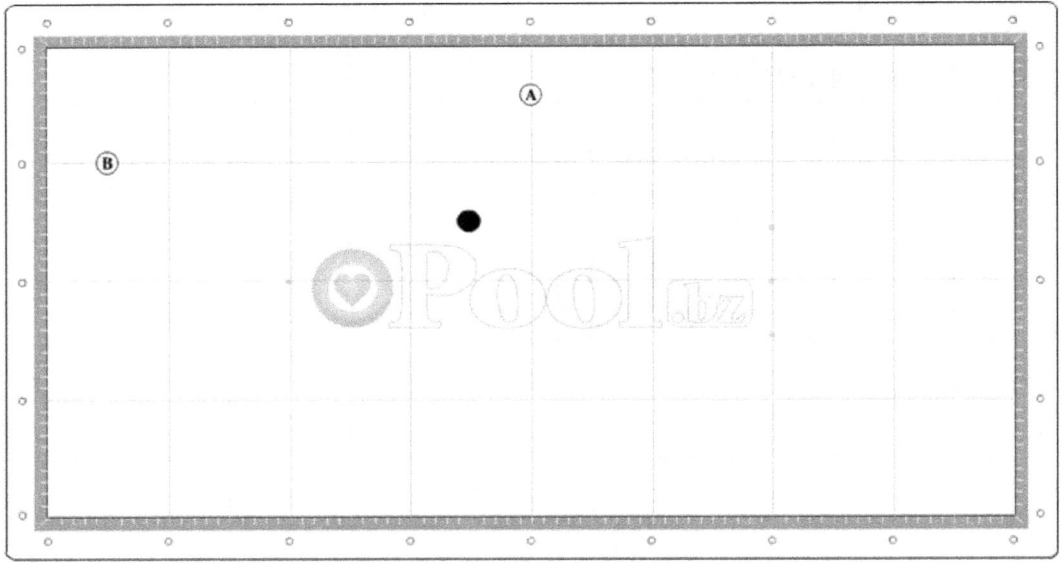

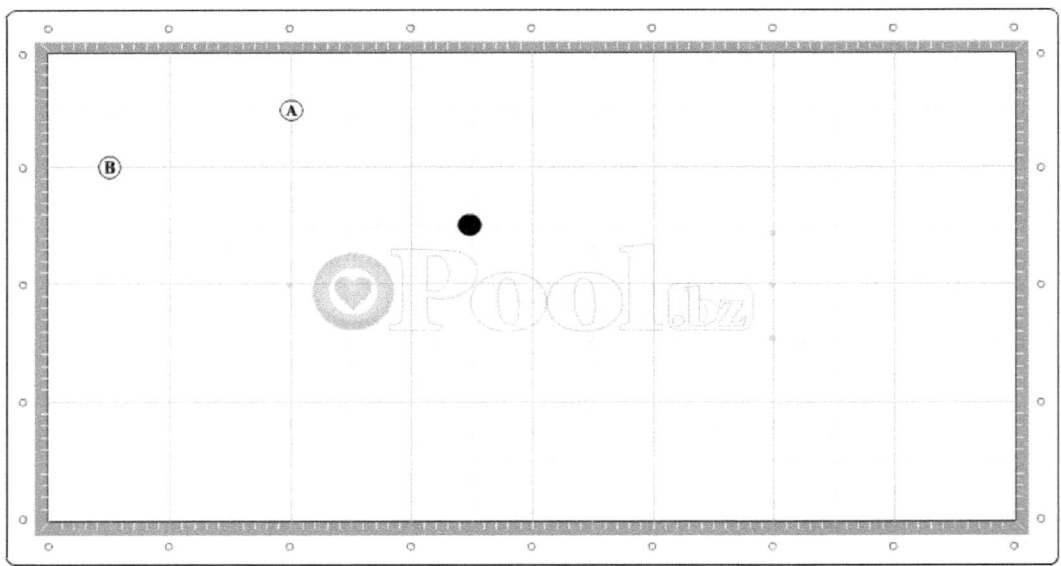

NOTASS:

Grupo 6, conjunto 2

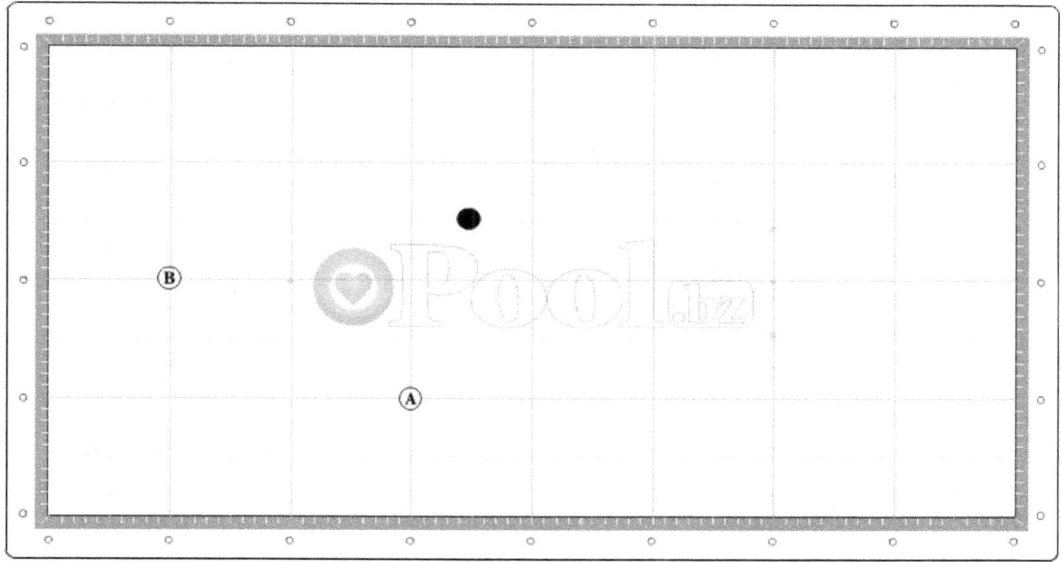

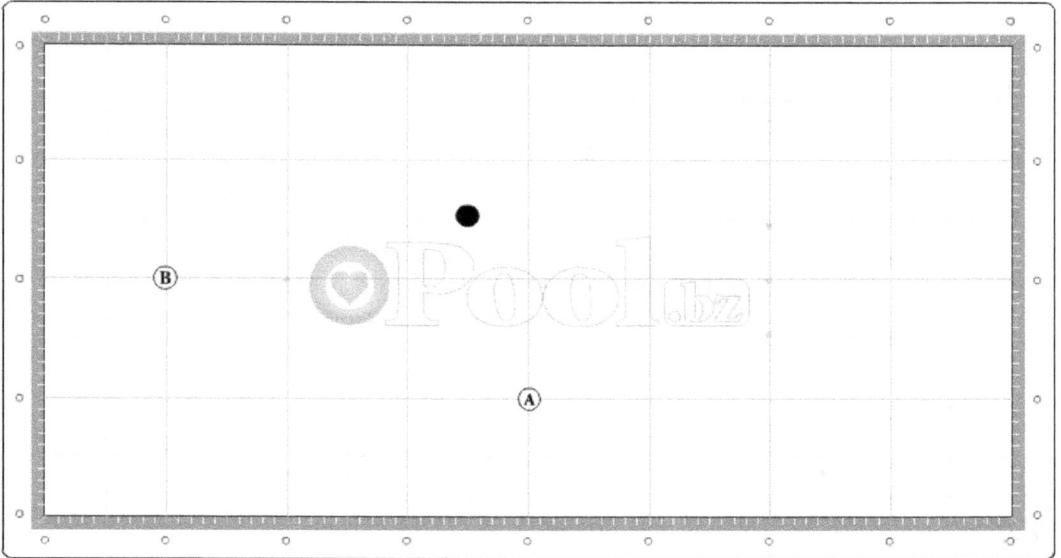

NOTASS:

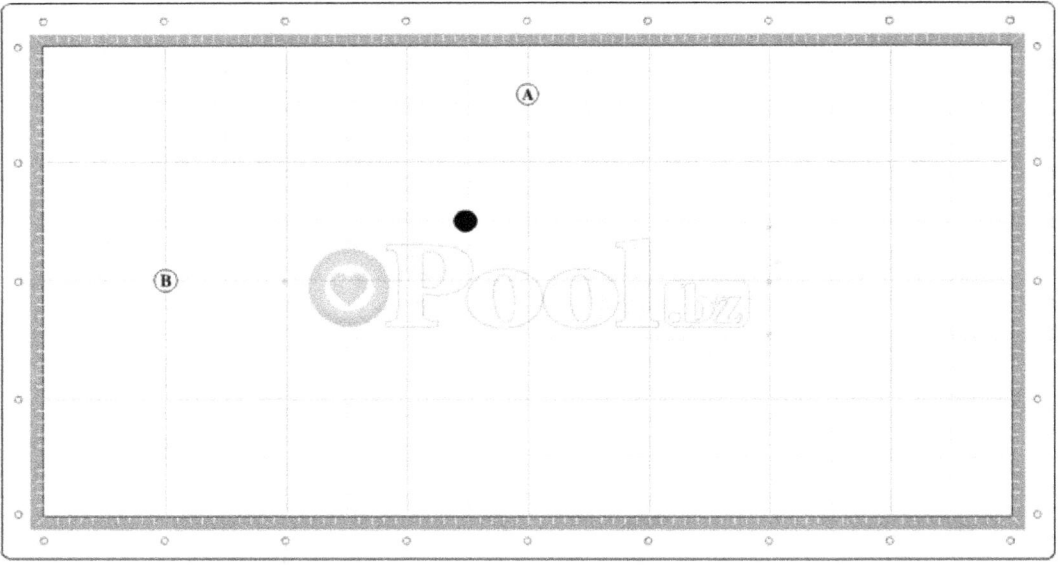

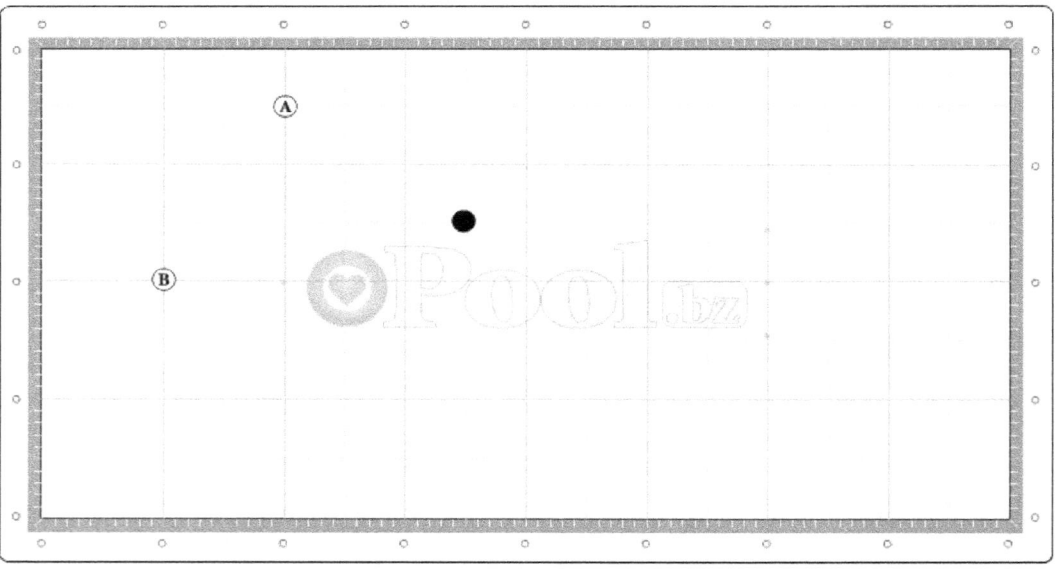

NOTASS:

Grupo 6, conjunto 3

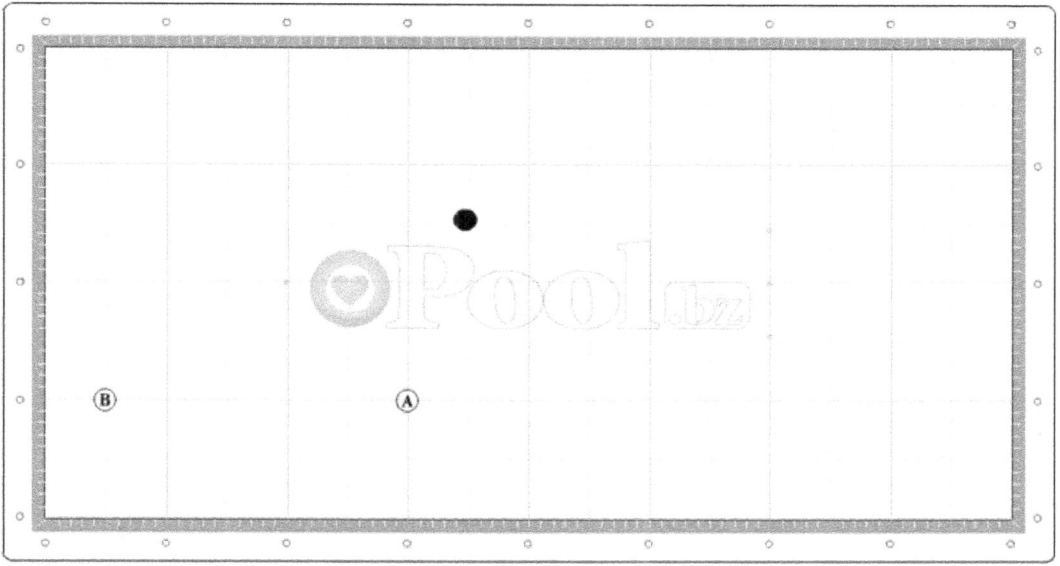

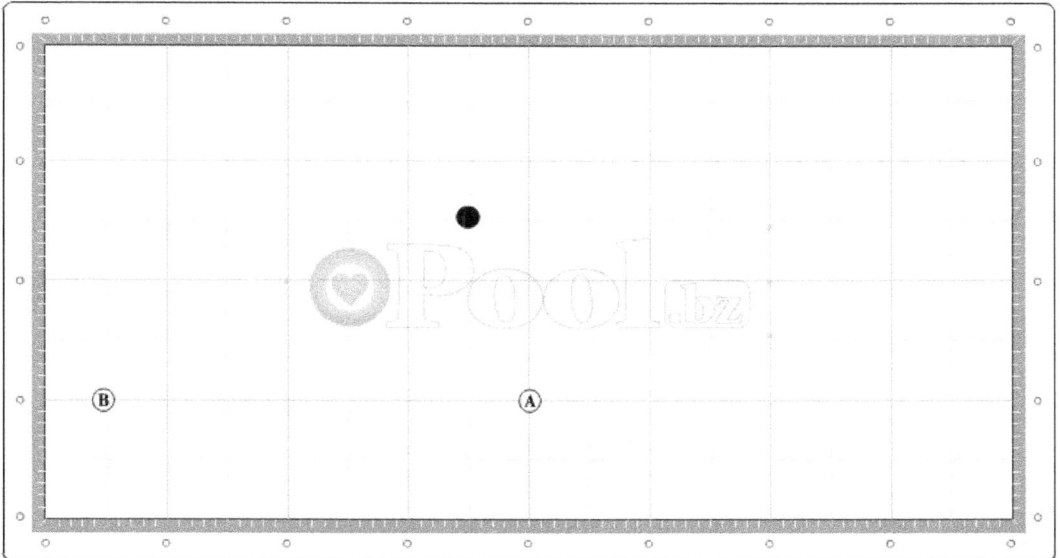

NOTASS:

Bilhar carambola: Alguns enigmas e quebra-cabeças

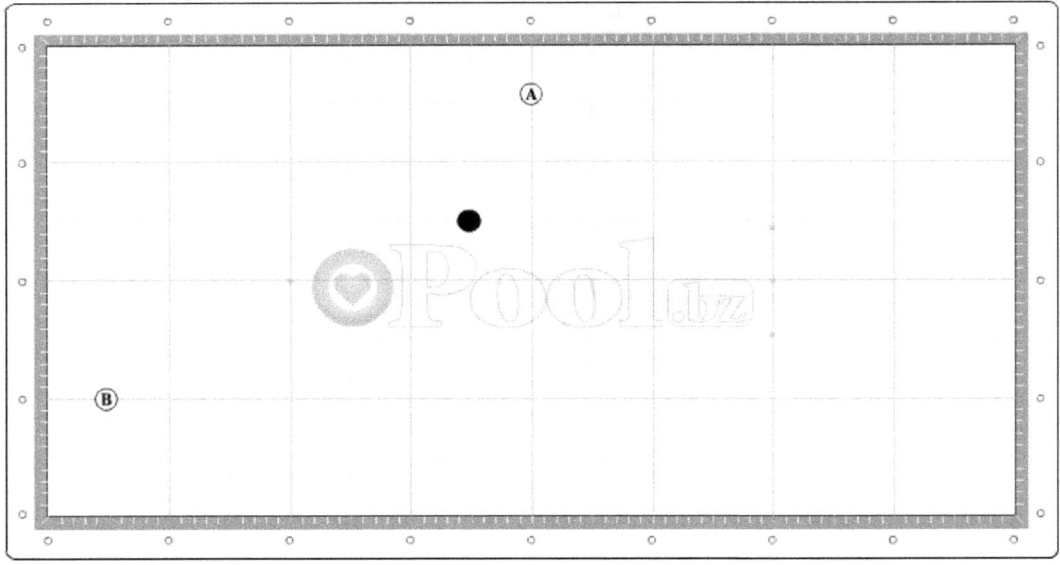

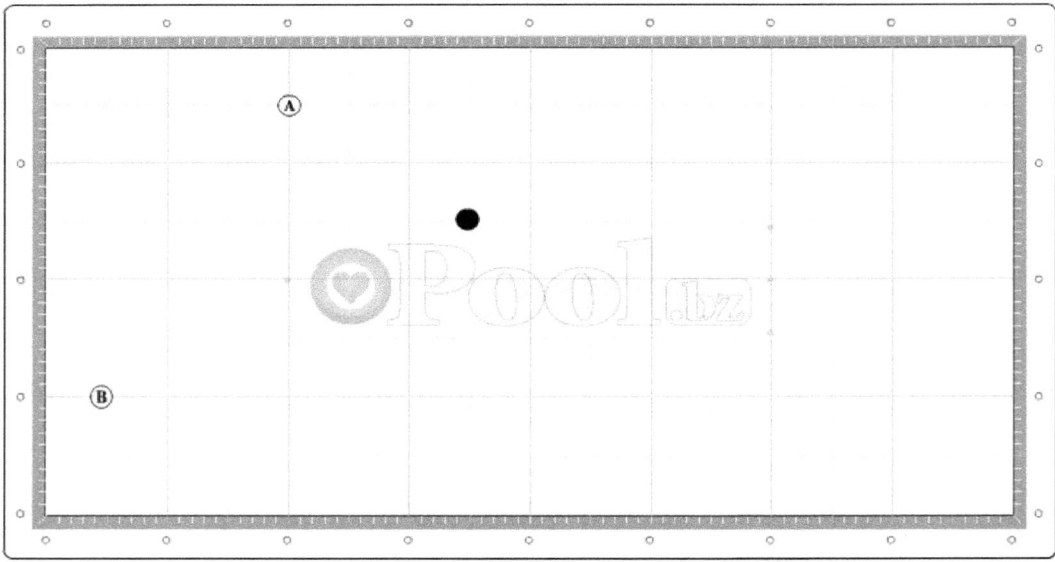

NOTASS:

Grupo 6, conjunto 4

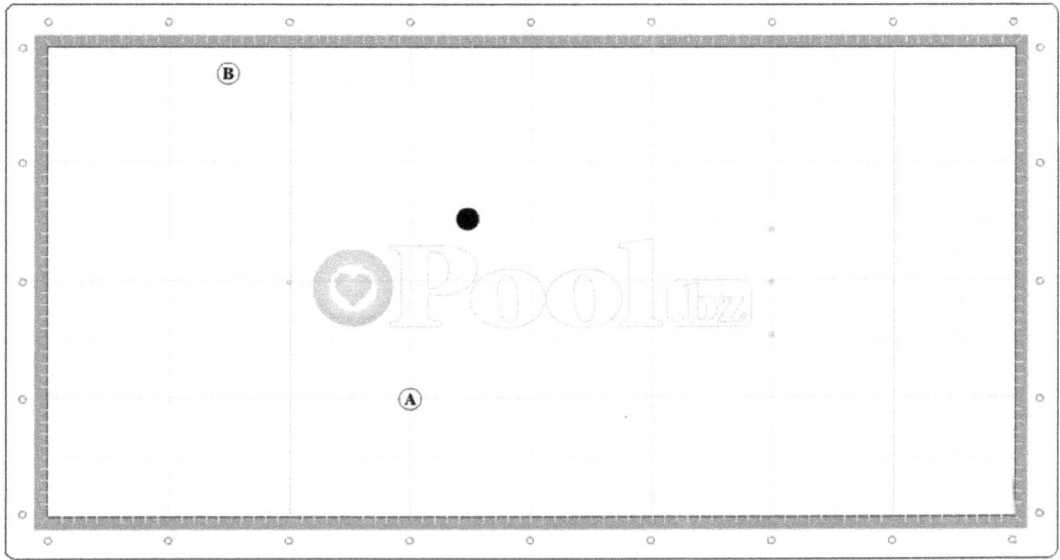

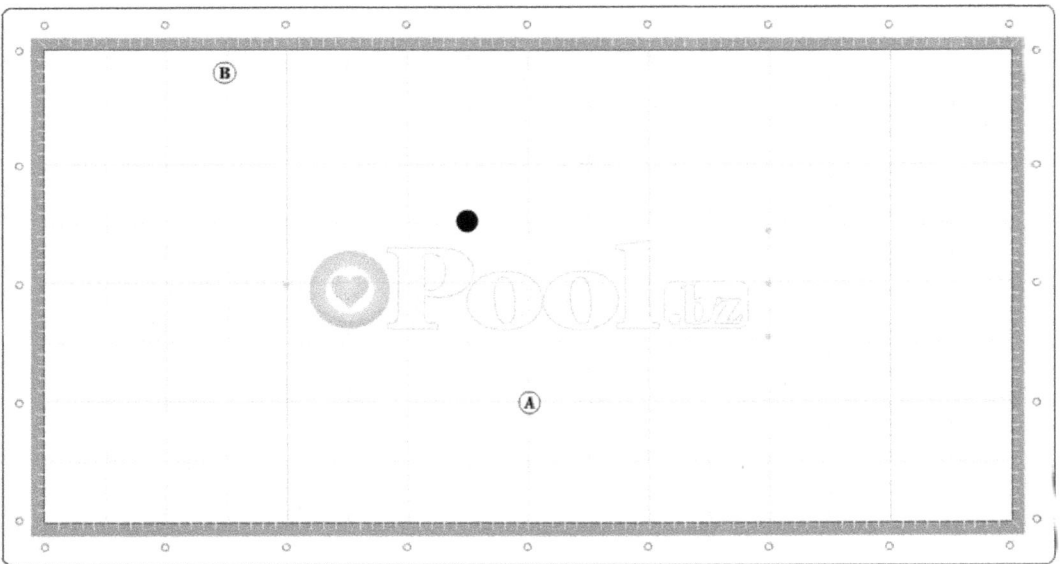

NOTASS:

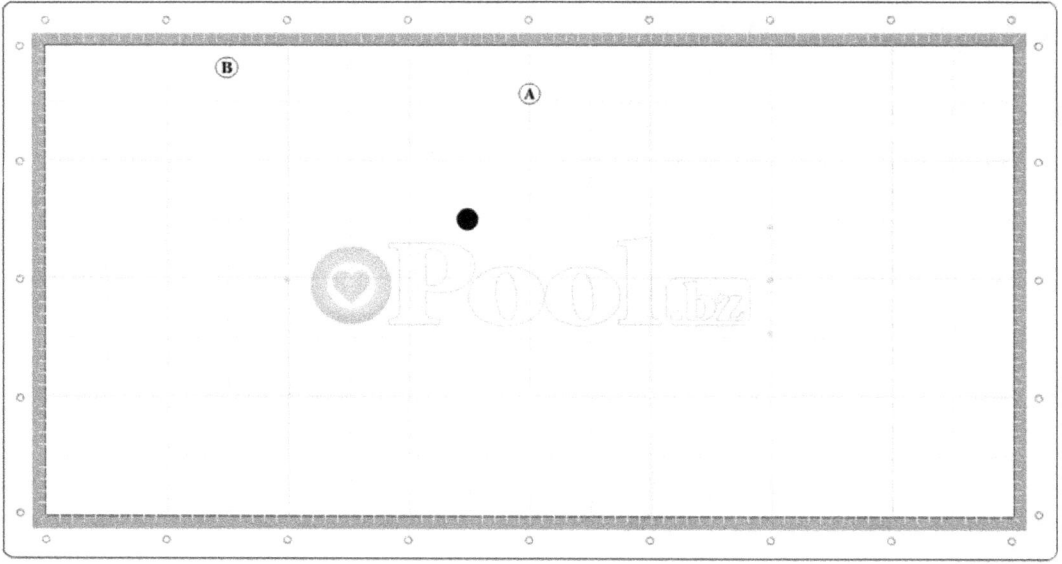

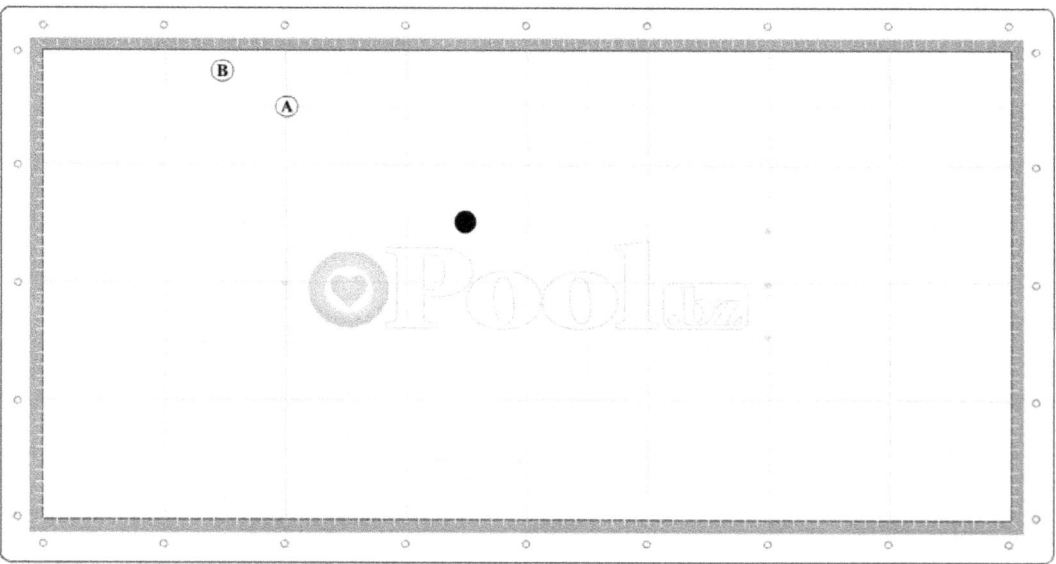

NOTASS:

Grupo 6, conjunto 5

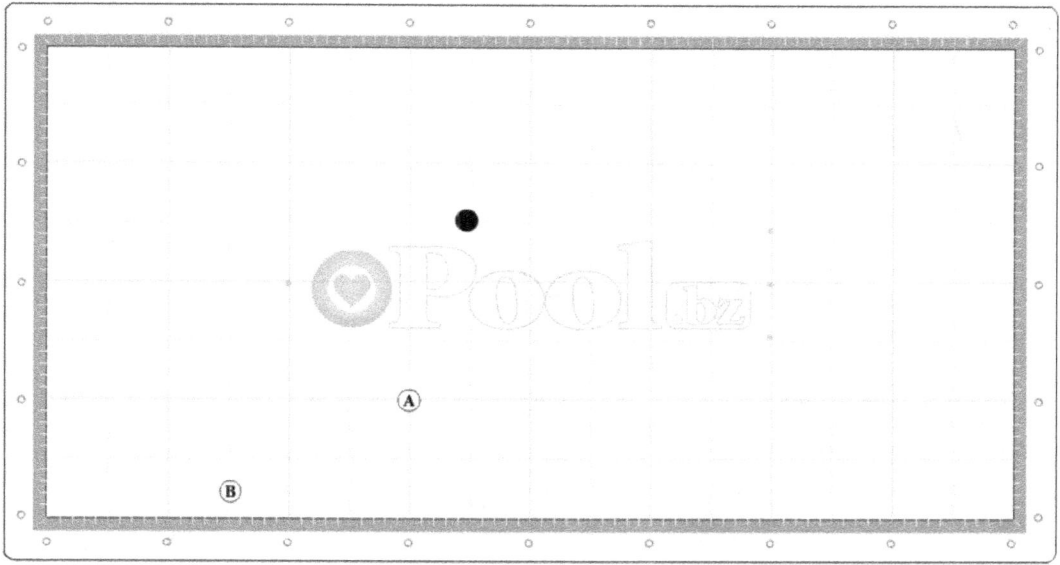

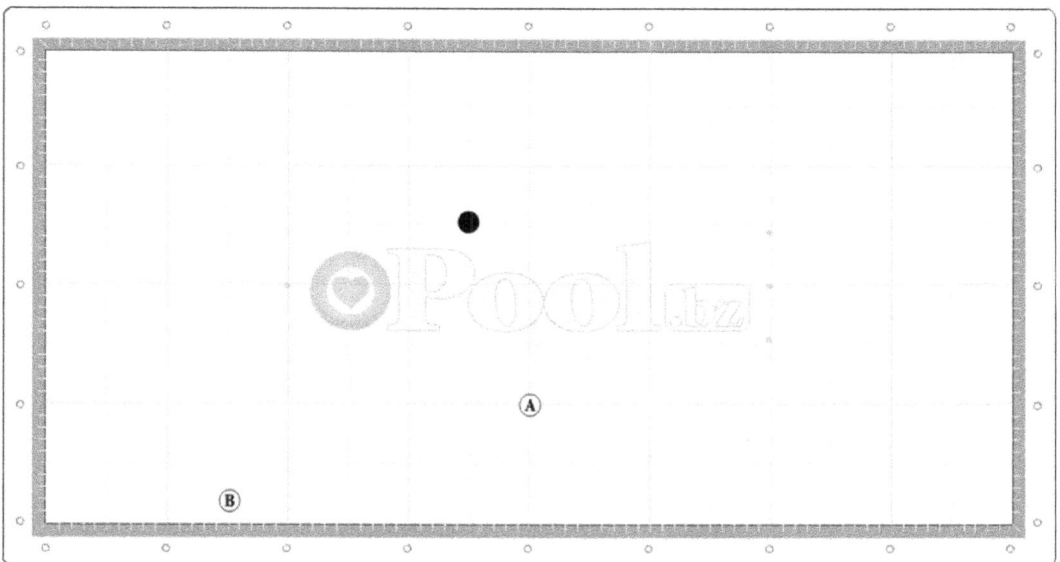

NOTASS:

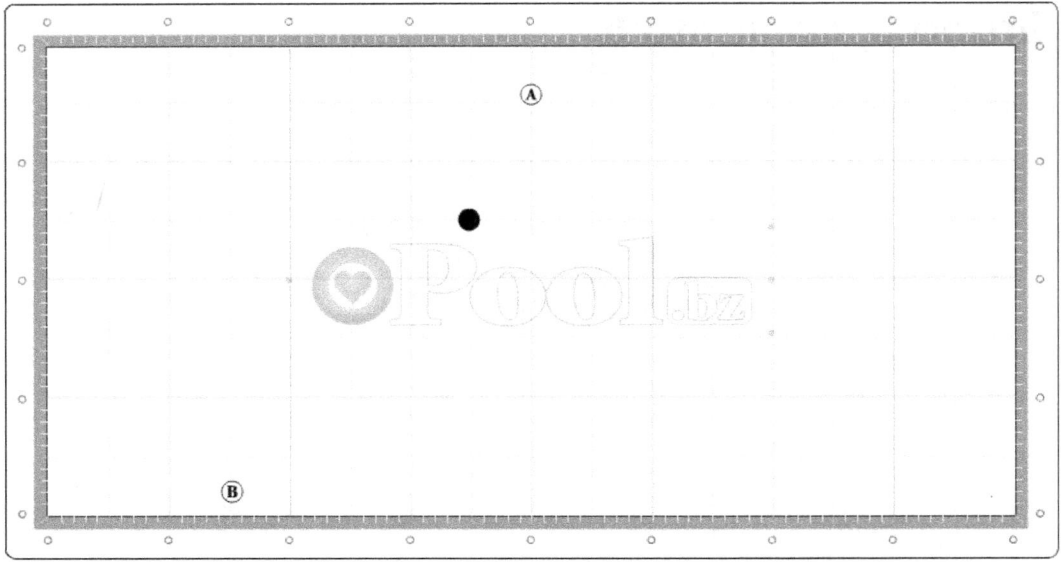

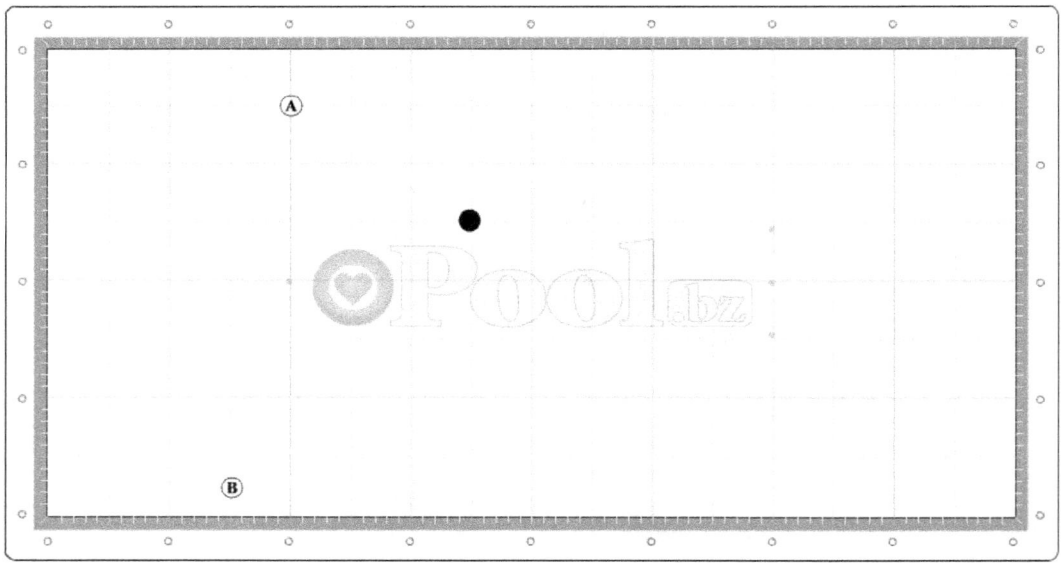

NOTASS:

Grupo 6, conjunto 6

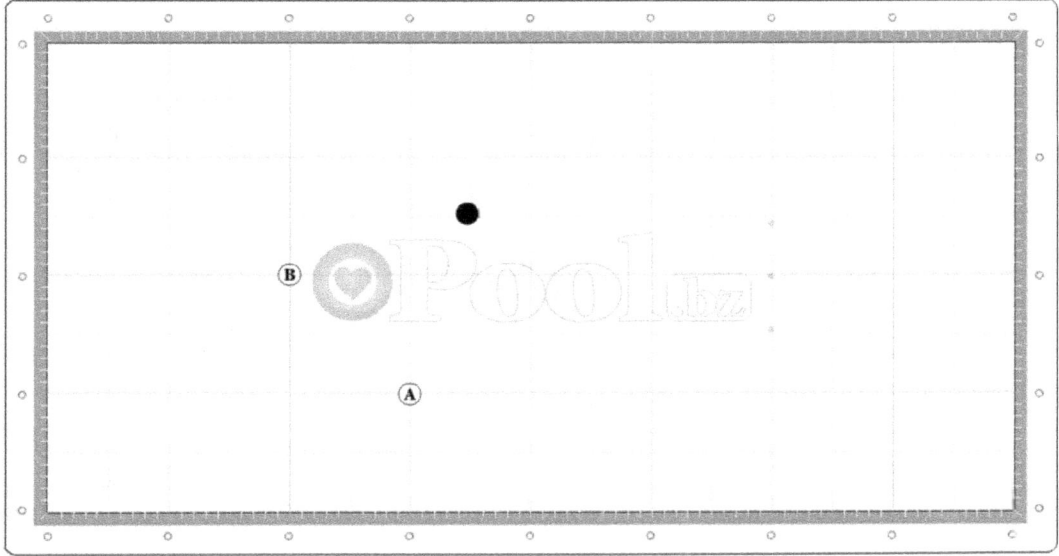

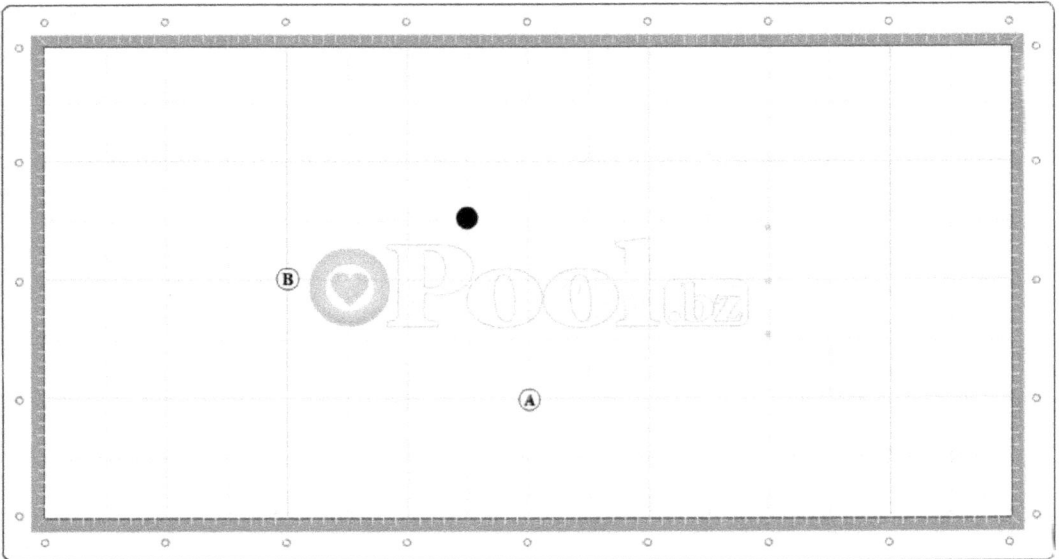

NOTASS:

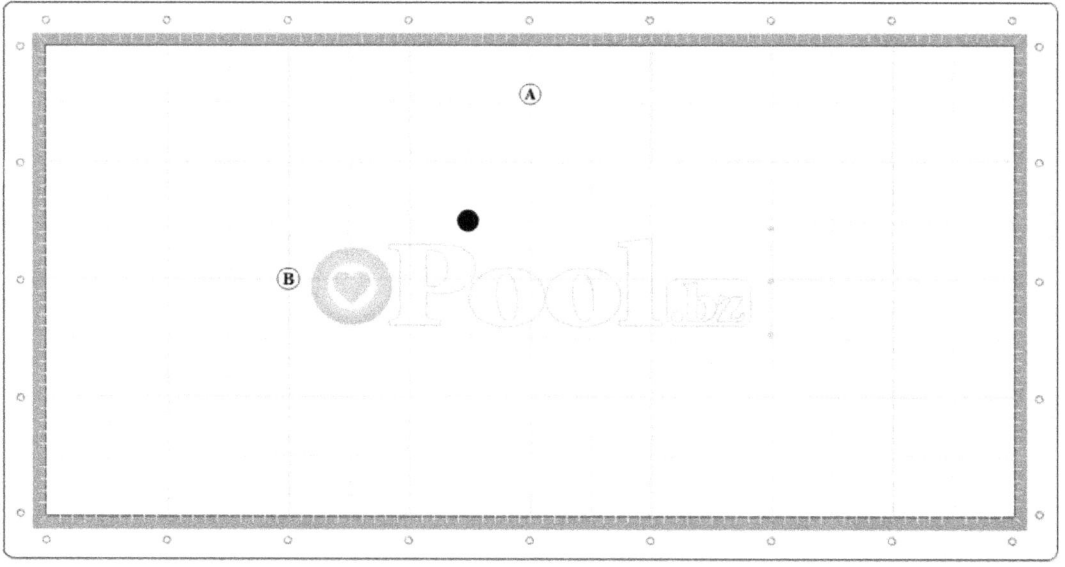

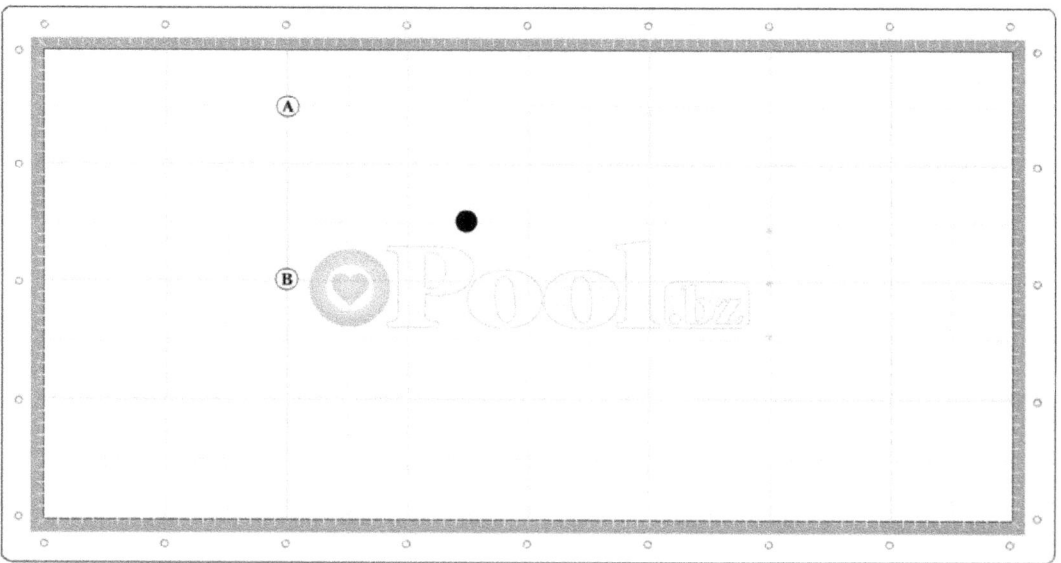

NOTASS:

Grupo 6, conjunto 7

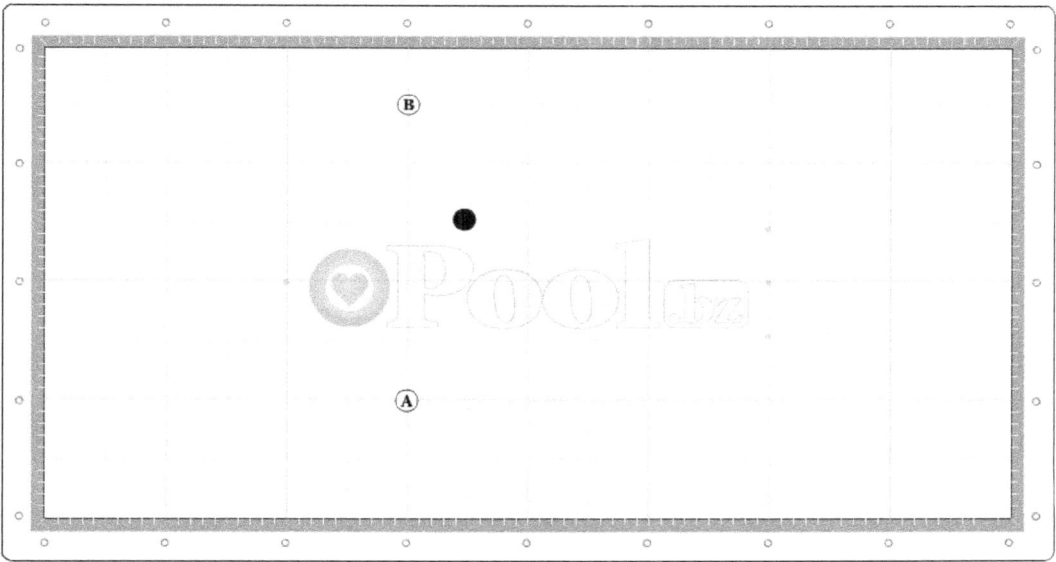

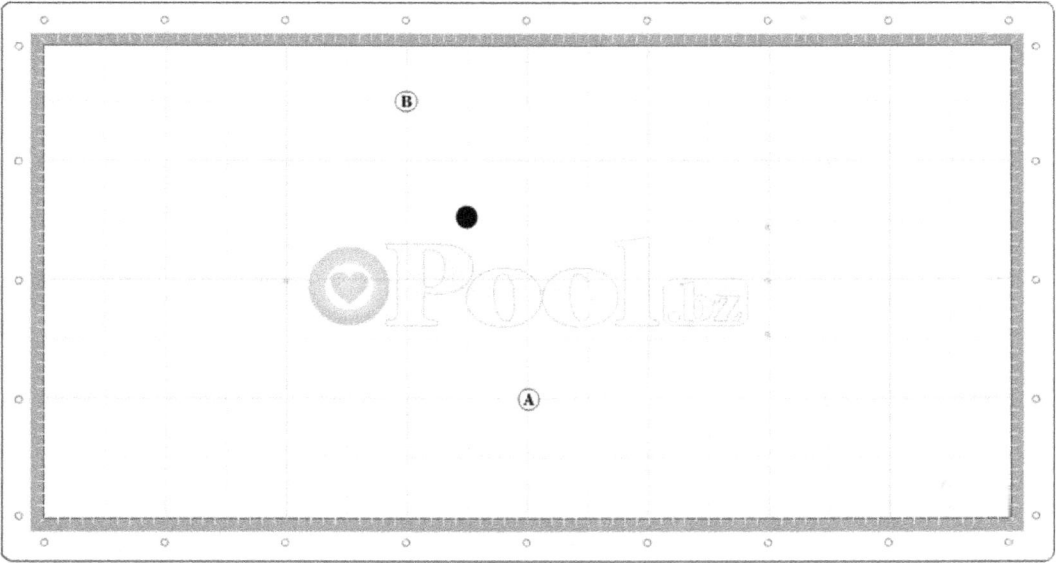

NOTASS:

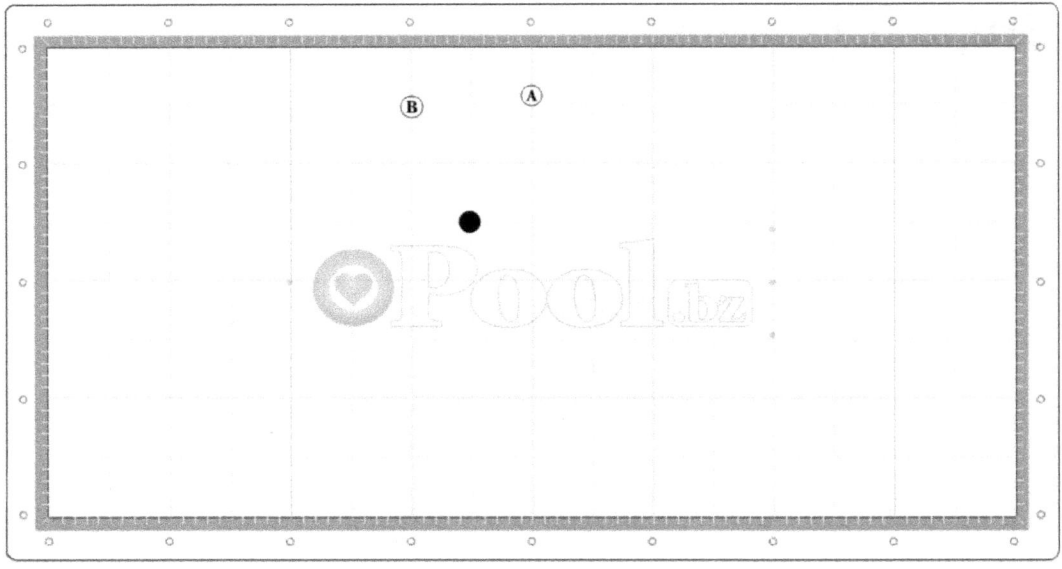

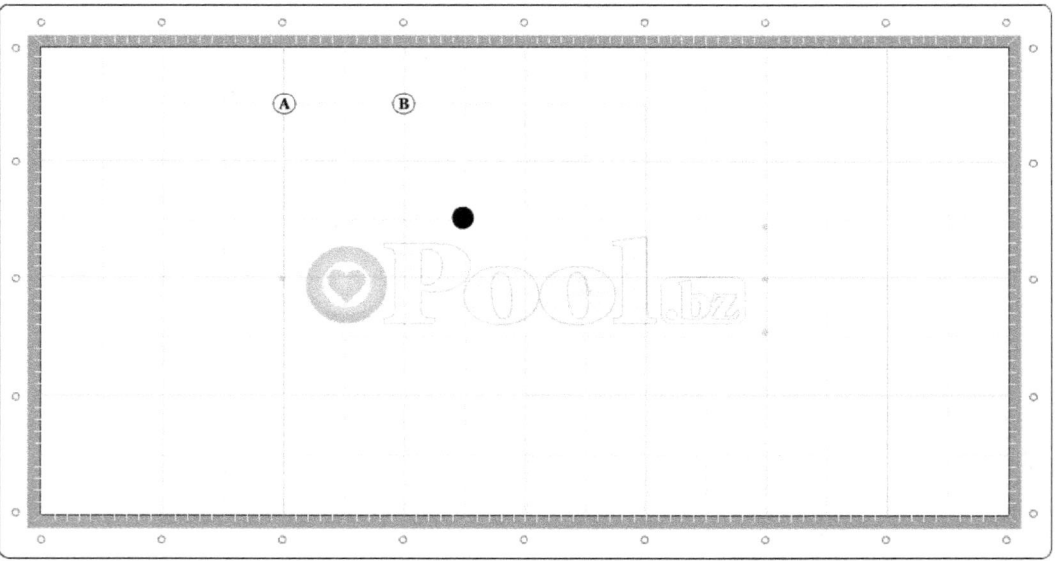

NOTASS:

Grupo 6, conjunto 8

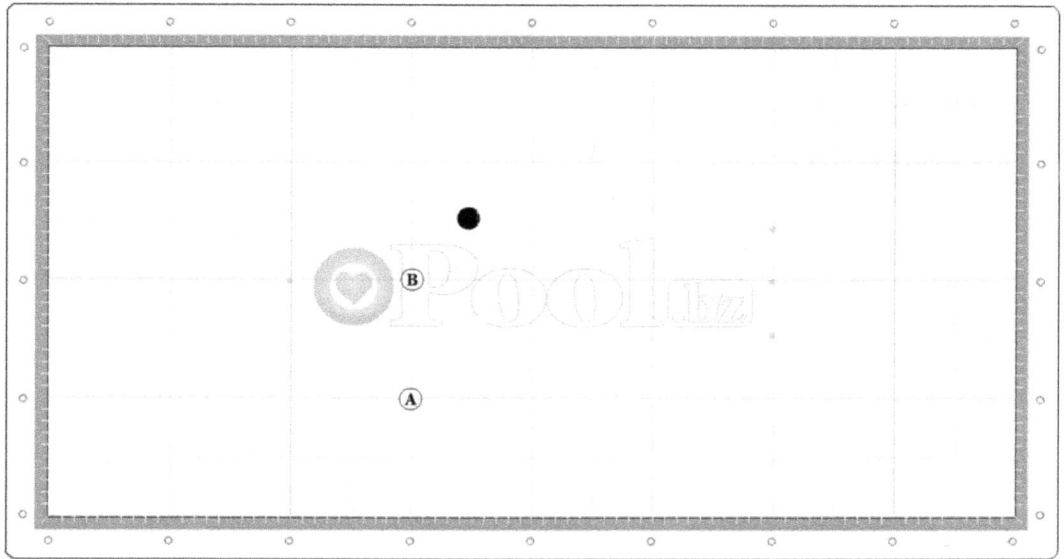

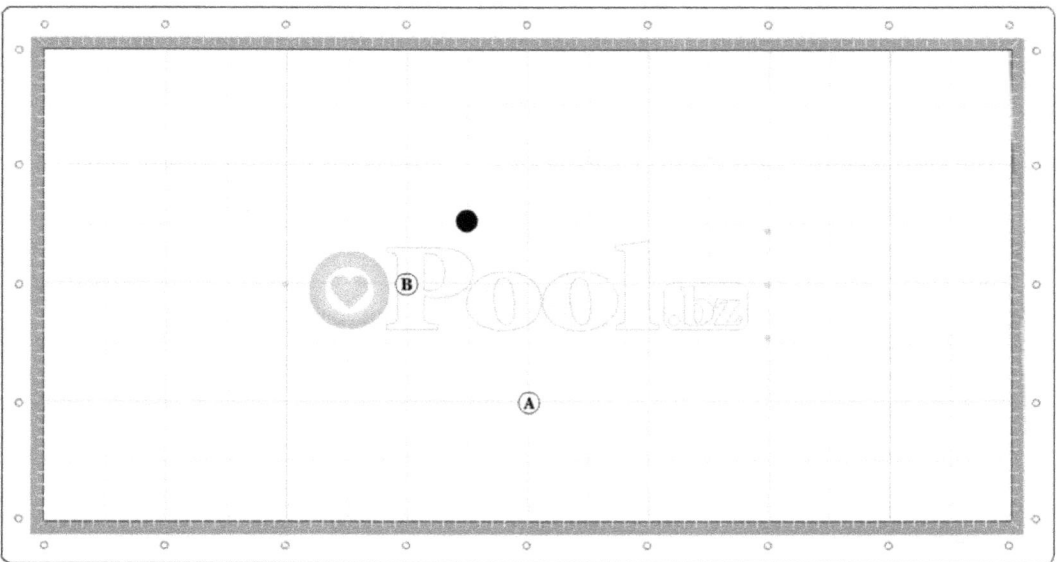

NOTASS:

Bilhar carambola: Alguns enigmas e quebra-cabeças

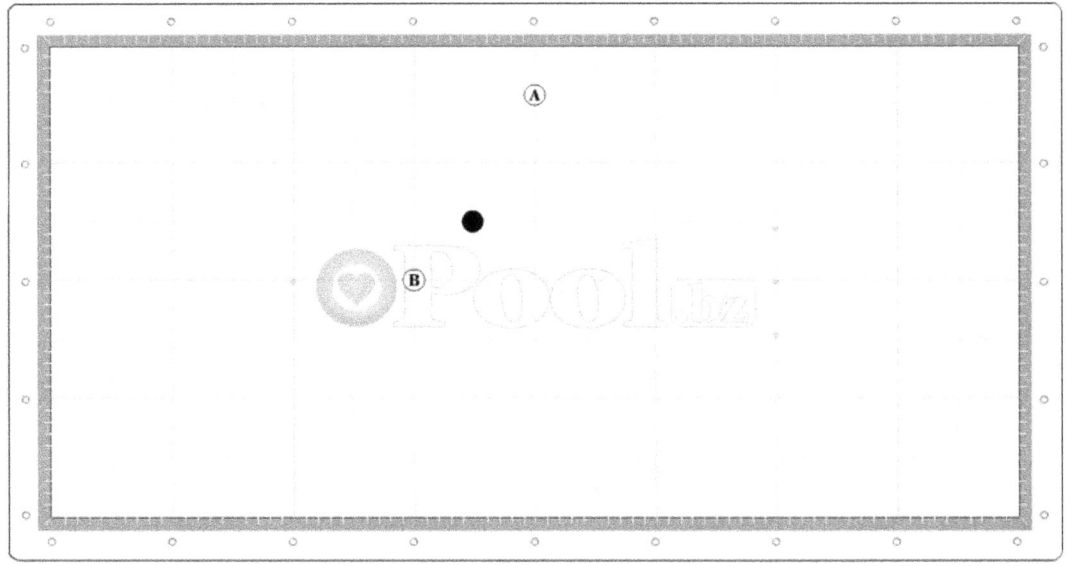

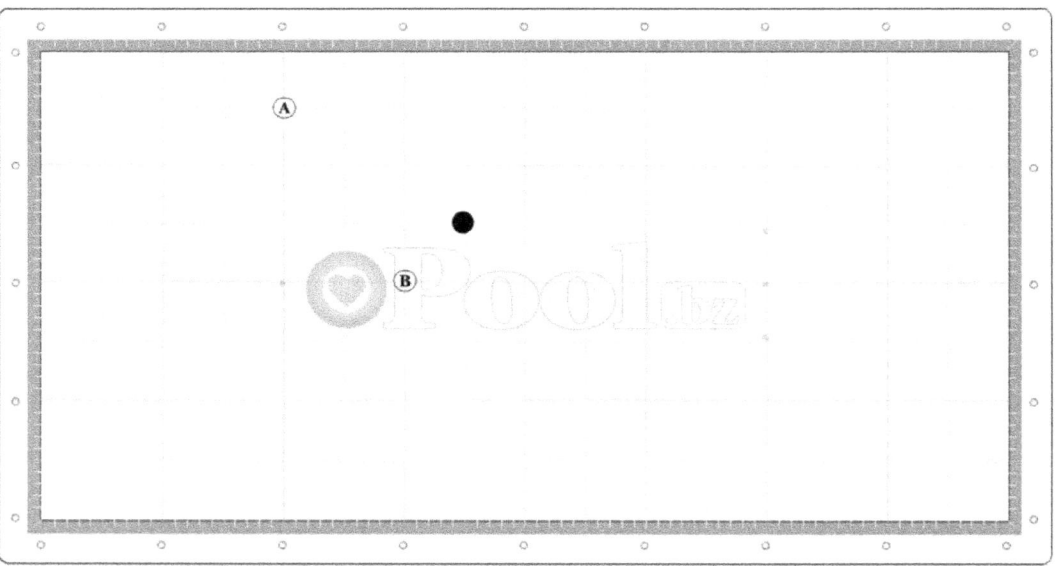

NOTASS:

Grupo 6, conjunto 9

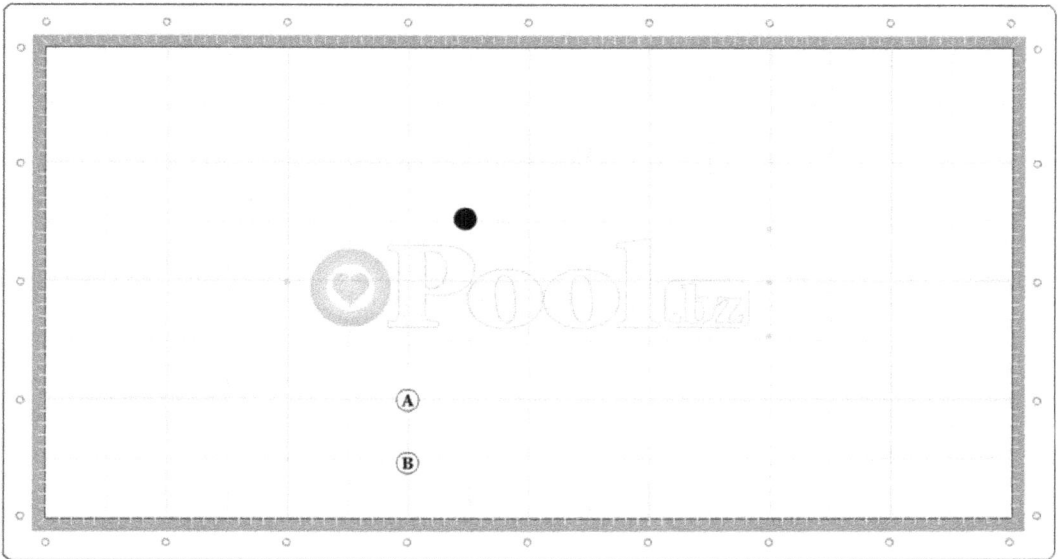

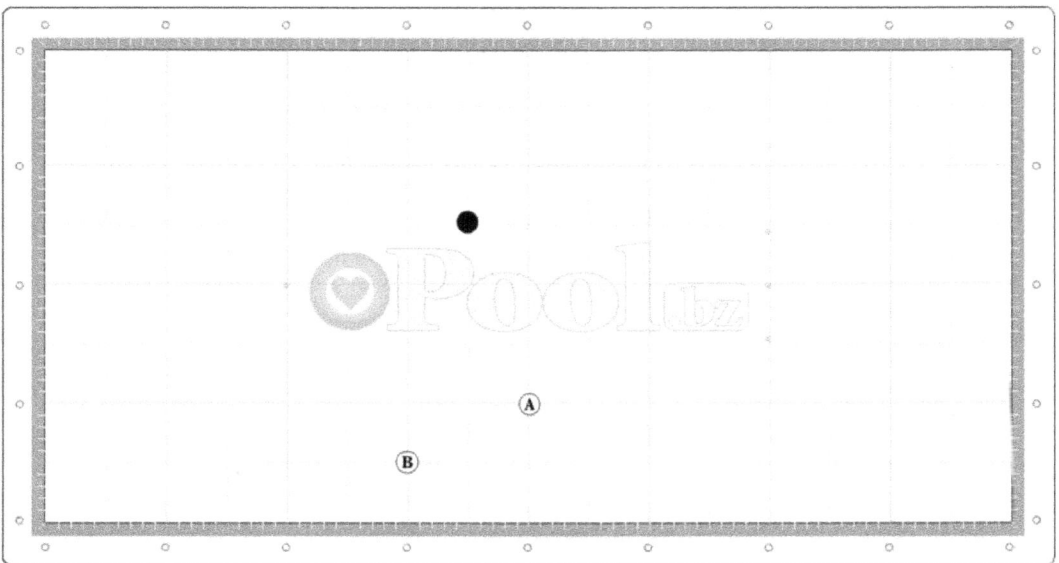

NOTASS:

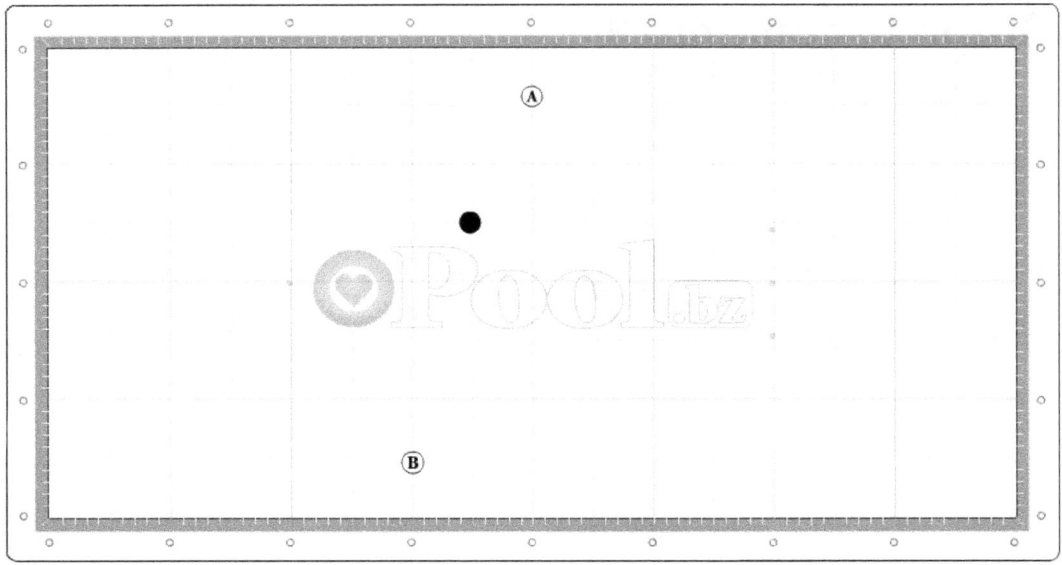

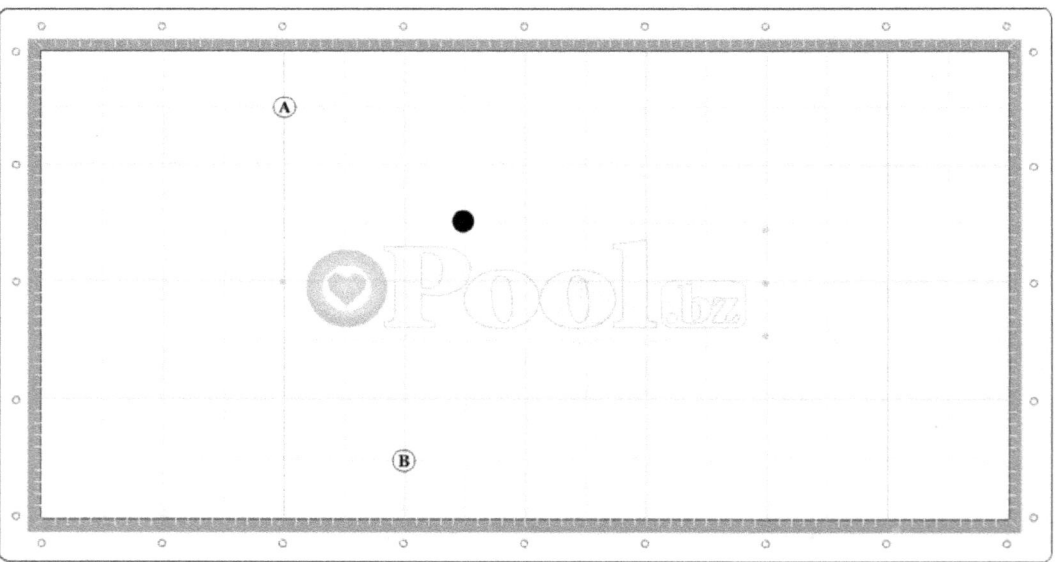

NOTASS:

Grupo 6, conjunto 10

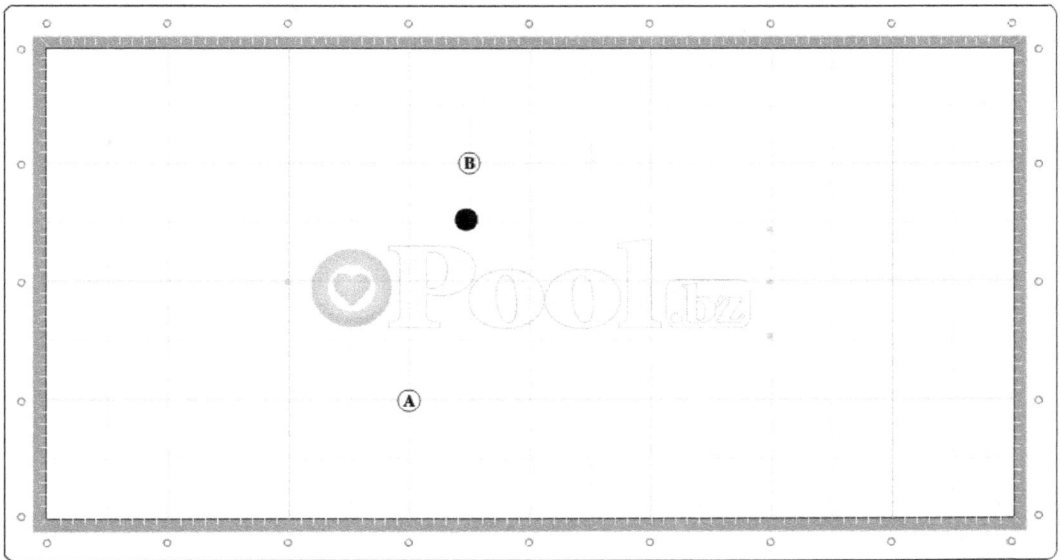

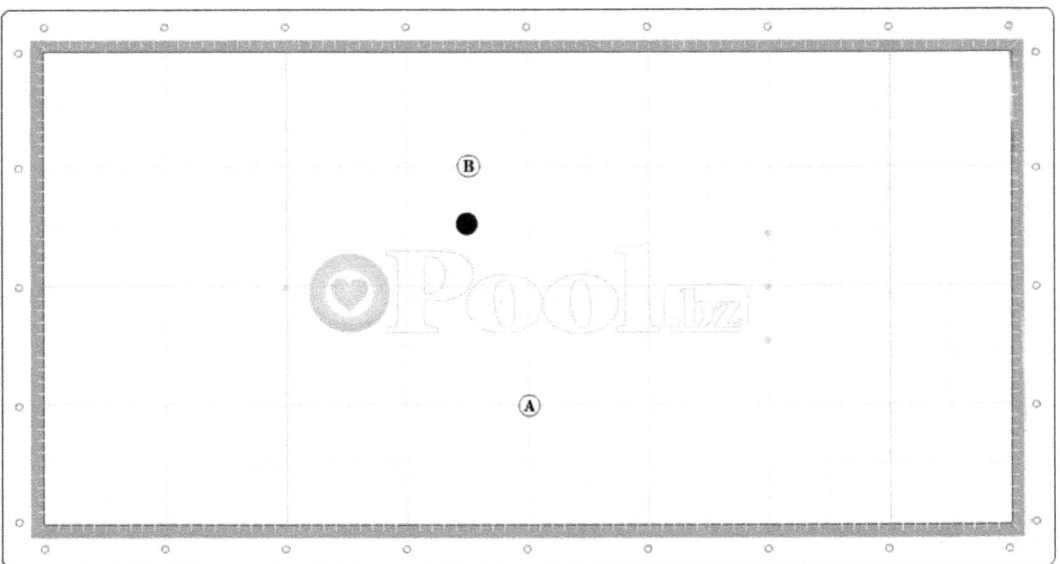

NOTASS:

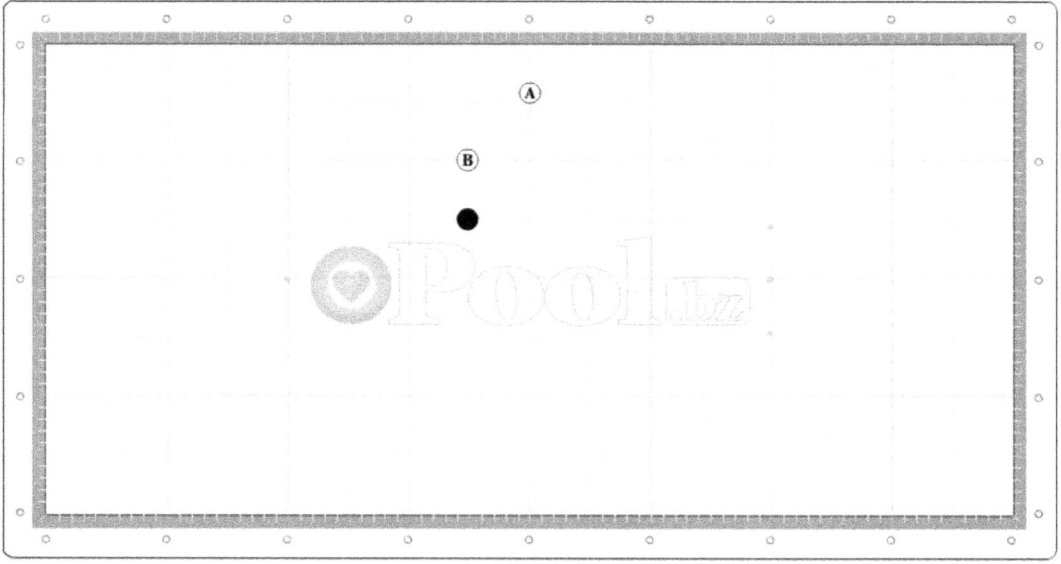

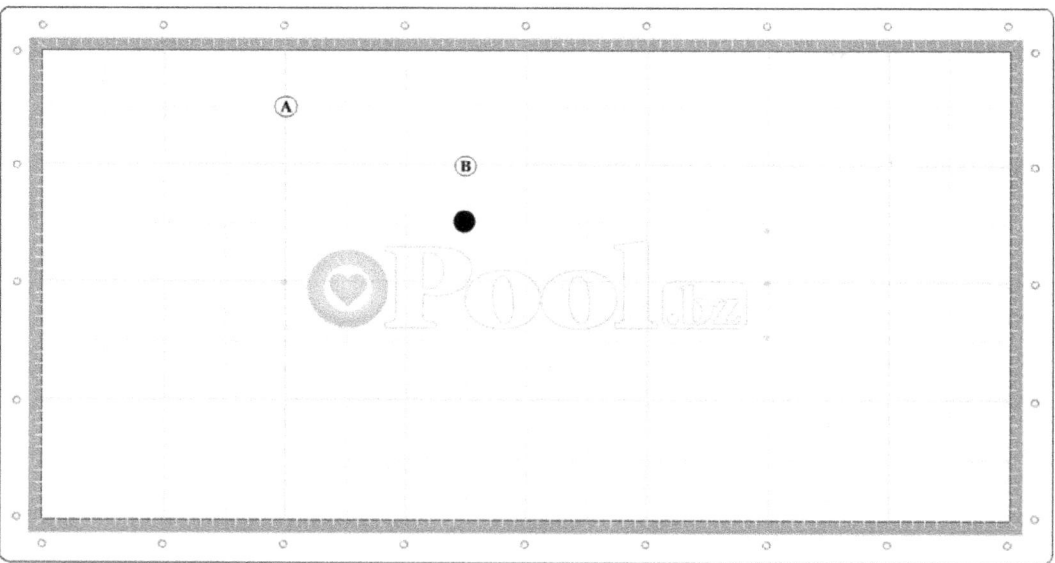

NOTASS:

Grupo 6, conjunto 11

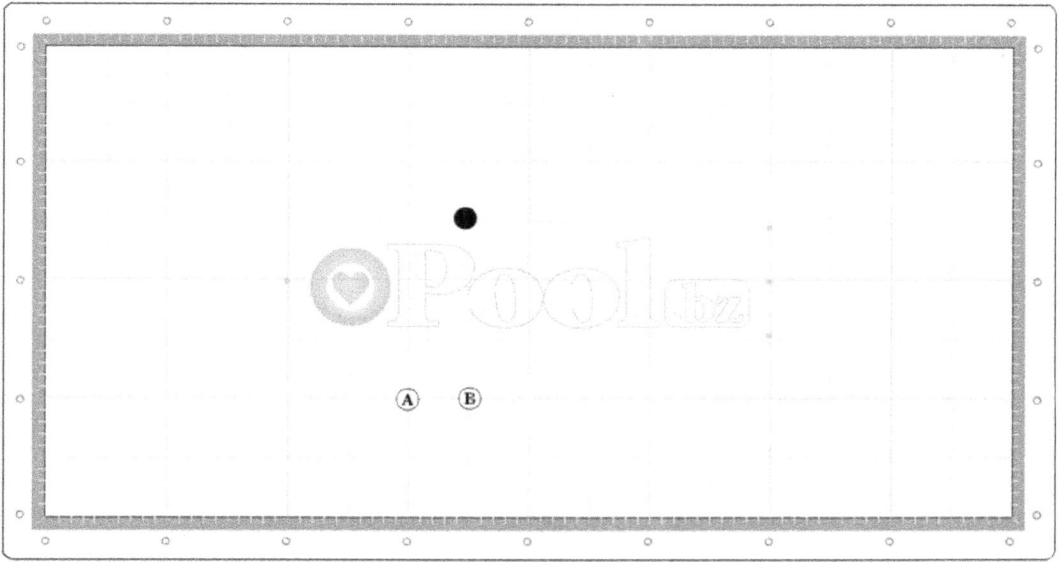

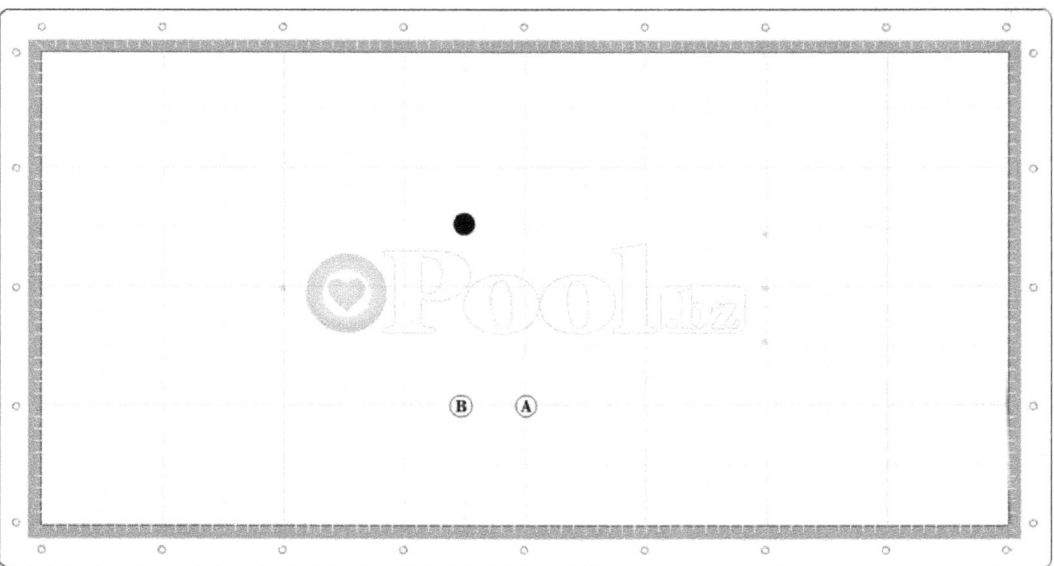

NOTASS:

Bilhar carambola: Alguns enigmas e quebra-cabeças

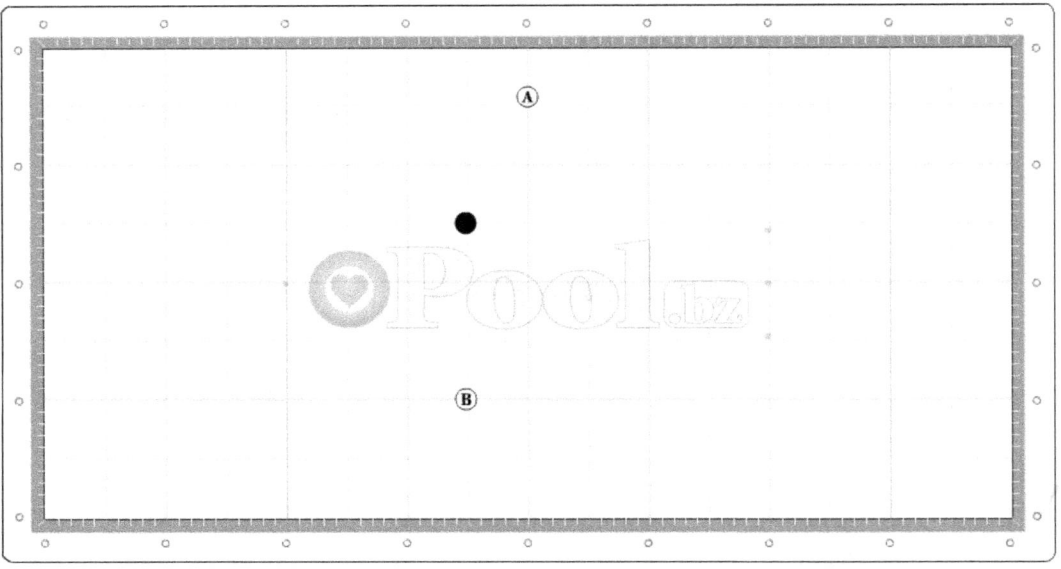

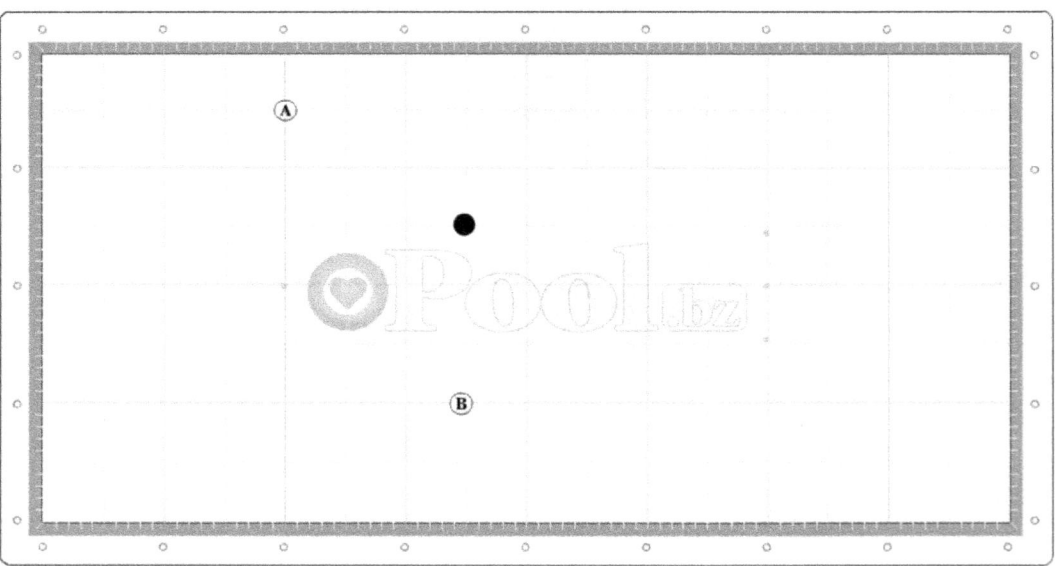

NOTASS:

Tabelas em branco

(Imprima para capturar e praticar layouts interessantes.)

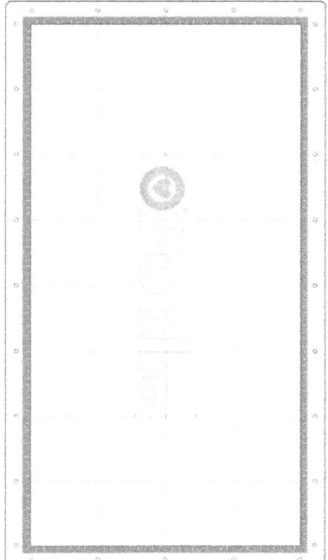  

 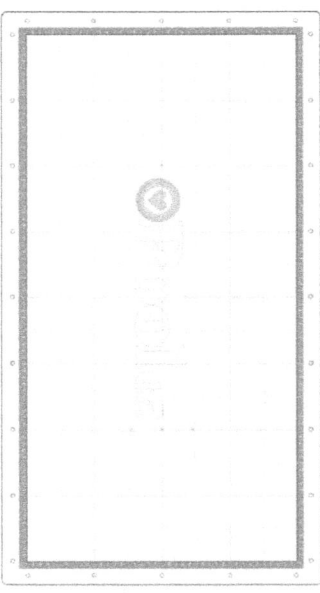 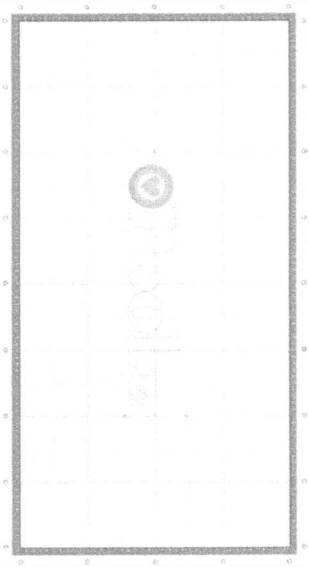

(Imprima para capturar e praticar layouts interessantes.)

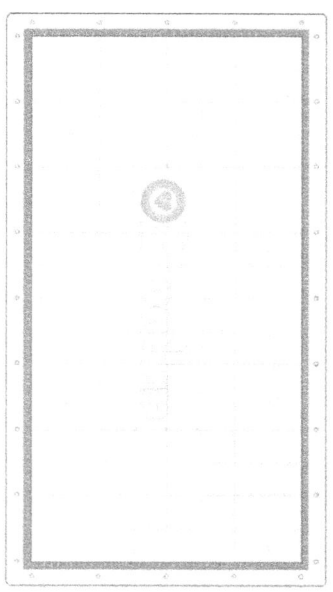  

www.ingramcontent.com/pod-product-compliance
Lightning Source LLC
Chambersburg PA
CBHW081922170426
43200CB00014B/2803